臺灣鄉土與宗教研究叢刊1

臺灣的地獄司法神

——清中葉以來十王信仰與玉歷寶鈔

陳瑤蒨　著

蘭臺出版社

庸醫牟利
賍害野心者
發入黑雲沙
獄

圖3-1-1　黑雲沙小地獄（引自《重鐫玉歷至寶鈔》）

以甲亂尊以長亂幼入炮烙地獄炮烙一

千五百次

文昌帝君曰以甲亂尊以
長亂幼敗壞綱常在地獄
中受苦一千五百劫
淫極重用炮烙其形立
一銅柱高數丈中放火
炭燒紅鬼卒打淫鬼使
抱銅柱烙上漸上漸焦
變炭落地鬼風吹焦炭
仍復人形小鬼再打使
上
二圖祈貼牆壁使人共
觀以正人心以端風化

炮烙

地獄

凡犯淫惡者果能知罪即改則火枷可
但要慈心堅善心試鍊我身非幸

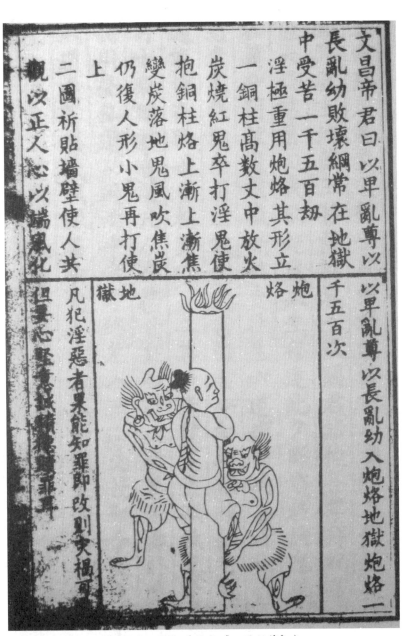

圖3-1-2　炮烙（引自《玉歷鈔傳》）

圖3-1-3　十殿圖（今人江澄子所繪，摘自《地獄變相圖導覽手冊》，台
　　　　　北：淨宗學苑，2005）

圖3-1-4　油鍋（摘自《玉歷寶鈔勸世文》，台中聖賢堂印）

圖5-2-1　秦檜夫婦受罰（引自松雲軒版《玉歷警世》）

圖5-2-2　唐太宗與龍王在七殿閻王案前對質（獅頭山勸化堂輔天宮壁畫）

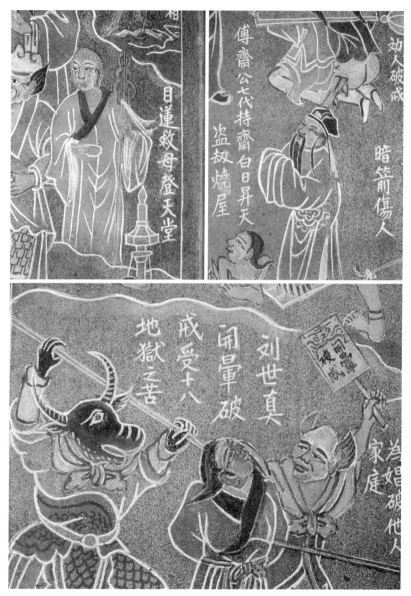

圖5-2-3 目連父子三人（局部放大）

頭份義民廟壁畫全圖

臺灣鄉土與宗教研究叢書總序

李世偉（花蓮教育大學鄉土文化系副教授）

　　人類對於鄉土的感情是原生性的，毋庸刻意學習與培養，自然而成。鄉土既是生命情懷之託，也是知識啟蒙之端，因此古云「君自故鄉來，應知故鄉事」，那是一種每個人最熟悉的生命經歷，而所謂「以鄉之物教萬民」則當是傳統社會的自然及社會教育了。

　　解嚴以來，隨著政治改革的民主化與本土化的潮流，臺灣鄉土教育與文化日益受到重視，最初由部分知識分子與地方政府草根式的推動，由下而上地顛覆中央政府過去以中國大陸為中心的教育政策，鄉土教育成為體制內所認可的重點。影響所及，教育部也制定了系列的鄉土歷史文化教學活動，在國中小次第開展；此外，各種的鄉土文化藝術活動受到極大的重視與鼓勵，地方文史工作室紛然而立，一時之間，臺灣各地充滿著濃厚的「鄉土熱」。

　　然而，鄉土熱的風潮未必能帶來相對的研究成果與水平，這除了鄉土研究的時間尚短，相關的問題意識、文獻積累、研究方法、研究視野等尚未充分且深入的開展外，意識型態的干擾、媚俗跟風者眾，也是關鍵因素。這使得表面上鄉土文化的論著充斥書肆，研究資源也易於取得，但研究水平難有實質上的提昇。這樣的反差是頗令人感慨的，因此有了出版這套「臺灣鄉土與宗教研究叢書」之構想。鄉土文化研究以民間宗教信仰作為切入點，自然是著眼於臺灣漢人移民社會的特質而發，從移民之初至今，民間宗教信仰作為族群認同、社區凝聚、經濟生產、常民生活、

精神文化等作用，已是我們所熟知的課題，因此作為叢書論述的主軸。

　　這套「臺灣鄉土與宗教研究叢書」首先推出七本佳著，分別是周政賢《臺灣民間地基主的信仰》、陳桂蘭《臺灣民宅的辟邪物》、施晶琳《臺灣的金銀紙錢》、楊士賢《臺灣的喪葬法事》、陳瑤蒨《臺灣的地獄司法神》、邱秀英《花蓮地區客家信仰的轉變》。這些論著均為作者的學位論文改寫而成，雖然他們都是學界新秀，識者不多，舞文弄墨的身段也未必老練。但熟悉學界之生態者多知，許多人一旦擠身教授之流後，或困於教學、行政之壓力，或疏於己身之怠惰，或安於升等後之既得位階，要再期待有佳作問世，便如大旱之望雲霓也。相對的，若是研究生能潛心專志、奮力相搏，反而能有驚豔之作。毋庸誇誇之言，這七部書都是內容紮實的精彩作品，文獻資料詳實可徵，作者們也都作了大量的田野調查，為我們提供第一手的觀察與論證，圖像資料亦相當可貴，具有極高之參考價值。當然，更重要的是，作者所探討的主題均為漢人民間社會中極重要，卻較少被有系統性的處理者，因此益顯彌足可貴，有心之讀者可以細加體會。

　　臺灣蘊藏的鄉土文化極為豐富，這次首推的叢書，其主題雖多與宗教信仰相關，但我們希望能夠再發崛其它的主題論著，也期許有更多的人投入其中。這套叢書能順利出版，感謝蘭臺出版社的盧瑞琴小姐與郝冠儒先生的支持，要在利潤微薄的出版市場上作這樣投入，是需要一點冒險與勇氣的。另外老友王見川從旁的一些協助與意見，亦一併致謝。是為序。

自 序

死後世界是人類關注的重要課題之一，但世界上其他的民族，卻不一定像漢人一樣，把它視為審判功過與執行懲處的地方。漢人對這段經過，總名之為「地獄」。「地獄」的概念，受佛教的影響，但是佛道典籍及慕道人士的筆記等，與庶民世界廣泛流傳的善書，對於地獄的描寫有所不同，在我們眼中，這似乎意味著菁英與庶民、經典與素樸這兩個有所區隔的世界，對於地獄的想像，存在著差異。

一開始，我們以善書為處理的對象，試圖說明民國六十年代初期，《地獄遊記》在台灣廣泛流傳的原因。誠然，纂造該書的台中聖賢堂有關鍵性的作用，但是《地獄遊記》內容本身植基於十殿信仰的文化元素，也是不容忽視的面向。就目前可見的文獻，十殿信仰至遲於十世紀初成型，隨著時間推衍，益發展現出其對於文化細緻面的影響，在明清以來的善書、通俗小說、俗謠歌訣中展現，十殿地獄在庶民社會中，似有其頑強的生命力。在有限的時間內，我們將焦點集中在《地獄遊記》的前身——《玉歷寶鈔》上，以說明善書在十殿信仰的發展過程中扮演的角色。

這本小書主要的部分，源於 2000 至 2003 年在民間文學研究所的學習，少數針對第五章的修改，於今年夏天完成。撰寫的過程中，我獲得許多師友所提供的資料，他們是李世偉老師、王見川老師、游子安老師、陳登武老師、車錫倫老師與譚遠琴小姐、方鄒怡小姐。諸多方法上的啟迪和研究視野的開拓，是求學路上難能可貴的經驗，如果我在這條路上耕耘不輟，完全是因為幾位師長在我心中灑下種子的緣故。然而，兩個

階段的修改留下許多不盡人意之處，部分未能釐清的論題，牽涉到其他
的知識體系，儘管持續關注，卻依然無法提出完整的報告，這是本書付
梓之際，本人心頭的憾事。

陳瑤蒨　謹識

2006 年秋日台北

目　次

表目錄

第一章

緒論

　　從冥界信仰的發展來看，十王信仰是中國人在佛教東傳的影響之下，融合既有冥界信仰的產物。中國原本以為死後的歸處是幽都、黃泉或地下，道教成立後有酆都之說，佛教傳入中國以後，則增加嚴酷懲罰的地獄觀念，到了唐代匯合成所謂的十王信仰，在目前可見的最初文獻《十王經》中，清楚的說明人死後要逐一接受十殿閻王的審問，善人得以投生富貴官宦之家，惡人必須在每一殿地獄受各種酷刑，最重要的是後代地獄觀念無出其右，甚至在十殿地獄的架構之下，延伸出更多與懲罰有關的內容——這樣的思維在《玉歷寶鈔》[1]獲得密集的呈現。

　　《玉歷》[2]仔細的說明十殿閻王如何在地藏菩薩的贊許下，決定把地獄景象公諸於世，以警惕世人知過悔改，而道人淡癡偶然進入冥界，抄錄此書的內容，回到陽世普告世人。《玉歷》主要的篇幅在鋪述各殿閻王以何種標準審查罪人生前的行為與一百三十八個地獄。這個規模龐大的懲罰機制，並非散漫無章，它們井然有序地被安排著：在十殿地獄中，每一殿由一位閻王主掌，二至九殿之下，各自轄有八大地獄，大地獄之下又各有十六小地獄，外加血污池和枉死城，大小地獄共有百餘個，其中匯集了各種經常出現在故事傳說、經籍文獻中的地獄景象與現實世界可見的各種酷刑。因此《玉歷》被視為中國地獄觀念的集大成之作，中國人對於冥界的觀念大多由此而來，是庶民冥界信仰經典之一。

　　國外學者很早就注意到十王信仰在中國冥界觀念所佔的重

---

[1] 以下簡稱《玉歷》。

[2] 此處專指《玉歷》「正文」而言。

要份量。不但近年蒐集臺灣十王畫軸，並撰文介紹的魏伯儒[3]、唐能理[4]兩人是外籍人士，十九世紀時，已有 Rev. Geo. W. Clarke 蒐集數種版本的《玉歷》，並依照圖像所示一一介紹其中的內容[5]；1922 年出版的《Researches into Chinese Superstitions》一書，已經用相當的篇幅介紹十王信仰，其援引的內容即《玉歷》[6]；吉岡義豐的《中國民間の地獄十王信仰について：玉歷至寶鈔を中心として》與艾伯華《Guilt and Sin in Traditional China》二書，更是直接以《玉歷》為探討對象的專論。相較於國內學者對於此一課題的疏忽，這些學者跳脫佛道經典與文學作品等材料上的限制，不約而同地注意到十王信仰是了解中國冥界思維的重要素材，而《玉歷》是少數完整鋪陳十殿地獄的文字作品，其藝術價值雖然不高，但由於善書廣泛流傳的特質，大眾容易取得、內容簡明易懂，其影響力不可小覷，這使得意欲探索中國冥界信仰與死後世界觀念者，不得不加以重視。

　　從文學的角度來看，「入冥譚」是中國文學中重要的故事類

---

[3]　奧地利收藏家魏伯儒先生，將私人收藏的多幅十殿捲軸，捐贈國立歷史博物館，館方將之陳列展覽，並編製中、英文對照的畫冊加以介紹。見《十殿地獄》，臺北：中華民國國立歷史博物館，1984 年。

[4]　唐能理《中國地獄之旅：臺灣地獄圖卷軸》，臺北：藝術家出版社，1997 年二版。

[5]　Rev. Geo. W. Clarke, *The Yu-li, or Precious Records*, Journal of the China Branch of the Roya Asiatic Society, Vol.28（1893-1894），1989, p.233~400。

[6]　M. Kennelly S. J., Researches into Chinese Superstitions，上海：Tusewei Printing Press, 1922, p.254、257、262-302。參《神話中的地藏菩薩》，臺灣大學中國古典小說研究資料彙編，1994，頁 26、28、30~50。

型之一，而《玉歷》可視為入冥譚在實際生活中的折射。「入冥譚」是量齋先生的用語，這類故事通常由入冥者還陽後描述冥界見聞，敘述視角與情節有共同的特色，五、六世紀時已常見於筆記文獻[7]，迄今絡繹不絕[8]。這類故事對於吾人了解中國文化，有重要的幫助。個人對於死亡的觀念，相當程度的決定一己對生命、生存的態度，甚至直接左右喪葬儀式的操作，其次入冥譚本身填補的是我們對於出生與死亡難以親身經歷的體驗，所以藉著梳理與死後世界有關的概念、儀式，本即理解文化意識的途徑之一。在這裡，我們必須注意到《玉歷》的內容與文學入冥譚有異曲同工之處，都是透過復活的入冥者轉述地獄景象，進一步來說，如果沒有文學的入冥譚，《玉歷》恐怕不會將此書的出現與「淡癡入冥抄寫」這樣的情節攀連在一起，報應錄也不會有袁德初[9]的故事，所以文學入冥譚可以視為《玉歷》產生與傳播的潛在文化基礎，大眾對於這類故事的耳熟能詳，使得《玉歷》容易被接受。然而，《玉歷》和文學入冥譚的差異在於，《玉歷》對

---

[7] 量齋指出，「由人死而遊地獄，由地獄而還陽，最後勸人作善」即所謂的「入冥譚」或「入冥小說」，在六朝志怪已成為公式。參量齋〈地獄觀念在中國小說中的運用和改變〉，刊於《純文學》9 卷 5 期，1971 年，頁 39。

[8] 《朝野僉載》、《夷堅志》、《西遊記》、《聊齋誌異》、《子不語》等書中，有很多這類的記載。

[9] 《玉歷》感應錄中，有一則袁德初的故事，德初的從姊甯姑病危時被勾入冥界，一殿閻王念她曾經勸人印送善書，便為她增受三十年，發還陽間，就在離開冥界的路上，甯姑見到德初的母親邵氏受到地獄之苦，復活之後便告知德初，讓他為亡母代行薦拔與種種陰騭善行。見《A.石印玉歷至寶鈔》，收入《藏外道書》冊 12，成都：巴蜀書社，1992 年，頁 812。

於地獄有較多的介紹，並在主旨上強調警世、規訓、懲戒等意義。

　　另一方面，儘管入冥譚屢見於歷代筆記、小說、戲劇，但是我們對於這種文學題材如何與生活發生關聯卻所知甚少。由於十王信仰特殊的傳播途徑，可以發現原先只存在寺廟或家庭追薦儀式的十王信仰，經過長時間的滲透與轉化，不但佛、道兩教將之納入教義當中，通俗文學也以十殿地獄為架構，讓主角或旁觀作惡者所受到的嚴厲處罰，或通過十殿繁冗的試鍊，最後達到醒悟或悔改的結局，這個特質在明清寶卷尤其常見。然而，透過歷代十王信仰發展的梳理，我們看到冥界思維如何從喪葬習俗，擴大到教派專屬的信仰活動，進而與娛樂、啟蒙、教化層面融合在一起。

　　總而言之，就信仰的角度來說，作為中國地獄觀念最後成型階段的十王信仰，重要性不言可喻，而《玉歷》是《十王經》之外，少數以十殿地獄為主要內容的文獻，加上流行廣泛，對於近代地獄觀念的形成，有深遠的影響力，因此藉由《玉歷》了解十王信仰的發展，甚或中國人的地獄觀念，都有提綱挈領的作用。其次，就文學的角度來看，入冥譚是傳誦已久的故事類型，歷代都有相當數量的故事傳說，利用此一架構傳達種種冥界事物，善書《玉歷》儘管文學價值不高，卻套用著入冥譚的架構，利用架構之下的共同思維，獲得暢行的文化基礎；此外，在明清通俗文學當中，十位閻王與十殿地獄大量地出現，而我們透過十王信仰歷時性的整理，可以清楚的看到它們來自於超薦亡者的宗教活動，漸次發展之後，滲入教化與娛樂的活動層面，而這樣的轉化，讓我們一方面看到文學對宗教儀式的吸納，另一方面得知入冥譚在生活層面的操作與運用。

　　在進入各章的討論之前，我們必須用兩個小節交代一些資

料。第一是往昔學者的相關研究成果，這個部分的梳理，有助於
筆者說明本文立論的基準點何在；第二是簡介《玉歷》刊本的基
本情況，目的在於讓後續的討論有一個清楚的時空條件與版本上
的依據。以下，分述之。

第一節　十王信仰與《玉歷寶鈔》相關研究成果

一、十王信仰相關著述

　　涉及十王信仰的研究論著，有以下幾種。第一類是通論歷代
中國地獄性質的文章。

　　丁敏《佛家地獄說之研究》，認為像《十王經》這類被佛家
列為失譯、疑偽的經書，是理解佛家思想滲入民間信仰的素材
[10]，並注意到道教對十王之說的採借[11]，惜受限於主題，僅止於
介紹內容，未加以論述。宋光宇有〈地獄之說與道德思想之研
究〉、〈中國地獄罪報之形成〉二文，前者簡單提及《玉歷》是
民間信仰道德發展的完成階段[12]，後者則按傳統冥界說、佛經東
傳的時間順序，說明十殿地獄是「佛教地獄罪報說中國本土化情
形下的產物[13]」，且注意到《太上救苦天尊說消愆滅罪經》與《十
王經》間的相似，但對於佛家之說如何本土化、傳統冥界如何與

---

[10]　見丁敏《佛家地獄說之研究》，政大中文所碩士論文，1981 年，頁 236。

[11]　見丁敏《佛家地獄說之研究》，頁 242~244。

[12]　見宋光宇〈地獄之說與道德思想之研究〉，《漢學研究通訊》3 卷 1 期，
　　　1984 年，頁 4。

[13]　見宋光宇〈中國地獄罪報之形成〉，《省立博物館科學年刊》第 26 卷，
　　　1983 年，頁 16。

佛經記載混合等課題，並沒有做精緻的論證。相對而言，江玉祥的〈中國地獄十殿信仰的起源〉，較為精細地分辨十王信仰的來源，認為受《山海經》幽都影響的北方泰山和南方道教的酆都地獄，各自提供十王信仰不同的成分，泰山鬼府裡都是身著陽間衣冠的生人，酆都地獄則有六宮，死者的魂魄落入其中連番受審，而東漢末年傳入中國的佛教，則為十王信仰帶來酷刑、苦刑的觀念，不論任何身分的罪人，死後都會受到嚴厲的處罰。這些文章，都肯定十殿地獄是中國人中古時期，融合佛教、民間信仰等而創造出來的產物，但對於十王信仰成立之後的發展情形，未加著墨。

而從文學作品著手討論的量齋，在〈地獄觀念在中國小說中的運用和改變〉一文，提到宋明之後，地獄觀念有「腐化墮落的傾向」，再加上佛教屢遭壓抑、道教地獄太過龐雜，因而讓《玉歷》、勸世文、寶卷這類只強調因果報應與刑罰，卻不深究義理的書籍，代替兩教經典出現[14]。儘管作者認為此類書刊是「佛教地獄觀念下降的結果」，是屬於宗教、民俗範疇而非文學的，故不加以討論，但這些論述卻突顯出：從歷代地獄論述的發展史看來，《玉歷》的重要性是取代佛、道經典而廣泛地流行，從而建構了中國人的地獄觀念——不論它是腐化或沉淪的，都無法抹滅其曾經大量存在的事實。

第二類是與十王信仰相關的論文。

有相當數量的文章，集中在《十王經》及當時十王圖的討論。一是《十王經》版本的校錄，例如 1961 年，胡適已經注意到十位閻王在《西遊記》的表現，由此上溯《鬼董》、《續藏經》收

---

[14] 量齋〈地獄觀念在中國小說中的運用和改變〉，《純文學》9 卷 5 期，1971 年，頁 46。

錄的兩種《十王經》及現存近二十餘種敦煌寫本，並推測其中的
附圖是中國最早的地獄變相，十王之名在五代之前形成，而此經
是「和尚為了齋功德捏造出來的」。除此之外，胡適試圖尋找十
王的淵源，例如他認為泰山王即泰山府君轉化而來，以及早期佛
經中泰山地獄、地獄交錯使用的現象。從這份手稿，可以清楚的
看到胡適已觸及十王信仰的形成時間，並企圖從泰山鬼府的概念
切入，尋找中國固有的地獄觀。雖然這些手稿沒有整理成完整的
文論公開發表，但是他從傳統冥界觀念與佛教經典著手，試圖為
十殿地獄尋找淵源的想法，卻影響甚鉅。又如杜斗城《敦煌本十
王經校錄研究》一書，前半部將二十餘種《十王經》，分甲、乙
兩類校錄，後半部說明此經的經名、年代等基本情形，並對十王
齋、地獄變相等課題，作簡單的提點，可惜未做深入分析；另有
Stephen F. Teiser 的 *The Scripture on the Ten Kings and the Making
of Purgatory in Medieval Chinese Buddhism* 一書，梳理十王信仰早
期的發展。

　　二是從圖像展開的討論，對象包括唐末宋初石雕、壁畫、絹
帛中的十王塑像、大足石刻、道場畫，作品有 Lother Ledderose
〈***King of Hell***〉、石守謙〈有關地獄十王與其東傳日本的幾個問
題〉、王鍾承的碩士論文《地藏十王圖像之研究》等等。其中，
石守謙注意到圖像與儀式之間的關聯，從《地府十王拔度儀》等
道經所示，認為十王圖變成十幅各自獨立卻結構相似的圖畫，與
儀式程序所需有關[15]，而 Lother Ledderose 著眼於道場畫的製作
過程，認為大量生產的需要與活版製作的技術，使其呈現格式化

---

[15] 石守謙〈有關地獄十王圖與其東傳日本的幾個文獻〉，刊於《中央研
　　 究院歷史語言研究所集刊》第 65 本，1984 年，頁 565~618。

的表現[16]。王鍾承的文章，則按照時間先後，分析諸種地藏十王圖的構圖，認為十王在北宋初年的圖像上，佔據畫面的比例增加，佈局與造型趨於穩定，可謂發展完備，從此進入格式化造型的階段[17]。這些文章和羅華慶、鈴木敬、陳明華、胡文和等人的論著一樣，焦點都在清代以前的十殿圖像，都是從美術史或工藝史的角度說明十王信仰的初期發展，並間接使人對《玉歷》十殿圖的淵源，有所認識。對近代十殿圖的蒐集，有宋龍飛和前文提過的唐能理、魏伯儒，雖然在文論中偶爾涉及十王信仰源流的探討，但並未深入。

　　第三類則如莊明興《中國中古的地藏信仰》，目的在探討地藏菩薩神格的形成過程，提及其與閻羅王、十王信仰的融匯情形。對本文而言，這本書涉及兩個重要的訊息，一是藉著針對石雕、壁畫、絹帛、木刻等地藏菩薩像的整理，我們發現，地藏菩薩與十王共同構圖是晚唐之後的趨勢，晚唐之前幾乎不見其例，二是作者提出，由於地藏菩薩與十王信仰的內容，都與死後救贖有關，所以兩者的匯合其來有自。

　　以上三類論文，把注意力集中在唐末到宋代，十王信仰確立初期的情形，觀察這些現象如何由混亂而至齊一，雖然屢見佳篇，但是對於元明之後十王信仰的發展與《玉歷》之於清代十王信仰的關鍵作用，學界鮮少加以留心。

---

[16] Lother Ledderose，*King of Hell* 收入《中央研究院國際漢學會議論文集（藝術史組）》，臺北：中央研究院，1981 年，頁 191~197。

[17] 見王鍾承《地藏十王圖像之研究》，國立藝術學院美術學系碩士論文，1998 年，頁 44~55。

二、涉及《玉歷》的相關著述

　　試圖將討論脈絡延伸到《玉歷》的是蕭登福《道佛十王地獄說》一書。這本書大約可以分成兩大部分，前半部整理六朝、唐代的佛、道經中，檢齋、追薦等觀念如何影響《十王經》的形成，後半部提出宋代《玉歷》是佛教中國化的終結者，並對內容做歸納整理。但取材上，僅限於佛經與道經，忽略戲曲、寺廟、壁畫、卷軸方面的表現，方法上僅限於文本本身的分析，忽略它們與同時代文化現象的互動，使我們對於《玉歷》產製的淵源與傳播的環境，甚至十王信仰的全貌，不容易有完整的認識。

　　澤田瑞穗 1968 年即注意到《玉歷》的重要性，提出此書是中國地獄信仰之經典的說法，與《十王經》是同一系列的文獻，認為《玉歷》到清代才盛行起來，但由於宋代杭州一帶頗為繁榮，宗教書籍出版旺盛，此書若出現於宋代亦不會太早[18]。吉岡義豐的《中國民間の地獄十王信仰について：玉歷至寶鈔を中心として》是少數探討《玉歷》的專書之一，此書耗費較多的篇幅在於各刊本異同的校勘，及《玉歷》內容的介紹，論述重點在於與酆都、東岳、十真君的相互對照，說明《玉歷》呈現的十王信仰觀念，並認為歷來學者藉李宗敏之參訂附記，認定此書是宋代所作，是不正確的，吉岡義豐從「重陽戊辰日」推斷《玉歷》成書於明天啟 2 年（1622）[19]。王見川、林萬傳在〈《明清民間宗教經卷

---

[18] 澤田瑞穗著、蔡懋棠譯〈玉曆鈔傳〉，刊於《臺灣風物》26 卷 1 期，1976 年，頁 72~75、24。

[19] 吉岡義豐《中國民間の地獄十王信仰について：玉歷至寶鈔を中心として》，收入氏著《吉岡義豐著作集》第一卷，東京：五月書房，1989，頁 345~346。

文獻》導言〉中，提出《玉歷》成書最遲應在清代乾隆雍正年間
的說法。他著眼於現存《玉歷》刊本的共同處，從每一種刊本都
具備的正文和神誕表當中，發現神誕表係由《玉匣記》擴展變化
而來，應是明景泰 6 年（1455）以後所作，而正文[20]提到的和合
二聖是雍正 11 年（1733）受封的，所以《玉歷》部分正文應是
雍正 11 年以後出現的[21]。這些重要的意見，讓我們對於目前所
掌握的《玉歷》刊本，其成立與通行的時間，有進一步的認識，
在本節最末、進入第二節的討論之前，我們將闢出篇幅，說明這
些論據對本文論述之時間座標的關鍵作用。

　　吉岡義豐雖然觸及「十王與其他冥神的關係」此一課題，但
關於《玉歷》本身的討論，卻著力不多。關於《玉歷》文化意義
的討論，有 Wolfram Eberhard《Guilt and Sin in Traditional
China》一書 [22]，主要藉著罪與罰的觀念展開中國文化意識的
討論。筆者個人以為，如若將《玉歷》放在清代文化及十王信仰
的發展脈絡中加以關照，或許可以比較完整地詮釋《玉歷》的內
容及其與信仰發展之間的關聯。

　　江玉祥〈清代四川皮影戲中的「十殿」戲〉一文，提出兩個
值得取法的進路。第一，他注意到清代中晚期有許多戲曲作品涉
及十殿信仰，但這些作品並不是零散地出現，而是歸納在某些故
事類型之下，換句話說，作品雖多，但衍述的故事情節大同小異，

---

[20] 此篇文章對「正文」的指涉，是用「本文」一詞。

[21] 王見川等〈《明清民間宗教經卷文獻》導言〉，刊於《明清民間宗教
　　經卷文獻》，臺北：新文豐出版公司，1999 年，頁 1~12。

[22] Wolfram Eberhard, *Guilt and Sin in Traditional China*, University of
　　California Press, 1976.

大部分是目連救母、胡迪罵閻、太宗入冥等幾種故事；第二，他在前言所歸納的十王信仰四大傳播途徑——善書、戲曲、壁畫、科儀，無疑是個提綱挈領的思維角度。

游子安〈清代圖說勸善書與社會教化：以《玉歷鈔傳》為例〉一文，認為《玉歷》所附的十殿圖，與寺廟壁畫、道場畫一樣，對於不識字者具有教化的功能。此文是少數以《玉歷》為主要討論對象的文章，觸及的重要課題，包括《玉歷》在宣講、童蒙教學的運用，《玉歷》十殿圖與其他十王變相具有大同小異的構圖等等[23]，值得注意。

宋光宇的〈從「玉歷寶鈔」談中國俗民的宗教道德觀念〉，注意到《玉歷》正文當中的二至九殿，各自統領十六個小地獄的設計，與《正法念處經》雷同，並將兩者列表整理，同時點出它們雖然都以殘酷恐怖為旨，但是內容卻多歧異的現象[24]。宋光宇另有〈「地獄遊記」所顯示的當前地獄問題〉一文，在進行善書《地獄遊記》的討論之前，提到中國文學裡的入冥傳統及相同性質的《玉歷》，對此書的影響，雖然止於寥寥數語，但是這個善書傳承、發展的觀察角度，卻是值得重視的[25]。

除了這些文章以外，還有自其他角度開展的文章。例如陳登武博士論文《唐代法制研究：以庶民犯罪與訴訟制度為中心》，

---

[23] 游子安〈清代圖說勸善書與社會教化：以《玉歷鈔傳》為例〉，收入《2001 海峽兩岸民間文學學術研討會論文集》，花蓮師範學院民間文學研究所，2001 年 6 月初版，頁 175~194。

[24] 宋光宇〈從「玉歷寶鈔」談中國俗民的宗教道德觀念〉，刊於《臺灣省立博物館年刊》第 27 卷，1984 年，頁 3~14。

[25] 宋光宇〈「地獄遊記」所顯示的當前地獄問題〉，收入《民間信仰與社會研討會論文集》，1982 年，頁 116~117。

雖以法制史為考察重點，但注意到《玉歷》與法律條文、犯罪現實的關係，發現《玉歷》中的「許多罪名，幾乎都可以在《唐律》以下的俗世律典找到相對應的罪名」[26]。雖然對《玉歷》本身，沒有進一步的討論，但其以法制的角度考察冥、陽兩界對審判與懲罰的態度，卻是值得吾人關注的論題。沈宗憲《宋代民間的幽冥世界觀》一書，主要關注《玉歷》所記載的罪行，認為其與其他宋代筆記一樣，主要著眼社會規範，與宋代之前著重宗教教義的規訓有所不同，沈氏同時提到在其他文獻當中「雖曾見『十王』一詞，因記述過簡，不知是否『十殿閻王』？此時冥官紛沓，正說明佛道二教的『十殿閻王』觀念仍未普及[27]」，然而冥官紛沓不是宋代獨有的現象，但從文獻中少見十王的記述看來，當時流傳的情形還是不普遍。

　　還有一些專論善書的篇章，簡單地提及《玉歷》。例如陳霞《道教勸善書研究》將《玉歷》當作懲惡型道教勸善書的代表[28]，又如游子安《勸化金箴》詳細勾勒清代善書的發展情形，對於《玉歷》在中國盛行的情形多有描摹[29]；張之傑〈影響最多中國人的讀物：善書〉僅以數百字簡述此書的內容與價值，但注意到民間地獄觀與印度有所不同，如「孽鏡臺、奈何橋、醧忘臺、枉死城、血污池等設置」即為印度所無，《玉歷》並影響今日《地獄遊記》的產生[30]。

---

[26]　見陳登武《唐代法制研究：以庶民犯罪與訴訟制度為中心》，師大歷史所博士論文，2002年，頁352~353。

[27]　見沈宗憲《宋代民間的幽冥世界觀》，頁162。

[28]　見陳霞《道教勸善書研究》，成都：巴蜀書社，1999年，頁44~50。

[29]　見游子安《勸化金箴》，天津人民出版社，1999年。

[30]　見張之傑〈影響最多中國人的讀物：善書〉，刊於《人與社會》革新

　　總而言之，對於《十王經》成立之後的發展，及具有指標性意義的《玉歷》，學界缺乏整體性的觀照與細緻的處理，致使吾人對於此書的內容如何延續傳統冥界傳說、如何呼應清代的文化條件、如何與明清冥界傳說對話……，所知不多。因此本文一方面說明十王信仰自《十王經》開始，如何透過各種途徑發揮影響力，如何與佛、道兩教產生互動，另一方面試著對《玉歷》作進一步的分析，希望說明這部善書與傳統冥界傳說與清代文化環境的互動關係，對於十王信仰的發展發揮何種效用。

　　最後，綜合上文所述，在進入《玉歷》版本與本文章節、研究進路的說明之前，我們必須將論述《玉歷》的時間立場，作一清楚的交代。歷來學者多依據李宗敏的考訂，認為《玉歷》成書、通行於宋代，然而宋刊本今已不傳，就目前可見的清刊本來看，此書內容完成於清代是可信的，此書盛行於清代也是有目共睹的現象，更進一步來說，此書獲得普遍認可，甚至發揮影響力，是在 1800 至 1900 年之間，這一點在下一節關於《玉歷》版本的介紹中，我們可以得到更加具體的了解。換句話說，這個廣泛傳播的關鍵時間，對於吾人理解中國社會與信仰文化的意義，遠遠大過於成立或初次印行於何時的論斷。是以，本文將討論的位置放在 1800 至 1900 年間的中國社會，以清雍正初年為《玉歷》成立之時，憑藉於此展開本文的各項討論。

號 1 卷 1 期，1982 年，頁 86。

第二節　版本說明與論文概述

一、《玉歷》版本

　　首先簡介本文使用的十一種《玉歷》版本，需要說明的是，為了便於辨識，筆者在原書名之前加註英文字母，封面或內頁若另有題名，則於以下簡介中敘述。其中的 E、I、J、K 版本由王見川先生提供影印本，版本 H 由李世偉老師提供影印本，版本 G 受贈於譚遠琴小姐。

《A.石印玉歷至寶鈔》：

　　收錄於《藏外道書》第十二冊（頁 768~823），前有光緒 16 年（1890）李經序，後有光緒 3 年（1877）唐恩裕之跋。

《B.玉歷至寶編》：

　　館藏於中研院傅斯年圖書館，封面題「覺世寶箴　梁耀樞題籤」，內題「光緒癸未（1883）重刊　玉歷至寶編　粵東省城太平新街以文堂版」，有同治癸酉（1873）碧雲居士之序與跋。

《C.重鐫玉歷至寶鈔》：

　　館藏於臺灣大學圖書館，封面題「重鐫玉歷至寶鈔　馮恩崑敬署」，封面裡題「重刻石印玉歷至寶鈔」、「宣統已酉（1909）仲春重鐫　板存京都前門外楊梅竹斜街永盛齋刻字鋪」，有光緒 16 年（1890）李經序，最末有「光緒甲辰年（1904）冬月靈極子敬送五十本」之字樣。

《D.玉歷寶鈔勸世文》

　　封面題名「繪圖玉歷寶鈔勸世文　百歲修行經　合訂本」，由臺中聖賢堂 1999 年 11 月再版印刷。前有 1954 年蔣蓟、1906

年楊學棣、1914 年邵子建、1919 年余氏與陳際青、1920 年
易補非所做之序。

《E.玉歷鈔傳警世》：

有「板存東昌府城內文錦堂書坊」字樣，有嘉慶某年之序，
序文與正文自淡癡入冥之後闕文。

《F.玉歷鈔傳警世》：

收錄於吉岡義豐的《中國民間の地獄十王信仰について：玉
歷至寶鈔を中心として》一書之附錄，原在嘉慶丙寅年
（1806）與《聖經彙纂》合刊，有「此板寄存粵東省城西湖
街以文堂」字樣，有彭允秀、陸喬木之序。

《G.玉歷鈔傳警世》：

封面題「道光 7 年（1827）仲夏重鑴」，有「板存平陽府城
西西宜村懷陽廟楊氏家藏」之字樣，前有臧志仁、嘉慶 20
年（1815）柯潤堂序，圖像闕，後有光緒 16 年（1890）陳
春來的助印題記。

《H.玉歷警世》：

亦見於《民清民間宗教經卷文獻》第九冊（頁 853~888）。
有道光十年（1830）安徽方應祥之序，但此本係臺南松雲軒
盧崇玉監督的重刻本。

《I.玉歷鈔傳》：

封面題名《玉歷鈔傳》，有嘉慶己卯（1819）蘇蘭、道光壬
午（1822）金寅謹序，有「板存杭城中皮市愛日軒朱兆熊刻
字店印訂」之字樣。

《J.玉歷鈔傳警世》

有道光乙未（1835）王文蔚序。

《K.仿宋本玉歷》：

有「光緒丁亥重陽開雕」之字樣，有光緒丁亥（1887）楊浚序。

最後，需要歸納說明的是這十一種版本的刊刻時間，及其先後問題。由上可知，現今可見到的刊本，最早是 1806 年與《聖經彙纂》合刊的《F.玉歷鈔傳警世》，除此之外，從表 1-1-1 可見，版本 E、F、G、H、I、J 可能保留了較早版本的面貌，其中又以版本 G 跨越較長的時間，同時保存 1815、1890 兩個較早與較晚所寫成的序文與助印題記。另外，在內容上，版本 A、B、C、D 有較為一致的編排方式與內容呈現，相對而言，版本 E、F、G、H、I、J、K 之間則有較大的歧異，這些差異將在後面的章節與將來製作的校勘對照錄當中，有比較清楚的解說。

版本	表 1-1-1《玉歷》刊本所紀錄的時間[31]																				
A											1887	1890									
B									1873	1883											
C												1890	1899	1904		1909	1914				
D															1906		1914	1919	1920	1954	1999
E		1815																			
F	1806																				
G		1815				1827						1890									
H							1828	1830													
I			1817	1819	1822																

---

[31] 說明：本表整理自各刊本封面、版權頁、序言、捐印題記上所載的時間，以方便判別彼此的先後，其中，版本 F 之「1806」，係引自吉岡義豐在《中國民間の地獄十王信仰について：玉歷至寶鈔を中心として》第 290 頁的註記。「版本」一欄所示的英文字母 A、B、C 等，即筆者為分辨本文使用的十一種刊本，所加上的序號。

| J | | | | | | 1835 | | | | | | | | | | | | | |
| K | | | | | | | 1887 | | | | | | | | | | | | |

　　需要說明的是，本文探討的主題，集中在 1806 年之後十王
信仰的發展，所使用的刊本多刻印於江南一帶，受限於資料，若
干與《玉歷》有關的論題無法顧及，例如因應清末變局，為了懲
戒吸食鴉片者，《玉歷因果圖說》提到地獄有「煙鬼城」、「煙
鬼獄」，專收鴉片煙鬼[32]，這類的內容在我們使用的刊本當中，
並沒有出現；另外《玉歷》與其他善書，如《三益集》、《一心
普度合集》合刊的情形，我們也沒辦法做進一步的掌握。這些都
是受限於版本，而無法盡善之處。

　　除了主要的清刊本《玉歷》之外，本文所使用的文獻，包括
小說、戲曲、筆記雜著、佛經、道書、畫像資料、寶卷、歌仔作
品、善書等等，個人稍感不足的是未能由清代方志與文人文集，
進一步廓清《玉歷》製作的情形，與清代文化風氣、信仰、習俗
等。

二、研究進路與本文架構

　　本文以《玉歷》為主要的探討對象，一方面檢視其於十王信
仰發展史當中的位置，包括此書內容的淵源與影響，另一方面藉
著分析《玉歷》本身的內容，勾勒其與傳統冥界傳說、清代信仰
文化的關係，冀能對此一庶民經典較為深入的認識。

　　第二章闡述唐末《十王經》後至清初《玉歷》成書前，十王
信仰的傳播情形，我們希望透過這樣的整理，對於此一信仰借助

---

[32] 見喬志強編《中國近代社會史》，人民出版社，1992 年，頁 265~266。

何種途徑達到普及、大眾透過何種途徑對其耳熟能詳、《玉歷》內容受到哪些潛在脈絡的影響、《玉歷》廣受歡迎的文化基礎等等課題，有更進一步的認識。

　　第三、四兩章著重討論《玉歷》的內容，為了分析上的方便，本文將之拆解成數項成分，分別是正文、圖像、序文、神誕表、感應錄等。必須事先說明的是每項成分在十一種版本各有參差，本文以「正文」一詞，指稱關於《玉歷》成書、淡癡獲得此書經過與十殿地獄情景這個部分的內容，一般所稱的「玉歷」即指這一部分的內容。而正文當中，一開始說鋪述《玉歷》由仙界、地府流傳到人間的原因，最後說明由淡癡道人入冥取得，再傳予弟子勿迷的過程，中間佔據最龐大、最重要篇幅的，是關於十殿地獄的情景，其以十個重複的相同形式陳述每一殿的內涵，本文姑且稱之為「十殿模式」，此一模式又可細分為四個段落，前兩個段落交代每一殿的位置、大小地獄之名稱，第三段羅列各殿閻王審判的標準，第四段說明只要在特定的日期虔誠地向閻王祈求與懺悔過錯，可以免除死後所受的處罰，換言之，前兩段是地獄的內容，第三段與理想的行為規範有關。

　　整個第三章，本文以比較性的詮釋策略展開討論，以正文之十殿模式為探討對象。第三章的第一節首先處理十殿模式的前兩個段落，我們借助《玉歷》與《聊齋誌異》、《玉歷》正文與圖像的交互對照，說明大小地獄的層級分配、名稱與內涵的淵源，都與包括佛經在內的傳統冥界文化，有著緊密的關聯。第二節主要討論十殿模式中的第三個段落，以《閱微草堂筆記》、《說鈴》感應故事等資料與《玉歷》的對比，說明其如何吸收明清時期通俗文化對於冥界想像的塑造與理想道德的標準，換言之，《玉歷》與清代信仰文化之間存在著緊密的互動關係。第三節試圖藉著

《玉歷》與道經、佛經、十王卷的對照，探尋《玉歷》的目標讀者與主持編纂的可能族群。

第四章針對《玉歷》之圖像、序文、神誕表、感應錄等附件進行綜合的整理。第一節藉著序、跋的內容，說明十一種版本流傳的區域與時間，並從《玉歷》感應錄綜合討論大眾參與捐印善書的動機。第二節《玉歷》感應錄在諸版本之間的異同處入手，探討差異的成因，並進一步分析其相同處所反映的文化心理。第三節則利用神誕表、圖像、正文、感應錄，一方面探討《玉歷》如何反映觀音菩薩、酆都大帝、地藏菩薩濟度冥界亡魂的神格，另一方面提出各版本對於神明誕辰、神譜結構等差異現象，以待日後進一步的探究。

第五章則著重《玉歷》對於信仰、文學、習俗等各方面的影響。第一節從冥判類善書的發展脈絡，說明後出的善書《洞冥寶記》、《地獄遊記》等，如何在《玉歷》的基礎上，做出進一步的傳承與創新。第二節著重在《玉歷》引領的近代十王信仰，如何在故事傳說中獲得反映，我們透過唐太宗入冥、目連救母、妙善遊冥、胡迪罵閻等故事在歷代的流變，看到十王信仰逐漸滲入故事內容，並在清初以後盛行的寶卷文學中獲得發揮。第三節我們探討《玉歷》在作家文學、超薦科儀、祈福儀式與圖畫等發揮的影響力，其中又以超薦活動的時間最悠久、流傳最普遍，值得重視。

最後，在本文展開論述之前，必須對部分名稱的使用加以說明。本文以「冥界」概括死後世界、幽冥世界、冥間、地下世界。冥界包括「冥府」與「地獄」。「冥府」指冥王審案的府衙；文獻中負責死後審判者，時稱「王」，時稱「閻羅」、「東嶽」等，為方便敘述，通稱為冥王；而受審判、被處罰者，稱為「罪人」，

以概括罪魂、鬼犯、鬼囚等名稱，而刀山油鍋劍樹炮烙等冥界的行刑設施，通稱為「處罰」；負責押送罪人或執行處罰的牛頭馬面或獠牙大鬼，通稱為鬼卒。

第二章

《玉歷寶鈔》之前的十王信仰

　　十王信仰以《十王經》為伊始，奠立十王分治地獄、人死後
依序接受十位閻王的審判、審判之後受罰的死後世界。本章將唐
末至清代雍正初年《玉曆》成書之前，劃分成三個階段，第一階
段從唐末到北宋初，此一時期以《十王經》、十王在洞窟、絹帛
的畫像表現為主要討論對象；第二階段是北宋初年到宋元之際，
主要說明佛教、道教、文人對十王信仰的承繼與發展，以及大足
石刻的表現；第三階段是元、明至清初，最主要的特徵是通俗文
學與現存寺廟所反映的十王形跡。藉此說明十王信仰從形成至
《玉曆》成書之前的發展，並勾勒傳遞十王信仰的主要途徑。

第一節　唐代末年至北宋初年

　　中國固有黃泉、蒿里、幽都、泰山等冥界思維，佛教傳入之
後，增添了刑戮駭人且組織繁複的地獄，而以《十王經》為成立
標誌的十王信仰，站在融合北方泰山、南方道教酆都主冥和佛家
經典的信仰內涵成立[1]，被認為總結了紛雜的六朝地獄傳說，成
為中國地獄觀念的最後發展階段，從此以後，中國之冥界信仰無
出其右。本章試圖勾勒《玉曆》之前十王信仰的發展，本節以《十
王經》與畫像資料為材料，重在說明唐末至北宋初年，十王的神
格、信仰的內涵及對大眾生活的實際影響為何。以下先從《十王
經》經文意涵說起。

---

[1]　參江玉祥〈中國地獄「十殿」信仰的起源〉，《中國民間文化》，1995
　　年12月，頁276~286。

一、十王信仰的開端：《十王經》

十王信仰最初的直接證據，是敦煌發現的《十王經》抄本。寫本數量在二十件以上，時間在五代至宋初之間[2]，這本經書是模仿佛經形式的偽經，是十王信仰成型以後的作品，根據學者們從內容上做的推測，認為十王信仰至遲在唐代末葉已經形成。

《十王經》為敦煌抄本諸多異名的簡稱。目前散落世界各博物館的寫本，經名包含《閻羅王經》[3]、《閻羅王授記經》[4]、《佛說閻羅王授記四眾預修生七往生淨土經》[5]等十餘種，內容大同小異，本文為方便敘述，統一簡稱為《十王經》。

儘管大旨無殊，但《十王經》寫本卻可分為兩種不同的形式。甲類包括敦煌抄本 P2003、P2870、S3961 和《大正藏》、《卍續藏》收錄的《佛說預修十王生七經》[6]，係儀式所用的長卷[7]，

---

[2]　這些抄本，只有兩件有明確的時間紀錄，一為 S6230 題為「同光肆年丙戌」，二為散 0799 的「清泰三年」，前者為西元 926 年，後者為西元 936 年，皆為五代後唐的年號。見杜斗城《敦煌本佛說十王經校錄研究》，蘭州：甘肅教育出版社，1989 年初版，頁 146。

[3]　如題於卷末的北 8257。

[4]　如題於卷末的 S2815、S4530、S4805、S6230、北 8258。

[5]　如 P2003、P2870，題於卷首。

[6]　《佛說預修十王生七經》分別收入《大正藏》圖像部七與《續藏經》第 150 冊，後者還收有《地藏菩薩發心因緣十王經》一卷，然此係流行於日本的版本，因此本文不予討論。值得注意的是，兩經文末所附的題識語。《大藏經》寫有「寬永四稔卯月令修復之　多聞院沙門」；《卍續藏》題有「……凡人現棲於幽冥，……道人某廣勸緇素，敬誠供養儀典，……。成化五年六月　日誌」，如蕭登福所言，寬永是日本後水尾天王的年號，寬永四年相當於明熹宗天啟七年（1627），成化五年為明憲宗時期，西元 1469 年（見《道佛十王地獄說》，頁 309），綜

圖、文並俱，圖像彩繪，散文間有四句一組的七言韻文，圖畫本
身隨經文所述，而呈現相應的內容。乙類有文無圖、無四句七言
贊語，抄本的數量多達十餘件，被認為是庶民因一己所需而抄寫
者。甲、乙兩類《十王經》，在經文方面雖有些微不同[8]，但同

　　　而言之，兩部藏經所收錄的都是明代中後期的甲類《十王經》版本。
　　　筆者認為，編入佛教藏經，說明了《十王經》附著佛教傳播的立場，
　　　以及直到明代仍受到庶民重視的事實；而明代版本與敦煌抄本文句上
　　　的近似，說明《十王經》已經成為一種「經典」，長久流傳且不輕易
　　　受到更動，但地位不一定很高，因為從宋代迄今，質疑其非正統佛經
　　　的否定式言論，不斷出現。
[7]　甲類的用途眾說紛紜。杜斗城認為經文形式近似變文、插圖源於經
　　　變，因此與變文的距離不遠，應屬於宣演的底本（《敦煌本佛說十王
　　　經校錄研究》，頁 149~151）；石守謙以為，從畫像來看，其未描寫地
　　　獄的諸般細節，且重複出現供養者的形象，因此《十王經》顯然並非
　　　俗講的底本（〈有關地獄十王與其東傳日本的幾個問題〉，頁 581）；
　　　也有人認為具有敘述性質的圖畫，配合著文章內容的進行，因此圖在
　　　文之前出現，顯見它的教育功能（見王鍾承《地藏十王圖像之研究》，
　　　頁 55~56）。然而，形式近於散韻交雜的變文，並不能闡明《十王經》
　　　真正的用途，而石守謙和王鍾承雖提點此經某方面的特質，卻沒有說
　　　明它真正的用途，筆者認為，配合註 6 所示的《續藏經》題記以，將
　　　甲類視為科儀本，或儀式活動中穿插的宣說文本，是比較妥切的說法。
[8]　乙類文字較簡約，第一部分以「如是我聞」佛陀說法、諸佛圍繞聽法
　　　起首，第二部分詮釋閻羅天子「多生習善，為犯戒故」，退掌冥界，
　　　第三部分解釋修造、受持、讀誦此經，死後將免除過錯，判生富貴之
　　　家，倘若每月二時供養三寶，中陰四十九日亦不陷於苦楚，陽人於七
　　　七、百日、一年、三年之時修齋，薦拔親人，以免亡魂滯留受苦，這
　　　種為亡者所作的齋事，亡人只得七分之一的功德，生人得六分，如果
　　　生前預作此齋，七分功德歸己所有；第四部份則歷數十王的名號，包
　　　括秦廣王、宋帝王、初江王、五官王、閻羅王、變成王、泰山王、平

樣是在「為齋功德而捏造」的經本[9]，並且奠立了十王信仰在唐末五代「以齋會為重心」的特質，影響往後千年中國的死亡文化和喪儀內容。

經文中，首先值得注意的是十王掌十殿，亡人在每一殿審判生前的所作所為，歷經一到十殿之後，罪重者入地獄受苦，最後分派來生的去處，在冥王旁邊還有判官、雙童、檢齋使者的配置。換言之，十王的名稱，掌握司命、審判與判生的神格，以及仿效俗世官僚、有判官與助手輔助的特色，此時已經確立。然而，這個死後審判的系統，仍然相當簡樸，例如會遭到在地獄受苦的惡行，只有「煞父害母，破齋破戒，殺豬、牛、羊、雞、狗、毒蛇一切[10]」與「用三寶財物[11]」；閻王殿內的陳設，只有二殿的奈河、四殿的業鏡與業簿，都不如南宋大足石刻與《玉歷》中，繁複的設備與詳細的罪行項目。

其次，是中陰救度及十王齋期的提出。「中陰」指死後的四十九天之內，罪福未定，所以親人每隔七日，為亡者舉行超度與

正王、都市王、五道轉輪王，再次強調只要十王齋具足，造惡之人將獲得赦免，免除死後在地獄裡受罰。甲類也同樣由四大部分組成，差別在於（一）「如是我聞」之前，增加藏川所述的贊語，勸請大眾「以五會啟經贊念阿彌陀佛」；（二）閻羅天子掌管冥間的原因，增加了「欲攝化極苦眾生」；（三）乙類將生時功過記在業鏡，而甲類由善惡童子紀錄；（四）乙類只是羅列十王的名號，甲類在名號之後，加上七言四句的贊語；（五）乙類詳細的說明，若到齋期時「無財物及有事忙，無法延僧作福」，可以「下食兩盤，紙錢餵飼」，或採取變通之道，讓「新亡之人，並歸在一王」，而甲類無此文句。

[9] 《胡適手稿》第八集，卷一，頁40。

[10] P2003，《敦煌本佛說十王經校錄研究》，頁5。

[11] S3147，《敦煌本佛說十王經校錄研究》，頁50。

修福的儀式，希望轉禍為福，免受地獄苦刑，此即「七七齋」。中陰救度與七七齋皆非首創於《十王經》，中陰追福早在東晉帛尸梨蜜多羅譯的《灌頂經》便已存在[12]，七七齋在北魏時也已經是普遍的喪俗，但是《十王經》清楚的將兩者組合在一起，並配合儒家百日、小祥、大祥的喪期，將齋期延長為十次，經中說道：

> 若是新死，從死依一七計至七七、百日、一年、三年並須請此十王名字，每七有一王檢察，必須作齋，功德有無，……記在名案，身到之日，便得生快樂之處，不住中陰四十九日，不待男女追救命。過十王若缺一齋，滯在一王，留連受苦[13]。

延續中陰救度和追福的意涵，強調在亡人過每一殿閻王之時，都必須作齋，若缺一齋，便留滯於地獄一處受苦；數字方面，在原有的中陰七次齋，再加上百日、一年、三年三次，湊成十次，讓

---

[12] 「若人臨終未終之日。當為燒香然燈續明。於塔寺中表剎之上。懸命過幡轉讀尊經竟三七日。所以然者命終之人。在中陰中身如小兒。罪福未定應為修福。願亡者神使生十方無量剎土。承此功德必得往生。亡者在世若有罪業應墮八難。幡燈功德必得解脫。若善願應生父母在異方不得疾生。以幡燈功德。皆得疾生無復留難。若得生已。當為人作福德之子。不為邪鬼之所得便種族豪強。是故應修幡燈功德。諸過命者修行福業。至心懇惻應代亡者。悔過眾罪罪垢即滅。為亡者修福」（《佛說灌頂經》卷 11，頁 0529 下）；又有「世間姜黃之人，因篤不死，……由其罪福未得料簡，錄其精神在彼王所。或七日、二三七日、乃至七七日，名籍定者，放其精神還其身中」（《灌頂經》卷 12，收入《大正藏》冊 21，頁 536 上）。

[13] 《敦煌本佛說十王經校錄研究》，P2003，頁 6。

齋期與《十王經》中閻王的數目正好吻合，此即「十王齋」[14]。

其三，是直接提示不入地獄的方法，經文中說道：

> 若造此經贊誦一偈，我皆免其一切苦楚，送出地獄，往生
> 天道，不令稽滯，隔宿受苦。[15]

> 若造此經及諸尊像，……閻羅歡喜，判放其人富貴家，免
> 其罪過。[16]

> 見此經者，應當修學，得離地獄之因。[17]

> 十王齋具足，免十惡五逆之罪，……。[18]

引文說明了《十王經》認為修造十王畫像，書寫、讀誦、修習經
文，修足十王齋等都是積聚功德、免除地獄刑罰的行為。這些積
福之道，六朝至今並不罕見，十王信仰同樣借助它們達到普及，
例如乙類抄本中，S6230 為祈求母親病痛早癒而寫，S5544 為老
牛祈求往生資糧、北 8259 為母親造福、S3147 為修持而作，北
8257 的抄寫人是僧侶，根據卷末的附記，此次共抄了十七卷，可
見抄寫行為經常帶有特殊目的[19]，甚至從經文提到的「當傳經典

---

[14] 關於十王數字「十」的來源，明、清兩代都有人試圖提出解釋。王逵
認為，即十干之意（見《蠡海集》，《文淵閣四庫全書》，頁 61），羊
朱翁則以為源於唐制分天下為十道，所以冥中亦設十殿（《耳郵集》
卷一，「杭州顧茂才」條）。

[15] 《敦煌本佛說十王經校錄研究》，頁 46。

[16] 《敦煌本佛說十王經校錄研究》，頁 46。

[17] 《敦煌本佛說十王經校錄研究》，頁 50。

[18] 《敦煌本佛說十王經校錄研究》，頁 50。

[19] 造像方面，也有相近的現象。許多寺廟與石窟壁畫來自於功德主的供

廣流通，……持經免地獄，書寫過災碓」[20]，可以進一步廓清行為背後的潛在思維：抄寫或修造的目的是廣泛流傳，只要協助目標達成，抄寫人的所求，都能如願。這種「以協助經典流通為贖罪方式」的思維，影響後代《玉歷》等善書的助印行為，當明清時期印刷工業與慈善活動發達、文人相繼投入等外在因素與之配合時，善書的大量印施也自然成為風氣。

另外，關於修造十王齋，上文提過十王掌管死後審判，因此如果想在審判中得到寬宥，就必須向十王祈求，加上《十王經》將齋期作出巧妙的分配，使得修齋具備了充分的理由和行動的依據，而十王齋也確實在此時非常流行，例如《敦煌願文集》保存了預修十王齋的願文，晚唐詩人司空圖也撰有〈十會齋文〉、〈迎修十會齋文〉，五代翟奉達為亡妻行十王齋，在每個齋期抄寫經文迴向，都說明了十王齋的奉行者，不乏其人。此處必須深論者有二，一是能夠為亡者作齋者，畢竟是存在陽世的活人，因此《十王經》直接提出舉行十王齋之人，可得七分之六的功德，甚至更進一步鼓勵「預修生七齋」，只要每月十五、三十作齋，七分功德盡歸己所得，本文以為這種主張提倡了修齋的風氣；二是《十王經》提到「慈孝男女修福，薦拔亡人，報生養之恩，七七修齋造像，以報父母恩[21]」，將修齋的行為動機，更深一層的建立在中國的孝親傳統上，配合中國人對於家族延續的重視，從而使十王齋受到當時廣泛的重視[22]。

養，目的也在於求取福德，甚至連供養人也進入畫面。

[20] 見 P2003，《敦煌本佛說十王經校錄研究》，頁 7。

[21] 見 P2003，《敦煌本佛說十王經校錄研究》，頁 9。

[22] 莊明興認為佛教主張的死後救贖，如果只是強調個人死後的利益，沒

　　總而言之，《十王經》高舉廣泛傳播的目標，讓信眾用修造、抄寫、讀誦、受持的方式，協助達成這個目標之後，就能換取不入三途、不受地獄苦行的報酬，從抄本數量不少，可知這種交換深得人心，才能使各種身分的人投入抄寫行列。此外，更重要的是《十王經》在建立祈求對象、設計行動時間後，掌握中國重視孝道與家族的觀念，鼓勵信徒作預修與追薦齋會，以獲得更多功德，從而奠定「法會化」的信仰特質，為人熟知，並成為傳遞十王信仰的主要途徑之一[23]。

二、十王信仰的折射：圖像

　　本段述及的圖像，與《十王經》流行的時代相仿，約在五代至宋代之間。現存的圖像遺跡，分成三種構圖：一是敘述性質的圖卷，是甲類《十王經》附生的產物，二是地藏與十王並置的單幅畫面，三是觀音、地藏與十王同在一個畫面上，第二、三種出現在石刻、壁畫與絹畫等，存於敦煌莫高窟、陝西榆林窟、四川安岳等地[24]。下文，將依序探討前兩種圖像反映的現象，觀音雖

有顧及家族與孝親的傳統，便不能在中國取得普遍的重視（《中國中古的地藏信仰》，頁117~118）。筆者認為，這個觀點能夠為偽經《十王經》長久流傳，提供適切的解釋，而且今日吾人認識十王的主要途徑，即是在為死去親人作七的儀式場合，足見孝親與家族觀念確為傳遞十王信仰的潛在脈絡。

[23] 每月二時進行的預修生七齋，後來成為普遍的信仰內容，不再是十王信仰的獨特性質。

[24] 莊明興在《中國中古的地藏信仰》附錄二中，依時間先後，整理地藏造像的資料，地藏十王像屬於較後期的發展（見頁186~197）；王鍾承增加文獻中畫家繪地藏菩薩十王像的資料，說明此時的十王信仰，

然也在冥界救贖中扮演重要的角色，但第三種基本上是伴隨地藏信仰發展所致者，且與十王信仰無直接關聯，所以不予討論[25]。

第一種是與甲類《十王經》同時產生的，內容配合著經文的敘述，分別為佛陀說法、六尊菩薩、黑衣冥吏、一至十殿個別審案、藥叉王，共十四幅圖案，置於文字發生的之前。

在佛陀說法圖中，佛陀坐於中央，座下十王持笏分列左右。這種十王分列主尊左右的構圖方式，在第二種地藏十王圖裡獲得承續[26]，而十王作世俗君王裝扮的造型，則成為定制。十王仿效世俗君王的造型，雖然導因於《十王經》未細述冥王的面貌和衣飾，但在佛教造像已有定式的閻羅王，在十王圖像當中，卻也一樣作俗世官員的打扮[27]，這一點，突顯了十王信仰從一開始就超出道、佛經典所能規約，而接近於民間俗信，江玉祥認為這是北方泰山信仰的影響，固有的泰山鬼府成員即穿著陽世衣冠，與生人無異，這一點被後來的十王信仰所吸收[28]

一至十殿各有一幅審案的畫面，每一幅的構圖相似，閻王坐在右上方的長方桌後，桌上有橫幅攤開，左右各有一人，畫面左側有帶枷罪犯，受帶刀冥吏的驅趕，在二、四、五各有奈河、業鏡、業秤，P2870 在六殿有鐵圍城，P3961 在十殿還有象徵投生

還擴展到河南洛陽、山西壽陽、安徽鳳臺、江蘇揚州等地（見《地藏十王圖像之研究》，頁 42~43）。

[25] 觀音在中國普及的時間，早於地藏，隨後因地藏信仰確立，而於初唐時合龕。

[26] 松本榮一認為，敘述性質的「十王經圖卷」是「地藏十王圖」的前身，兩者本有聯繫（轉引自王鍾承《地藏十王圖像之研究》，頁 3）。

[27] 參王鍾承《地藏十王圖像之研究》，頁 46。

[28] 參江玉祥〈中國地獄「十殿」信仰的起源〉，頁 276~279。

六道的曲線。我們可以這樣分析圖像的內容：罪人受審、審案在畫面上所佔的比重，大於刑具與受審，這意味著畫面主旨著重於審判過程，遠甚於處罰的內容，換言之，對於判刑之後如何受苦不甚關心。這種情形，導因於《十王經》以鼓勵修齋為主旨，而不是以處罰之驚怖來引人向善作為目的——修齋的目的在於死後審判可以獲得從輕量刑，不必再受嚴酷的處罰，所以畫面上自不需要呈現太多地獄景象——這一點與第三章討論的《玉歷》正文、十殿圖，在主旨上截然不同。

此外，第五殿與第十殿冥王的造型，與其他冥王的造型不同。第五殿閻羅天子的獨特造型，從《十王經》特別提示閻羅王的身分與來歷，並賦予「天子」的稱呼，可見一二，值得說明的是後代十王造像中，也經常予五殿閻王不同的裝扮，如尺寸稍大或冠冕帽穗[29]，並且與包公傳說結合，認為五殿閻君由包拯擔任，因此將包拯的黑臉移植到五殿臉上[30]。穿著將軍服裝的十殿五道轉輪王，被認為由五道將軍、五道大神變化而來，有時也被稱為五道將軍，因此作此打扮[31]，與五殿不同的是，這個軍裝造型並沒有保留在後代圖像當中，是唐末五代之時的特殊現象。整體而言，圖像給予每一殿閻王相同的構圖方式，呈現出十王平行發展的趨勢，但由於尚未完全進入複製與套裝的階段，所以五殿與十殿閻君還保留著個別色彩[32]。

---

[29] 如雲林慶安宮後殿供奉的閻羅王，尺寸雖與其他九王相同，卻是唯一在帽上有垂穗的。

[30] 如道光年間，松雲軒印行的《H.玉歷鈔傳》、今臺南東嶽殿與雲林慶安宮後殿供奉的五殿閻羅王，都做黑面。

[31] 見王鍾承《地藏十王圖像之研究》，頁 46。

[32] 進入複製與套裝的階段之後，十王彼此間的造型差異更少，呈現十位

這種伴隨經文而生的圖畫，填補了《十王經》沒有細述的內容。經文沒有描述十殿冥王的造型，但圖畫直接賦予形象，然而經文沒有說明的修齋儀軌、酷刑內容、罪魂受苦的情景，卻不能在圖像中獲得補償，筆者認為這是限於經文主旨，以及當時十王信仰的內涵所致。前文提過，《十王經》經文並不強調地獄之苦，再加上唐末五代時的十王信仰，以法會化、齋會化為主，尚未發展出後代借十王地獄之精緻罪行來引導向善的內容，所以自然沒有對苦刑多做說明；至於修齋儀軌，現存之最早十王儀軌是宋代道教產品，唐末五代之時或許還是襲用原有七七齋與一般禮敬、懺悔的儀軌，稍後才由道教教團將十王融入原有教義架構，提出十王專屬的儀軌。

第二種地藏十王圖，構圖方式是地藏位於中央主尊，座下有道明和尚與金毛獅[33]，十王分左右兩列於主尊座前[34]。和第一種圖像不同的是，帶枷亡人、鬼卒和奈河、業秤等冥界陳設都沒有出現在畫面上，部分遺跡反而增加了供養人的畫像。顯示出這類

間王的地位平等，平行發展的現象，原因一方面與十王作為儀式中禮拜的對象，像《十王拔度儀》等十王相關儀軌，對十王的朝拜是十次重複的儀軌，表現在畫軸上的，自然是十幅相同尺寸的掛軸與近似的構圖（見石守謙〈有關地獄十王圖與其東傳日本的幾個問題〉，頁581-582）；另一方面可能是製作時使用活版以大量生產，使得各王之間差異極微（見 Lother Ledderose，*King of Hell*，p.200~201）。

[33] 這個構圖內容，來自與地藏相關的傳說〈道明和尚還魂記〉，與十王的關係不深，因此在後代十王圖像中消失。

[34] 王鍾承《地藏十王圖像之研究》一書，按照時間先後，分析地藏十王圖的構圖，他認為北宋初年的圖像，十王排列的空間逐漸增加，佈局也不再凌亂擁擠，且十王造型相同，可以說已經達到發展完備，進入制式化造型的階段（見頁44~55）。

畫像的主要功能一方面在於供人禮拜，強調只要虔誠崇拜，即能免去地獄審判，另一方面某些作品是和上文提過的乙類《十王經》，有相同的性質，是「修造供養可以免除審判」思維下的產品。

　　然而，《十王經》經文強調的是閻羅天子的特殊來歷，為何圖像卻以地藏菩薩為主尊呢？閻羅王本是印度佛教中掌管審判的地獄主，可能源於印度婆羅門教地神的地藏，五世紀以後完成大乘化，成為菩薩之一，可以說十王與地藏是在各自發展之後，因神格近似、普及時間接近而匯合，因此《十王經》與其共生的第一種圖像，屬於十王信仰早期的作品，而第二種是後期兩者結合的證據。

　　本段討論的兩種圖像，第一種突顯《十王經》因鼓勵修齋而重審判、輕處罰的特質，同時填補了經文沒有細述的十王造型，然而也受限於「鼓勵修齋」的本旨，沒有針對修齋儀軌、酷刑和罪魂受苦的情景多做說明。第二種地藏十王圖主要供人禮拜，進一步強調只要虔誠崇拜，即能免去地獄審判，這類作品同時也是「造像免災」思維下的產品。

三、小結：《十王經》奠定傳播途徑

　　唐末到北宋初，《十王經》雖是和尚為修齋而捏造的經本，最重視的是十王審判、中陰救度與十王齋期[35]。人們為了通過十

---

[35]　需要說明的是，《十王經》裡的觀念與當時的經籍，有許多共通之處，並非獨見，例如七分之六功德，亦見於《佛說灌頂經》及稍後通行之《法苑珠林》、《大目乾連救母變文》等。關於《十王經》如何襲用較早佛、道經典的元素，可參見如王鍾承《地藏十王圖像之研究》之第

王掌握的死後審判，便修造、抄寫、讀誦、受持這部經書，並且戰戰兢兢的為自己預修生七齋、為死去的親人作十王齋，就這樣，十王成為薦拔祈求的對象，十王齋與每月二時的預修也進入庶民的禮儀時間表之內，促使十王信仰廣泛傳佈[36]。此中《十王經》掌握了中國人唯恐親人下獄受苦的孝親觀念，使其獲得長足的發展，並樹立了十王的基本特質。

本文討論的兩種圖像，第一種與經文關係密切，填補了文字沒有細述的十王造型，卻同時受限於「鼓勵修齋」的本旨，沒有針對苦刑多做闡述；第二種圖像作禮拜之用，同時也反映「以修造免除地獄審判」的思維，然而，《十王經》強調的閻羅天子，和第二種圖像以地藏菩薩為主尊的安排，有所不同。本文認為，這是十王與地藏各自發展之後，在共同的救贖神格上，所展現的暫時性組合，後代十王圖因儀式功能的介入而成為「一組符號」，有時單獨出現，有時與東嶽大帝配合，不一定列於地藏座下[37]，而地藏菩薩透過這個暫時性的合作，成為下治十王的幽冥教主，並且獲得迅速的發展。

最後，《十王經》奠定的「修齋」和「審判」為主的神格，與後起的包公傳說匯合，而延續了突出五殿的特質，創造出五殿的黑面閻君。相對的，十殿五道轉輪王雖保留前身的將軍造型，卻因沒有相應的神話繼續支持，而沒有保留下來。這個時期的十

二章第二節「十王信仰」、蕭登福《道佛十王地獄說》一書。

[36] 每月二時的預修，如何從十五、三十轉變為初一、十五？又如何與十王信仰分道揚鑣？都是有趣的課題。

[37] 十王成為「一組符號」，也與十王個別造型趨同有關，將在本章第二節細述。

王畫像，一方面表現出發展為制式的趨向，一方面反映出尚未進入制式複製前，所保留的零星個別特色。

北宋初年之後，十王信仰歷經大足石刻、道經、十王供、《地藏菩薩像靈驗記》等媒體的傳述，得到更深一層的拓展。從這些文獻來看，入冥還陽的人在地府見過十王的紀錄，與試圖探討十位閻王來歷、反省齋會功德能否抵免地獄刑戮的文章，都已經在宋代出現，可以說十王信仰獲得某種程度的普及，各種階層的人開始對這個現象提出不同的回應。

第二節　北宋初年至南宋初年

經過北宋初年地藏十王圖和《十王經》的傳播，十王漸漸在其他類型的文獻中顯露蹤跡，如《夷堅志》所載，誤入地獄的俞一郎，因平日放生有功，被冥府十王放回人間。這樣的紀錄像是一種回聲，當經文、塑像宣說如何如何的道理之後，這些文獻傳來應和之聲，明白顯示著十王執掌冥府判生，已被大眾接納，並與原有冥神（如閻羅、泰山）競逐發聲場域。

單面向的記載十王身份之外，本文認為文人、佛教、道教與地區教團趨智風，對十王信仰開啟更深一層的討論，或懷疑其存在的必要，或探求其源於佛典的證據，或吸納為儀式之一，都讓這個信仰形式以更多元的面貌，繼續傳遞箇中精髓。以下分文人與佛教團體的反應、道教團體的回應、大足寶頂 20 號石刻等三大部分，申述個人看法。

一、文人與佛教團體的反應

《十王經》所鼓勵的預修與追薦齋會，到了宋代非常普遍，有人甚至為了超薦祖先而傾家蕩產，因此引起司馬光的質疑：

> 世俗信浮屠誑誘，於始死及七七日、百日、期年、再期，除喪飯僧、設道場或作水陸大會、寫經造像、修建塔廟，云為此者滅彌天罪惡，必生天堂，受種種快樂，不為者必入地獄，剉燒舂磨，受無邊波叱之苦。殊不知人生含氣血、知痛癢，……死者形神相離，……假使剉燒舂磨，豈復知之？且浮屠所謂天堂地獄者，計亦以勸善而懲惡也。……唐盧州刺史李丹與妹書曰：「天堂無則已，有則君子登；地獄無則已，有則小人入。」世人親死而禱浮屠，是不以其親為君子，……就使其親實積惡有罪，豈略浮屠所能免乎？……彼天堂地獄若果有之，……何故無一人誤入地獄，見閻羅等十王者耶？[38]

七七日加上百日、期年、再期即十王齋的齋期。他認為天堂地獄只是佛教方便勸善懲惡的道具，事實上並不存在，而且生者剪爪剃鬚都不會感到痛苦，死去的人氣血散盡更不可能有所感覺；既然沒有痛苦或害怕的感覺，那麼地獄種種恐怖的刑罰，對死者來說也沒有任何意義；既然地獄對死者沒有作用，那麼陽世家屬所做的飯僧造像、寫經立塔、或水陸道場也就沒有意義了，況且就

---

[38] 引自司馬光〈喪儀一〉「魂帛」條，《司馬氏書儀》卷5，上海：商務印書館，1936年，頁54~55。

司馬光個人的見聞而言，不曾聽說有人在冥界見過十王。從這一則記事，可以發現十王齋被認為是佛教普及下的產物，與上一節提到「《十王經》是站在佛教立場產生的文本」的概念，不謀而合，而司馬光不只從感官知覺的角度質疑「地獄是否實有」、「十王是否存在」，還挑戰《十王經》以功德超度祖先的思維邏輯，認為這等於是把死去的親人視為有罪的小人，且以錢財賄賂神明的行為。

　　除了因十王齋會盛行而反對十王，文人還質疑其非正統佛教的觀念。例如《鬼董》在探索閻羅王、十八獄主等佛教地獄神的時候，認為考之於佛經的說法，泰山與閻羅不應該平列為十王之一，轉輪王也不主掌冥途，宋帝王、五官王等查無實據，且十個齋期自小祥之後懸隔兩年，又何以做這種疏密有別的安排呢？《鬼董》的作者從佛教經典出發，認為十王不是源於佛教的[39]。

　　宋代僧人常謹，在《地藏菩薩像靈驗記》中說，西印度沙門智祐來到清泰寺，他帶來地藏菩薩變相中，有一幅就是地藏菩薩發願救度冥界眾生，而十王分列兩側，齊聲應和[40]。從這樣的記載，可知十王此時已經進入佛家冥界的部份論述當中，無獨有偶，佛教典籍也在此時開始有希望理解十王在佛教神界的正確位置。

　　宋代宗鑑所輯的《釋門正統》，試圖說明為何十王和閻羅王同掌冥界。文中提到，《正法念處經》等佛經原只有閻羅王與王妹分掌男女亡人，十王無一字可考，但《水陸儀文》中卻說十王圖形始於張果老，宗鑑企圖調和這兩種說法，便舉出《冥報記》

---

[39] 見《宋代筆記小說卷》冊 24，河北教育出版社，1995 年，頁 262~263。
[40] 見《地藏菩薩像靈驗記》，收入《卍續藏》冊 149，頁 184。

說地府如人間一般，分層負責的架構，認為閻羅王統管冥界，下有十殿分司治事，甚至指出十王「起教於道明和尚」，是道明入冥返陽之後，一一指稱十殿之名，世人才知十殿閻王的存在[41]。道明和尚入冥的傳說早見於敦煌文書，但道明見到的只有地藏菩薩，沒有十王，從此時十王滲入道明故事的情形來看，宋代十王信仰在冥府主宰審判的角色更加明確，更重要的是，十王開始具備「僧人入冥指認」的佛教身分，職司方面也與佛家獄主閻羅王不衝突，兩者分工合作，「由雙王示其實，分十殿以強名」。值得留意的是，文中強調十王之名的作用是「或崇追薦之方，或啟預修之會」，十王與追薦、預修的緊密關係，在這裡再次獲得間接的反應，而從水陸儀文提及十王圖的線索，可以想像當時的水陸道場，或許有懸掛十王圖像的例子[42]。

南宋志磐所著的《佛祖統記》[43]，也說道明和尚神遊地府時，曾見十王分治亡人，返陽世後傳知大眾，所以世人普設「十王供」，且說明十王中有六位閻王的名號，在佛典傳記中可以找到，最後提到〈法運通塞志〉有宋人歐陽修夢見十王的紀錄[44]。這則事蹟，提出世俗人士確實目睹十王的證明，並進一步從經典中尋找「十王確實出於佛教」的證據，同時將道明入冥的傳說，提供

---

[41] 見《釋門正統》卷4，收入《卍續藏》冊130，頁401。

[42] 後代的水陸儀軌中，據筆者所知，僅袾宏大師重定的《法界聖凡水陸普渡大齋盛會修齋儀軌》有朝請十王，作為列位神明，然而有趣的是，今日臺灣民間信仰所舉辦的梁皇道場，卻經常懸掛十王與地獄審判的圖像。

[43] 見《佛祖統記》卷33，收入《大正藏》冊49，頁322上、中。

[44] 〈法運通塞志〉已闕，《卍續藏》本雖有部分補錄，但疑為後人所增。

給當時普遍的「十王供」作神話支持[45]。但是，必須小心的是，《釋門正統》為《佛祖統記》編纂時的主要參考底本，兩者有傳承關係，且都是為了傳授天臺宗教學傳統所編的書籍，都是在探討信眾間風行的信仰型式之淵源時，述及十王，所以兩書雖是站在相信十王為佛家之說的前提，卻不能就此認定十王已經完全被佛教接納。

從以上文獻可知，民間設立十王供、以十王齋追薦死者的風氣，盛行於宋代，曾經引起文人對地獄十王的質疑，同時也有人從佛經不錄的觀點，質疑十王神格的正當性。相對於文人，佛教內部如《佛祖統記》或《釋門正統》，卻試圖為十位閻王與十王供的來源，尋找經典依據，這可視為面對大眾質疑所做出的回應，但卻為十王信仰提出神話的支援。

二、道教團體的回應

宋代十王信仰最特殊的發展，是道教組織將十王納入原有的冥界架構之中，目前道藏留下至少四份與十王直接相關的經本，可考證產生於南宋的作品，包括《無上黃籙大齋立成儀》卷 38、《道門定制》卷 3，宋元之際則有《靈寶領教濟度金書》卷 41、172、287 和《地府十王拔度儀》。十王在道經當中變成太素妙廣真君、陰德定修真君、洞明普靜真君、玄德五靈真君、最勝耀靈真君、寶肅昭成真君、等觀明理真君、無上證度真君、飛魔演慶

---

[45] 十王供在宋代非常盛行，牧田諦亮指出：「當時，由三長齋、六齋、盂蘭盆供為基礎，流行十齋、無遮齋、預修齋，乃至六道供、十王供、放生、改祭等各種各樣的齋會」。見牧田諦亮〈法陸法會小考〉，收入《佛教與歷史文化》，北京：宗教文化出版社，2001 年，頁 353。

真君、五化威靈真君等十位真君，受治於酆都大帝。

《無上黃籙大齋立成儀》為南宋蔣叔輿編纂[46]，全書詳列各種齋醮儀軌，卷 38 的內容是詳定法事應列位的諸神名稱，但十位真君在這本經文僅列出七位的名稱，無「第一殿」、「第二殿」等數字編號，僅稱為「地府某真君」，這個稱呼方式在《道門定制》也是同樣的情形。《道門定制》是道門齋醮儀範的總集[47]，由南宋孝、光、寧朝（A.D.1163-1223）的西蜀道士呂元素所編，卷 3 的內容是羅列齋醮所用的表狀，第 90 狀即告十王真君門下，十王也稱為「地府某真君」，無各殿序號，有趣的是，第 90 狀之前有第 87 狀酆都大帝眾聖、第 88 狀酆都六洞儸官門下、第 89 狀酆都諸大魔王門下，之後有第 91 狀地府司錄神君眾聖，這個排列雖然沒有明白提示十王與酆都大帝的從屬關係，但並非偶然，它反映了至少在呂元素的道團中認為，地獄冥府的架構是以酆都大帝等神明為首，以下依次是酆都山的六洞仙官、酆都諸大魔王，然後才是十王真君與其帶領的地府司祿神君等，可以說十王的位階在整個酆都官僚之下，只高於使者、童子等小吏。

宋末元初道士林靈真所編的《靈寶領教濟度金書》，有三處反映十王信仰，同時都與薦拔、預修有關。卷 41 是在每七、百日和大小祥薦拔亡人的科儀本，儀式上是由法師帶領孝子孝女一一向十真君上香、拜祭，希望死去的親人消除罪愆，「解脫陰境，超返陽郊」[48]；卷 172 是預修黃籙齋所用的十王醮儀，也有十次

---

[46] 見《正統道藏》，臺北：新文豐出版公司，1995 年初版，頁 0148。

[47] 見《道藏要輯選刊》冊 8，上海：上海古籍出版社，1989 年初版，頁 38~39。

[48] 見《重編影印正統道藏》冊 8，京都：中文出版社，1986 年，頁 5040~5041。

重複的禮拜，由於這是預修之用，目的方面就變成了「伏願罪消，名列天曹」，希望日後不涉地府幽冥之境[49]；卷287的十王十簡告文，則是拔度儀式所需要的文書樣式，告文封面書明「拔度某人靈鬼」[50]。三處同樣稱十王為「北都泉曲府第某殿某真君」，稍有不同的是，在卷172所描述的神界，酆都、十真君之下，還有城隍、土地。

《地府十王拔度儀》也是在每七與百日、大小祥時超度亡靈的科儀本[51]。科儀的內容在供養大羅天三清三境三寶天尊之後，以原始天尊和妙行真人的對話，陳述冥界諸神，和其他經本不同的是在酆都與十真君之間，還有五斗靈君、東斗生炁君、南斗司禁軍、西斗生形軍、北斗司命君、中斗總錄軍、九合土主、五嶽大神，分司統轄十真君，後續十個禮拜真君的段落，間有八句七言韻文，描述亡魂經過各殿的心境與遭遇的苦刑，十王在這裡實際掌管可怕的地府，擔任審判惡人的工作。

從以上幾部最初與十王信仰相關道經的介紹，可以發現《十王經》中沒有交代的儀軌，在道經獲得落實，薦拔亡人和生人預修兩大質素繼續保留，其中又以「分十個日期薦拔亡人」獲得比較多的青睞。此外，從《地府十王拔度儀》的單獨成書，可以說明祈請十王濟拔的儀式，不只是黃籙大齋等大型法會的一部分，它單獨操作的機會應該是很高的。

除了宋代的道經之外，還有年代不可考的《原始天尊說酆都滅罪經》、《太上救苦天尊說消愆滅罪經》，成於明代的《靈寶

---

[49] 見《正統道藏》，頁0302~0308。
[50] 見《重編影印正統道藏》冊8，頁5966~5967。
[51] 見《正統道藏》，頁0521~0527。

無量度人上經大法》，及清代的《廣成儀制十王大齋右案全集》、
《清徵十王轉案儀制全集》等等。為了集中討論的焦點，在本節
一併處理。

《原始天尊說酆都滅罪經》鼓勵廣建道場以報父母深恩，說
明十會齋功，將使酆都歡喜放人，但若不修善則入二十四獄受苦
[52]。這裡值得注意的是，原始天尊說完十會修齋的利益之後，將
十王名號「流傳世間，開示蒙愚」，換句話說，十王並不掌管審
判業務、不涉入原有的道教二十四地獄結構，只是保存「一七秦
廣大王泰素妙廣真君」這樣的名稱而已。

《太上救苦天尊說懺滅罪經》以救苦天尊說法，鼓吹信眾為
亡人修齋[53]。這部經文拼湊得比較粗糙，列舉了十位真君的名
號，將之與一七、二七等十個日期各自配合，卻沒有說明它們明
確的意義，然而身歿罪人下的是九幽地獄，滅罪業除之後卻由酆
都二十四獄放出，十王原來負責的死後審判、所統治的十殿地獄
在此不見蹤跡，唯一明確的只有《十王經》所奠立的十個薦拔齋
期，以及犯罪下獄、超薦得脫的意義，再度獲得保留和鼓勵。

明代的《靈寶無量度人上經大法》，在卷 47 提及建壇之前，
必須先建十二堂，冥官之堂為其中之一，十位真君被放在東嶽等
五嶽聖帝、酆都大帝、九壘土皇君，和九幽地獄冥官、十大地獄
冥官、十八地獄冥官、二十四地獄冥官、三十六地獄冥官、大小
鐵圍山無間地獄冥官之間[54]。這個名單，可以說囊括了道教大部
分的冥神，並可以依排列順序看出彼此位階的高低，十王不能超

---

[52] 見《正統道藏》，頁 0624~0625。

[53] 見《正統道藏》，頁 0700~0701。

[54] 見《重編影印正統道藏》冊 4，頁 2282~2283。

越酆都大帝位階的安排方式，從宋代奠定之後沒有改變。

《藏外道書》所收的《廣成儀制十王大齋右案全集》[55]、《廣成儀制十王告簡全集》[56]、《廣成儀制正申冥京十王集》[57]、《廣成儀制十王轉案集》[58]、《廣成儀制十王絞經全集》[59]，皆署名為陳仲遠校輯。陳仲遠是清代名道，在川西一帶活動頻繁，十位真君的名稱與宋代並無不同，其中《廣成儀制十王大齋右案全集》和抄本《清徵十王轉案儀制全集》[60]應是為亡者做七時使用的科儀本。

由此可知，宋代開始將十王化為十真君的做法，一直保留在道教儀軌當中，現存至少三種作七超度用的科儀本，並出現了鼓勵作齋的經文，《十王經》中以薦拔表達對父母之孝的觀念，直接得到承續。然而，從十王位階不高，甚至也沒有確實掌握死後審判的情形看來，我們也可以發現，十王信仰被道教引用得最徹底的成分，恐怕也只有逢七做齋，至於預修生七齋、十王統治的十殿地獄、主管的死後審判，並沒有完整的被道教所吸收。

道教從宋代開始吸收十王信仰之後，繼續書寫不同於佛教的冥界系統。唐宋才提高冥界位階的酆都大帝，統轄十王的角色雖然一直不變，但是從上述幾部經典的內容來看，酆都大帝時而直轄十王，時而卻穿插九壘土皇君或酆都山六洞仙官等，顯見這個神界譜系並不是非常穩固，有可能因地區或派別而異。但是，唐

---

[55] 見《藏外道書》冊 13，成都：巴蜀書社，1994 年，頁 618~625。
[56] 見《藏外道書》冊 14，頁 384~399。
[57] 見《藏外道書》冊 14，頁 140~144。
[58] 見《藏外道書》冊 13，頁 261~274。
[59] 見《藏外道書》冊 13，頁 626~631。
[60] 見《藏外道書》冊 14，頁 462~473。

末五代十王信仰齋會化的特質，透過道經的鼓吹、儀式的操作，更形擴大，追薦的齋期更加確定，每個日期與各殿閻王的緊密聯繫也沒有受到破壞，從《地府十王拔度儀》的獨立成書，更能說明十王齋已經成為一個完整的禮儀，經常操作的機率很高。從《靈寶領教濟度金書》、《地府十王拔度儀》等儀軌所見，重複十次的禮拜十王，使十王圖軸成為一位位閻王為主題的單獨畫面，以方便法師帶領信眾一一向前上香、祭拜，這個儀式上的需要，影響後代十王圖的構造，並且使十位閻王從與地藏共處一個畫面的附屬角色，成為獨立出現的一組符號，同時也因為儀式的一致性，間接使得十王的衣貌統一，每一幅圖的構圖也大同小異[61]。

三、大足石刻的呈現

四川大足縣寶頂山石刻造像中[62]，編號第 20 號的摩崖是「地獄變相」，頂高約 12.68 公尺、寬約 19.95 公尺，主要開鑿於南宋淳熙至淳祐年間（A.D.1174-1252），內容包括地藏、十王、十佛塑像及地獄中的情形。畫面分成四層，最上層是十位坐佛，上層為十王，在中央垂直貫穿這兩層的是地藏菩薩，第三、四層都是犯戒與受刑的情景，而第四層中央的是趙智風的塑像。趙智風當時在大足一帶以佛教為主，指導信徒修行，並自奉為教主[63]，

---

[61] 參石守謙〈有關地獄十王圖與其東傳日本的幾個問題〉，頁 582。

[62] 大足石刻中與十王相關者，除了寶頂 20 號之外，還有石篆山 9 號，但只有地藏與十王，沒有地獄懲罰的畫面。

[63] 趙智風的身分，存在部份爭議，有人認為他帶領的是密宗，也有人認為新興教團的領袖，但無論如何他領導著一個宗教組織，是毋庸置疑的，而從寶頂山造像所見，其應援引了很多的佛教教義。

所以他花費二十年的功夫，主持寶頂山的建造，意在宣傳教義。

寶頂 20 號的內容龐大，但本節僅從十佛加入構圖的意義著手，處理其與十王的關係，以及十王贊語與《十王經》的關係。

前段提過，寶頂 20 號是傳達教義的作品，而且費盡心思擘畫，因此寶頂 20 號裡，十佛與十王被組合在一個畫面上，並不是偶然的巧合。首先，先討論十佛的順序和內容。十位坐佛雖無題名，但陳灼根據其姿態、衣飾與持物，再加上第三層十組地獄的上方榜題，判斷其由東向西依序為定光佛、藥師琉璃光佛、賢劫千佛、阿彌陀佛、地藏如來、大勢至如來、觀音菩薩、盧舍那佛、藥王藥上菩薩、釋迦牟尼[64]，這個順序的意義與十齋日有關。據《大明三藏法數》卷 42 載：「初一念定光佛，初八念藥師琉璃光佛，十四念賢劫千佛，十五念阿彌陀佛，十八念地藏菩薩，廿三念大勢至菩薩，廿四念觀世音菩薩，廿八念盧舍那佛，廿九念藥王菩薩，三十念釋迦佛。唐代以來，即行此法……[65]」每月的初一、初八、十四、十五、十八、廿三、廿四、廿八、廿九、三十日即「十齋日」，在固定的十個日期所稱誦的十位菩薩，其名稱與順序與寶頂 20 號的十佛相同，箇中原因必須由十齋日的意涵說起。

---

[64] 陳灼〈大足寶頂石刻「地獄變相·十佛」考識〉，刊於《佛學研究》，1997，頁 70~73。

[65] 《大明三藏法數》經文還有一段文字，說明明代所奉行的十齋日本尊，將十四日賢劫千佛改為普賢菩薩、十八日地藏菩薩改為觀世音菩薩、廿四日觀世音菩薩改為地藏菩薩（轉引陳灼〈大足寶頂石刻「地獄變相·十佛」考釋〉，頁 71）。加上上面提過的地藏菩薩十齋日和敦煌十齋日，可見十齋日的本尊是變動的，甚至可能因地區與時代有很大的差異。

十齋日始自《地藏菩薩本願經》[66]，經文中提出十齋日之後，這十個日期便成為「可以藉宗教方式獲得今生利益」的特殊時間。《地藏菩薩本願經》提到：「能於是十齋日，對佛菩薩諸賢聖像前讀是經一遍，東西南北百由旬內無諸災難，當此居家若長若幼，現在未來百千歲中永離惡趣；能於十齋日每轉一遍，現世令此居家無諸橫病，衣食豐溢[67]」，由於這十天裡，每次都有不同的神明下凡檢察世人功過，只要誦唸特定的菩薩名號，就可以躲避下地獄的危險，倘若持齋還能除罪若干[68]。可知，十齋日的基本性質相當於《十王經》提過的「預修生七齋」，十齋日與十位菩薩息息相關的原因，在於以持名的預修功德，換取免入地獄的好處，另外在寶頂 20 號第三層上方各有一方榜題，內容是鼓勵大眾誦唸十佛佛號、以免三途，由此可知十佛與十齋日的預修觀念，是相互配合的。然而，對於十王信仰之發展而言，更重要的是趙智風取用十佛的做法，反映了預修齋期的改變。在《十王經》中，陽世預修生七齋的時間是每月十五、三十兩天，可是在

---

[66] 語出蘇遠鳴〈道教的十齋日〉，收入《法國漢學》第二輯，北京：中華書局，1997 年 11 月，頁 32。

[67] 見《大正藏》冊 13，頁 0783 下。

[68] 《地藏菩薩十齋日》：「一日童子下，念定光如來，不墮刀鎗地獄，持齋除罪四十劫；八日太子下，念藥師琉璃光佛，不墮糞屎地獄，持齋除罪三十劫……。」(見《大正藏》冊 85，頁 1300 上、中)。敦煌文書《十齋日》與《地藏菩薩十齋日》，雖然下凡的神明不同，也沒有列舉應誦唸的佛號，但主旨是相同的，從另一個角度說明了十齋日的本質，大致若此。(《十齋文》，見《持齋念佛懺悔禮文》，收入《大正藏》冊 85，頁 1266 下、1267 上)。

十齋日盛行的情形下，被改成每月的十個齋日[69]。

接著，從十王贊語與《十王經》的關係，討論寶頂 20 號的佈局意義，以釐清十王於此間之呈現。

寶頂 20 號第二層，塑有十王端坐案後，每位閻王的頭冠、持物、手部姿勢各不相同，左右各有侍者，案前題有各王名稱與四句七言題記，這些題記源於《十王經》[70]，原來題在亡人通過各殿審判的圖畫旁邊，內容多勸人「努力修齋功德具，恒沙諸罪自消亡」，這個引用自然說明了寶頂 20 號受《十王經》影響的事實，但另一方面值得吾人深思的卻是：《十王經》的偈語有「勸人持經、造像免災」等許多組，為什麼獨獨引用這一組？又或者何以不能另外撰寫頌揚閻王威儀的文句呢？其中用意也許在於：地獄的恐怖在第三、四層已有描繪，不需要再花費筆墨作偈，趙智風想要強調的是十王和地藏都有冥途拔苦的作用，只要努力修齋，累積功德即可，而承襲了《十王經》強調預修與代作追薦，陽人可以獲得較多功德的想法，力行齋會（包括預修和追薦）實屬上上之策。

從造像的佈局來看，寶頂 20 號吸收唐代開始流行的十齋日，將十佛安排在十王頂上，代表著於十齋日禮拜懺悔，是通過十王審判的方法，但《十王經》設定的每月二時預修，在此改成每月

---

[69] 相較於追薦十王齋，預修的時間變異性很高，同時也不能以為，從此以後與十王相關的預修齋期，就此固定下來。從以上地藏十齋日、敦煌十齋日、《大明三藏法數》所示，可知齋期因時代而改變，預修的觀念雖然深入人心，但實踐的時間卻彈性很大。

[70] 陳灼將之與 P2003 核對之後，發現有十一處不同，但彼此或文意相通，或倒寫，或同音筆誤，實際上兩者幾乎完全相同。見陳灼〈大足寶頂石刻「地獄變相・十佛」考識〉，頁 74。

的十齋日，說明著預修雖然本質被認可，但齋期卻不如追薦的十
王齋那麼固定，這使得日後《玉歷》改以十王神誕作預修齋期，
具備了前提。十位閻王的造型比十王圖軸或地藏十王圖，有更多
的變化，雖然都是端坐桌前，但是細部姿態和裝飾都沒有重複，
而在職司上，在此並未更改，寶頂 20 號運用《十王經》中的偈
語，再次申述努力行齋、持戒、供養累積功德的重要性。

四、小結

　　經過北宋初年的傳播，十王漸漸為人熟知，隨後文人、佛教、
道教與四川的寶頂山石刻，則十王信仰得以透過更多元的途徑，
繼續傳遞下去。

　　佛教典籍《釋門正統》，試圖詮釋十王和閻羅王同為冥界主
事的現象，認為這是因為地府也需要俗世官僚，所以有十殿治
事；此書證明十王中的六位閻王，可以在佛經裡找到憑證，並和
《佛祖統記》同樣提到道明和尚入冥見過十王後，還陽告知大眾，
十王才「正式起教」並且普設「十王供」，這對十王信仰的發展
是非常重要的，因為十王從此在佛教神譜中，具備了出生證明。

　　道教則積極的將十王納入原有的冥界結構，變為十位真君，
受治於酆都大帝，迄今至少存有《地府十王拔度儀》、《靈寶領
教濟度金書》卷 41、《廣成儀制十王大齋右案全集》、《清徵十
王轉案儀制全集》等薦拔用的科儀本，以及鼓勵追薦、預修的《原
始天尊說酆都滅罪經》。值得重視的是，《地府十王拔度儀》作
為獨立存在的儀式，說明它被單獨操作的機會很高，此外，為亡
者作齋、祈求十真君，被道經當作孝順父母的方式，鼓勵大眾施
行，而追薦的時間，和《十王經》提出的十王齋期，同樣是逢七

與百日、大小祥，這兩個成分隨著道經的鼓勵和具體的儀式操作，穩定的延續到現在。但是，從十王位階不高，也沒有確實掌握死後審判，可以說道教引用得最徹底的成分，可能只有逢七做齋，其他像是預修生七齋、十王統治的十殿地獄等等，並沒有完整為道教吸收。而儀式中重複十次的禮拜動作，促使十王圖軸成為單幅且構圖相近的畫面，以方便儀式的進行，這一點促使十位閻王形貌統一，且成為獨立的一組符號。

南宋淳熙至淳祐年間（A.D.1174-1252），趙智風主持建造的四川大足縣寶頂 20 號摩崖，塑有地藏、十王、十佛塑像及地獄形戮。安排在十王上層的十佛，代表著十齋日禮拜的對象，祈求的目的是死後通過十王審判，然而《十王經》設定預修齋期，卻被改成十齋日，顯示出預修的本質獲得保留，但齋期卻屢有變動，這使《玉歷》神誕表具備了出現的可能性。此外，寶頂 20 號引用的《十王經》偈語，再次提醒大眾行齋持戒、累積功德與十佛提示的預修，同樣重要。

由上可知，道教為十王信仰加入了經典著作與具體的拔度儀式，佛教為其提出來源神話，寶頂 20 號石刻則修改了預修的齋期，並一再強調它的重要性，而相對於宗教團體，文人從知識與感官認知的角度，反詰十王存在的目的與價值。司馬光不但質疑地獄實際上並不存在，而且追薦對於不會感受地獄之苦的亡魂來說，是沒有意義的，《鬼董》的作者甚至認為十王於佛教經典無據，懷疑十王似乎不是源於佛教。這些批判，都說明了十王信仰廣為週知，十王齋、十王供也非常普遍，使得文人不能忽視它們的存在。

最後，討論到閻羅王與地藏菩薩接榫的情形。上一節已述，閻羅王為印度佛教時期即存在的冥王，地藏神格則是在中國轉為

大乘化之後，開始具備死後救贖的功能，而漸與十王接榫，《十王經》特別強調閻羅天子的身份，較晚的地藏十王圖石刻、絹帛卻以地藏菩薩作為幽冥教主，或許是兩者各自發展之後，再因十王信仰的蓬勃，分別與之會合所致。但是，從以上宋代文獻來看，十王時與閻羅王、時與地藏配合的情形看來，和十王共掌冥界的佛教神明，也不是穩定不變的，這一點從明清佛寺並祀的情形，亦可窺知一二[71]。

第三節　元、明至清代初年

本節著重處理元代開始的俗文學題材。自元代起，十王信仰最特別的現象，就是進入廣為大眾接受的俗文學當中，例如元雜劇、明代小說戲劇與寶卷等紛紛出現十王蹤跡，另一方面，十王信仰也從佛、道經籍走入佛寺與道觀，成為奉祀的神明，或是出現在大殿的壁畫裡，地獄變相的傳統並非始於元明，但唐五代的木構建築大多毀於戰火、天災，僅能從文獻知其梗概，不如此時遺跡具體且豐富。

一、寺廟道觀

從佛、道經籍走入佛寺與道觀，意味著十王信仰傳播的途徑，從閱讀用的典籍和齋會科儀，發展到隨時面向大眾的公共空間，在這個空間裡，十王信仰有時表現為供奉的神像，有時作為殿裡的壁畫[72]。很重要的一點是，過去在特定時間才能接觸的「十

---

[71] 將在下一節中，處理這個現象。

[72] 地獄變相，在唐五代的寺觀中已經存在，然而其中是否供奉十王塑

王」，此時已經成為隨時可禮敬、膜拜、祈求，甚至觀賞的形跡，從以下文獻的紀錄，可以充分顯示這個現象。

北嶽恆山永安寺，建於金代，元明屢有修葺，是一座規模宏大的佛教寺廟，大雄寶殿主奉釋迦牟尼，繪有壁畫，內容有觀音菩薩、十大明王、十殿閻君、地獄變相[73]。這是十王進入佛教寺廟的證據，而隨山坡而建的北嶽廟，築於明弘治年間，是恆山的主要建築，大殿供奉北嶽大帝，下方設有十王殿，中央塑有地藏王菩薩，兩側為十殿閻王，壁上也畫有地獄變相[74]。十王雖然與佛教裡的幽冥教主合祀於一堂，但北嶽廟的主神是恆山的山神北嶽大帝，屬於中國古代山神信仰的遺跡，所以不能算是純粹的佛教寺廟。無獨有偶，傳統信仰的廟宇供奉十王者，還有元末明初所建的河北省新樂市伏羲廟[75]、清初的四川飛鳴禪院[76]，都設有十王殿，這是個有意思的現象，因為這個線索從另一個角度，說明十王與佛、道之外的神明信仰匯合的情形。

像、會有十殿地獄，卻缺乏史料能夠證明。

[73] 見王寶庫、王鵬《北嶽恆山與懸空寺》，臺北：錦繡出版社，2001 年，頁 28~31。

[74] 見《北嶽恆山與懸空寺》，頁 10~13。本文以「地獄變相」表示繪有地獄處罰的圖畫，有時加繪冥王審案的景象，然冥王有時是十王，有時是其他冥界神祇，為了比較清楚的說明，另以「十王變相」專稱十王、十殿地獄為題材的壁畫。

[75] 見林秀珍《新樂伏羲廟大殿復原設計》，刊於《文物春秋》，1995 年第 4 期，頁 36。

[76] 飛鳴禪院現存的十王殿，於清順治 16 年（1659）建造，有「天王殿、大佛殿、東嶽殿、祖師殿、十王殿、圓通殿」，由於雜有東嶽，因此本文不將之歸類為佛教寺廟。見趙義元《淺談綿陽木構古建築及相關問題》，頁 58。

　　道觀中附設十王殿或保存相關文物的例子，亦不乏少數。像山西的寶峰山道觀，由明萬曆 30 年的碑記《重修寶峰山》可知，其從明代起將十王、與玉皇大帝等一起供奉[77]，將十王視為道教神祇之一，加以尊奉，而寶寧寺和白雲觀則是收藏道教儀式所使用的十王圖軸。有名的山西右玉縣寶寧寺，建於明成化年間，則收藏了三官大帝、救苦天尊、十殿閻君等四十七幅道教水陸畫[78]，北京白雲觀保存了明代早期的「十殿閻君」，共有十幅[79]。

　　另一方面，文學的紀錄幫助我們認識十王殿內的陳設，以及當時人們對於十王變相的感受，甚至一種信仰的態度。如《張巡許遠雙忠記》的記載：

（貼云）此間是東嶽行宮……。

（老云）這壁廂是甚麼影帳？

（貼云）這是十王案。……有善惡兩部，此間是惡部。

（老云）這壁廂牛頭馬面剉燒舂磨的是甚麼人？這是為臣
不忠、為子不孝、妻妾毆夫、奴婢欺主，受此果報。[80]

從這段引文，可以知道東嶽廟的牆上畫有十王變相，內容分善、惡兩大部分，善者被接引到天堂，惡者遭受各種刑戮，劇本還將生前的行為與受到的酷刑，在兩個角色的一問一答之間，作出因

---

[77]　見劉麗麗《道教名勝寶峰山》，頁 54。

[78]　《寶寧寺明代水陸畫》，北京：文物出版社，1995 年，頁 137。

[79]　見王卡主編之《道教三百題》，上海：上海古籍出版社，2000 年，頁
528。

[80]　見姚茂良《雙忠記》第 36 齣「旌忠」，北京：中華書局，1988 年，
頁 92~93。

果關係的建構，告訴觀眾做了什麼行為，死後會遭受這種懲罰。

又如明末清初的小說《醒世因緣》，第 69 回說太安洲附近的蒿里山，有座大廟在兩廊塑有十殿閻王和地獄酷刑，又說：

> 傳說普天地下凡是死的人，沒有不到那裡的，所以凡是香客定到那裡，或是打醮超度，或是燒紙化錢。看廟的和尚道士又巧於起發人財，置了籤筒，籤上寫了某司某閻王位下的字樣。燒紙的人預先討了籤尋到這裡，看得到那司裡是個好所在，沒有甚麼受罪苦惱，那兒孫們便就喜歡；若是甚麼上刀山、下苦海，碓搗磨研的惡趣，當真就像那亡過的人在那裡受苦一般[81]

從這段紀載，我們可以清楚的看到，十王與地獄變相不只是以平面繪畫的方式呈現，還塑成立體的泥像，而當時的人相信，每個人死後都要到十王掌管的地獄去一趟，和尚道士讓信眾用抽籤的方式，知悉死去的親人魂歸何處，如果發現親人在地獄受苦，往往花錢打醮超度，所以讓和尚們賺進不少銀兩。在稍後的篇幅裡，狄希陳為亡母抽了一支籤，發現她淪落五殿，再至五殿變相處見到鬼吏把一婦人綁在木樁上，用鐵鉤勾出她的舌頭，聯想到自己的母親正受著這種苦，不由自主地衝上前去，打落鐵鉤，抱住婦人的泥像放聲大哭。從這小說生動的描述中，我們可以知道，當時人相信死後審判的存在，而且深怕在地獄裡受苦。

宗教建築，以呈現教義的內涵為主旨，這麼一來我們從寺、

---

[81] 見《醒世因緣傳》，臺北：三民書局，2000 年，頁 940~941。

觀的表現，可以找到這個時期十王信仰的型態特色。元明兩代，將十王列為奉祀的對象，在佛寺或道觀都能見到十王成為旁祀的神明，這一點說明了宋代佛、道讓十王進入神界譜系的做法，繼續獲得保留，但是與過去不同的是，此時以山神、伏羲為主的傳統信仰，也將十王納入供奉名單，按照「適用主義」的說法，說明了十王對於中國人信仰生活的重要性，應該不減唐末五代之時。

如果我們仔細觀察以上例子中，與十王搭配的冥神，會發現十王分別和地藏王菩薩、東嶽大帝，以不同的方式組合在一起。北嶽廟裡，地藏菩薩為主、十王為副，合祀在十王殿，飛鳴禪院則分設東嶽殿和十王殿，地藏菩薩主冥已見於上節闡述，此處不再贅言，而東嶽由傳統的泰山信仰轉變而來，在宋真宗時詔封為東嶽天齊仁聖大帝，始有「東嶽」之名[82]，原來泰山主冥的性格，便轉嫁到東嶽大帝身上。這種和其他冥神合作的現象，後代還有與東嶽合作的山西蒲縣東嶽廟、西港慶安宮，與地藏合作的地藏聖地九華山[83]、臺南東嶽廟[84]、獅頭山輔天宮[85]，與酆都大帝配合的四川酆都十王殿[86]、泰山南麓岱宗坊酆都廟[87]，可見這個現

---

[82] 見馬書田《中國冥界諸神》，臺北：國家出版社，2001 年，頁 85。

[83] 此地肉身殿前，設有十王殿。

[84] 十王祀於後進，地藏為主尊，十王分列兩側。

[85] 主祀地藏菩薩，兩側牆壁繪有十王變相。

[86] 整個酆都，以道教冥神北陰酆都大帝為崇拜中心，十王殿出現於此，佐證了宋代道經將十王納入酆都大帝之麾下的意涵。

[87] 創建於明弘治 14 年（1501）的酆都廟，曾經於嘉靖 41 年（1562）重修，祀北陰酆都大帝，配以冥府十王。張火慶認為，在泰山興建酆都廟、森羅殿等，目的在於聚攏諸種地獄形象，強化泰山為陰魂總集散

象並非偶然，筆者將在本文的最後，和文學作品呈現的現象，綜合討論之。

二、小說、戲曲與寶卷

　　從元雜劇開始，十王信仰介入了俗文學領域，這個現象意味著十王的意義，從宗教的、儀式的擴散到普遍的、娛樂的。更清楚的說，十王信仰的「受眾」從信徒拓展到一般讀者，接受情境從宗教儀式場合，移轉到對廣泛讀者都有意義的小說、戲劇、說唱等娛樂活動之中。為了方便說明，本文將這些例子分為兩種，第一種只引用十位閻王的名稱，但沒有讓十王進入情節當中，甚至把十地閻君或冥府十王這個名詞，換成北陰酆都大帝或其他冥神，也不會妨礙情節的進行和讀者對故事的理解，而第二種卻不同，在這些文學作品當中，十王不是擔任審判的工作，就是安排主角進入各殿一一觀覽，這使得「十王」具備比較具體的面貌。

　　第一種包括元雜劇《調風月》、明代短篇小說《鬧陰司司馬貌斷獄》等。《調風月》全稱《詐妮子調風月》，內容敘述延壽馬先與燕燕許誓白首，卻又迎娶鶯鶯，最後被燕燕當眾揭發的過程，十王出現在第二折，延壽馬在郊外與鶯鶯互贈香帕，回家之後依然心神盪漾，燕燕發現其神色有異，提醒他兩人的盟誓天地與聞，「十王地藏，六道輪迴，單勸化人間世，善惡天心人意。人間私語，天聞若雷」[88]。《古今小說》所輯的《鬧陰司司馬貌

　　地的意義，進而使泰山主冥的舊說獲得延續。見張火慶《三寶太監下西洋研究》，東吳大學中研所博士論文，1992 年，頁 289~190。

[88]　見《詐妮子調風月雜劇》，收入寧希元校點《元刊雜劇三十種新校》，蘭州：蘭州大學出版社，1988 年，頁 233。

斷獄》，則有「陰司案牘如山，十殿閻君，食不暇給」之語[89]，
紀昀的《閱微草堂筆記》也有十王在陰曹議事的記錄[90]。這些例
子中的「十王」，都是冥界的王，唯因文本對其著墨甚少，吾人
不易由此窺知其內涵。

　　另外，有些故事則讓十殿手下的判官，連繫著情節的發展，
十王並沒有現身，這種例子本文把它納入第一種討論。例如像是
甫在萬曆年間推出，即受到劇評家注目的《牡丹亭》，第 23 齣
「冥判」述杜麗娘入了冥界受審，文章以十王殿下的胡判官為敘
述視角，說明麗娘的遭遇，「十地」之名就出現在判官自報身分
之時[91]；徐渭的《狂鼓史漁陽三弄》以第五殿閻羅王手下的判官，
安排重演昔日曹瞞擊鼓罵曹一事，好讓冥府重新予以公斷[92]；祁
佳麟的《錯轉輪》談一段陰錯陽差的投胎趣事，角色之一即十王
手下的判官[93]。

　　從這種簡單的引用中，可以發現過去確立下來的「十王主冥」
之神格，在元明還是穩定的保留著。

　　第二種共有甲、乙、丙三類。甲類只讓十王負責死後審判，

---

[89]　見《全像古今小說四十卷》，福建：福建人民出版社，1980 年，頁 401。

[90]　見紀昀《閱微草堂筆記》卷 6，收入臺北：漢風出版社，1999 年，頁
　　　135。

[91]　此處還衍伸出另一個故事，說地府原有十殿，但因趙宋與金元爭戰，
　　　折損人口，所以玉皇大帝就裁去一殿，讓九州分給九位閻王掌管，而
　　　原來第十殿閻王的印信，就由胡判官來保管。見《牡丹亭》，臺北：
　　　里仁書局，1995 年，頁 147。

[92]　見徐渭《狂鼓史漁陽三弄》，收入《盛明雜劇》，北平：中國書店，出
　　　版年不詳，頁 2473~2501。

[93]　見《錯轉輪》，收入《盛明雜劇》，頁 5657~5699。

卻沒有描述地府景觀，例如元雜劇《小張屠焚兒救母》，敘述小張屠因母親病重，便許願若能疾瘳將獻子還願，冥府因王員外貪財，便以員外之子代替小張屠之子而死，十王是在第二折主導換子的進行[94]。《群音類選》目連故事附錄的插曲「小尼姑」，內容說小尼姑雖知死後將被「一殿秦廣、二殿楚江、三殿宋帝、四殿伍王、五殿閻羅天子」送入地獄受苦，但思凡之心熾烈，讓她決定不顧戒律，奔向愛情[95]。明末清初無名氏所作，依西遊故事延伸而出的小說《後西遊記》，則有孫小聖請出十王重審唐太宗賄賂判官的情節[96]。

　　乙類雖利用十位或其中一位閻王擔任冥間主宰，但沒有利用十殿作為故事架構，只是舉出刀山、劍樹等零星的地獄景象，具體的例子有《香山記》、《玉杵記》、《崔府君斷冤家債主》、《續西廂昇仙記》[97]、《小青娘風流院》、《西遊記》、《勸善金科》、《西洋記》[98]等。明代小說《西遊記》8 至 12 回，述唐

---

[94] 有「見神靈在空中坐，鬼使似天丁六合，炳靈公府君神像惡，速報司兩鬢雙旛，……有十王地府閻羅」之語。見《小張屠焚兒救母雜劇》，收入寧希元校點《元刊雜劇三十種新校》，蘭州：蘭州大學出版社，1988 年，頁 59。

[95] 見胡文煥編《群音類選》，北京：中華書局，1980 年，頁 1557~1565。

[96] 見《後西遊》第 3 回，春風文藝出版社，1982 年。

[97] 有趣的是，此劇在第 15 齣「幽訟」之後，第 16 齣陳述女人在地獄所受到的酷刑，爾後在第 17、18 齣則有「脫生」、「醒悟」。這個下地獄、遍覽罪與刑，然後心生悔悟的情節安排，在寶卷作品中歷歷可數，例如《黃氏卷》、《王大娘遊十殿寶卷》等，都是讓主角透過入冥經驗悔過或發誓修行。這一點對於探索寶卷的淵源，或能提供一些線索。

[98] 《三寶太監西洋記通俗演義》，上海古籍出版社，1985 年，頁 1124~1129。

太宗為了魏徵夢斬龍王一事入冥，太宗在地府受到十殿閻王躬身迎接，陳述此事前因後果，然後遍歷背陰山、十八層地獄、奈何橋、枉死城等獄[99]；清初宮廷大戲《勸善金科》，多處引用十王，但其鋪陳的地獄結構卻由破錢山、滑油嶺、刀山、劍樹、業鏡、望鄉臺等組成。值得注意的是，比例最高的此類作品，正好呼應我們在第一部分點出的問題：為什麼十王所掌管的不是十殿地獄？本文稍後將提出個人的看法。

丙類則是十王與十殿俱全，包括鄭之珍的《目連救母勸善戲文》等都是其中佳例。鄭之珍則在目連變文和雜劇的基礎上，創作了《目連救母勸善戲文》，這部作品中目連為了解救母親所進入的冥界，就是十殿，而且在各殿尋母的過程中，還穿插救妻、尋犬等情節。寶卷是明清盛行的說唱文體，經常被民間教派用以宣傳教義，並在喪葬儀式中演出，現存最早的、估計成於元末明初的《目連救母出離地獄生天寶卷》多處提及十殿[100]。

誠如李豐楙所言，明代小說對入冥的興趣特別濃厚[101]，相對於文獻稀薄的元代，明代小說和清初的雜劇、傳奇、小戲、寶卷、筆記都保留了不少證據，它們不只是引用「十王」的名稱，同時也出現十王審案的情節。這些例子說明著在《玉歷》成立以前，

---

[99] 見《西遊記》，臺北：文化圖書公司，1987 年，頁 94。依明萬曆 20 年（1592）之金陵世德堂刊本。

[100] 《目連救母出離地獄生天寶卷》中，發展出十殿尋母的基礎，十種地獄的名稱是剉碓、劍樹、刀山、鑊湯輪、石磕、灰河、火盆、銅柱、鋸解、銼磨。資料轉引自廖奔〈目連始末〉，刊於《民俗曲藝》93 期，1995 年 1 月號，頁 11~12。

[101] 見李豐楙〈鄧志謨「薩守堅咒棗記」研究〉，刊於《漢學研究》6 卷 1 期（一），1988 年 6 月，頁 167。

掌握文字使用和文化詮釋的作者與讀者，已經對十王的存在耳熟能詳，這使得《玉歷》的成立有了深厚的文化基礎，除此之外，這些文獻中還顯現幾個有趣的問題，這些課題的存在導引著今日人們對十王地獄的理解，所以筆者將在第三部分細述之。

三、小結：幾個有趣的問題

　　合併本節第一、二部分的梳理，我們看到了十王不一定與十殿地獄作穩定的結合，而是被任意地與十八層地獄、酆都或其他架構搭配。表 2-3-1 較清楚的呈現了文學資料的情形，十王可以與酆都、東嶽、地藏菩薩等不同來源的地獄之主搭配，擔任其下實際執行審判者，有時也直接擔任冥界之王，帶領酆都或十八層地獄[102]，而且酆都和十八層地獄也會共同出現，如《目連救母勸善戲文》一方面說十王分掌「一十八層地獄」，另一方面又說地獄即酆都。換句話說，十王固為人熟知，但大部分人同時也接納「陰間即十八層地獄」或「陰間即酆都」的觀念，這種混亂的現象一直延續到《玉歷》成書之時，所以書中才會針對十王如何掌管十八層地獄的說法，提出詮釋。不可忽略的是，十王和十殿被任意搭配的例證，驗證了前面提過的「十王作為一組符號」這樣的概念，十位閻王成為一個整體，可以為不同的主政者效命，也可以獨自撐起冥界組織，而這種混亂多元的局面，直到今日仍然

---

[102] 最明顯的例子是《西遊記》，唐太宗進入冥界後，十王出殿迎接，雙方作揖禮讓，太宗謙讓而不敢前行，十王說：「陛下是陽間人王，我等是陰間鬼王，分所當然，何須過讓？」這說明了十王被當作陰間之王，如同人間統馭萬民的天子，不從屬於其他冥神。見《西遊記》，頁 94。

如此。

表 2-3-1　元明文學中十王所轄之地獄名稱[103]

與十王搭配的地獄架構	例子
十八層地獄	《醒世因緣》、《西遊記》
酆都	《玉杵記》、《鬧陰司司馬貌斷獄》、《小尼姑》、《西洋記》、《勸善金科》
酆都、十八層地獄皆有	《目連救母勸善戲文》、《冤家債主》
其他	《小青娘》、《牡丹亭》

　　其二、如果我們把以上故事，放在歷時性的變化中審視，會發現一些有趣的現象。「入冥譚」雖然如同侯旭東先生所說的[104]，在魏晉時就已經出現大同小異的結構，即活人因意外進入冥府，卻又因為陽壽尚存或生前積德，而發還人間，還陽之後再將種種冥界見聞，告知大眾[105]，這種故事一方面為入冥故事提供一種「確有當事人」的真實見證，另一方面從歷代入冥譚觀察，卻又可見歷代地獄觀念的變化。以本文提到的故事來說，目連、觀音妙善、唐太宗入冥等數種類型，都是在這個時期開始使用十王與逐殿審判，從而開啟這些故事類型以十王、十殿作為冥界的習慣。

　　以目連救母來說，在元代《目連救母出離地獄生天寶卷》之前，有《佛說盂蘭盆經》、《目連緣起》、《大目乾連救母變文》、《佛說目連救母經》敷衍這個故事，但目連所見到的地獄只有刀

---

[103] 說明：由於寺廟的奉祀會因時代有所增補、改變，不如文本作品完整，所以本表僅以文學作品為整理對象。

[104] 「入冥譚」係量齋先生的用語，指入冥故事這種內容類型，見《純文學》9 卷 5 期，1971 年，頁 39。

[105] 侯旭東《五、六世紀北方民眾佛教信仰》，北京：中國社會科學出版社，1998 年，頁 69~70。

山、劍樹等，而從《昇天寶卷》之後，鄭之珍的《勸善戲文》、張照的《勸善金科》與更後期的《目連三世寶卷》、《遊冥寶傳》等都使用了十殿的架構[106]。與觀音有關的妙善傳說，如于君方所言「從《香山寶卷》以後的觀音寶卷必定包括這一段」[107]，指的就是後代寶卷《十二圓覺》、《觀音濟度本願真經》等紛紛加入遊十殿的情節。太宗入冥早在敦煌寫卷中已有，在《西遊記》、《西洋記》的徵引之下，寶卷《劉全進瓜》、《翠連寶卷》等皆含此節[108]。這些不約而同的現象，說明十王信仰在明代成為普遍的文化符號，至少編纂者或作者認為運用這種符號，對大多數的讀者是有意義的。當符號附著意義，也就成為一種象徵，象徵方便為文者迅速準確的傳達意旨，使讀者能夠完整的予以理解。

其三，元明時期的俗文學，留下許多十王信仰的線索，但並不代表道、佛兩教將十王納入儀軌，或畫像的創作、文人對此的討論，都已經消匿跡。道教的情形在上一節已稍作探討，佛教則有明代祩宏大師重訂之《法界聖凡水陸普度大齋勝會修齋儀軌》中，在初夜下堂時十王為奉請神明之一，而志磐的《水陸儀文》自祩宏重訂以後，大部分以祩宏重訂的版本流傳、操作，影響不可謂不大。明代文人王逵則在《蠡海集》中，認為十王來自於十干之數，而第五殿最為尊貴，乃因符合陰陽相合的道理。而明末清初，浙江一帶有陸忠信家族，專門繪製十殿畫的掛軸，外銷到

---

[106] 整理目連故事演變過程的論著很多，如朱恆夫〈目連故事在說唱文學中的流變考〉、廖奔〈目連始末〉、趙景深〈目連故事的演變〉等。

[107] 于君方〈寶卷文學中的觀音與民間信仰〉，刊於《民間信仰與中國文化國際研討會》，臺北：漢學研究中心，1993年。

[108] 針對這些故事中地獄敘述的流變，我們在第五章第二節綜合分析，以期完整勾勒十王信仰與通俗文學的關係。

日本、韓國，說明了這個時期仍有許多人專注於圖畫的製作。鄭振鐸所收集的版畫當中，有一幅名為「地獄還報經」的明代木刻作品，就畫著七殿望鄉臺。

　　江玉祥曾經在文章裡提過[109]，地獄十殿信仰之所以能風行全國，深入人心，主要通過四條途徑。一是喪葬儀式，例如《正統道藏》收錄的《原始天尊說酆都滅罪經》和《地府十王拔度儀》，都是道士替喪家做功德唱誦的經文和科儀；二是刊印遊地獄十殿的善書，其中最著名、最普及的這類善書是《玉歷寶鈔》；三是各地的廟宇，十王雖無專廟，但附著於東嶽殿或地藏庵，在宋代官方推崇東嶽大帝之後，隨之獲得普及；四是演出十殿戲曲，如《勸善金科》等。透過本章的爬梳，可知上述四種途徑之來源有先後，因此輕重也有所不同，善書以《玉歷》為開端，始於清代初年，近代頗為人知，而喪葬儀式形成最早也最穩定，今日臺灣、大陸還保留十王齋的習俗，與十殿相關的通俗文學，除了戲曲，另有小說和寶卷，廟宇方面還可見於伏羲廟等其他廟宇，就目前的文獻證據而言，這兩種至少是元明以後的現象，且十王的流行雖然更加廣泛，但與十殿地獄的關係卻不堅固，反而時常與十八層地獄、酆都配在一起，這種混亂並沒有隨著《玉歷》問世而輕減，反而一直保留到現在。

---

[109] 引自江玉祥〈清代四川皮影戲中的「十殿」戲〉，刊於《巴蜀戲劇史話》，1994 年，頁 55。

第三章

《玉歷寶鈔》的內容（一）

　　《玉歷寶鈔》完整的題名是《玉帝慈恩纂載通行世間男婦改悔前非准贖罪惡玉歷》，但這些版本封面或卷首題作《玉歷至寶鈔》、《玉歷寶鈔》、《玉歷警世》、《玉歷鈔傳警世》等多種[1]，本文為了討論上的方便，通稱為《玉歷》。

　　在十王信仰的發展史上，《玉歷》和確立開端的《十王經》，同樣具有舉足輕重的地位。和其他文獻或圖贊的零星表現相比，《玉歷》是《十王經》之外，以十殿地獄情景為主題的文獻，更重要的是，《玉歷》在清代普受重視，使得「死後受十王逐殿審判」的思維，從喪葬儀式、寺觀圖像、戲劇表演，擴大到通俗讀物的閱讀。換句話說，《玉歷》開啟了十王信仰的傳播管道，甚至成為清代主要的傳播途徑，是了解十王信仰內涵的重要資料。

　　《玉歷》的作者已無可考，根據吉岡義豐的考證，認為產生於明代晚期，而王見川從神誕表的出現與和合二聖受封的時間加以考定[2]，認為較可靠的時限應在清朝雍正初年。不論本書最早在何時出現，其盛行於有清一代卻是有目共睹的。游子安在《勸化金箴》中，認為《玉歷》在清朝已經非常普遍[3]，並和其他善書合編成冊，於中國各地流通[4]，民初的傅增湘也回憶《玉歷》

---

[1]　王見川、林萬傳認為《玉歷鈔傳》或《玉歷鈔傳警世》是此卷原始的名稱，現今習稱《玉歷寶鈔》或《玉歷至寶鈔》，是後出版本的稱呼。收於氏著〈《明清民間宗教經卷文獻》導言〉，臺北：新文豐出版公司，1999 年，頁 9。

[2]　見王見川、林萬傳〈《明清民間宗教經卷文獻》導言〉，頁 10~12。

[3]　《玉歷》和《感應篇》、《了凡四訓》、《覺世真經》、《陰騭文》是清代少數能傳遍全國的善書。見游子安《勸化金箴》，天津：天津人民出版社，1999 年，頁 29。

[4]　例如嘉慶 11 年（1805），陸喬木將《玉歷》和《感應篇》等書編為《聖

等善書成為清末宣講的內容之一[5]，說明了《玉歷》不僅以印刷物流傳，還與宣講結合，進入識字者不多的鄉村邊陲。總之，以《玉歷》為代表的十王信仰，對清代人來說，是耳熟能詳、婦孺皆知的。

「玉歷」一詞，在道教經籍中的原意，「極可能是與死籍相對之生籍、仙籍之意[6]」，而《玉歷》與《功過格》、《陰騭文》、《太上感應篇》等其他善書最大的不同，在於《玉歷》是以冥府十王作為糾察人心的單位，以死後遭遇作為生前為惡的報償。換句話說，前述幾種善書以現世的厄運，警惕人們勿行惡事，而《玉歷》將惡報償現的時間，延遲到個人的死後世界，這也奠立了《玉歷》鋪陳地獄景觀的立意所在。

現今可以見到的各種《玉歷》刊本，內容包括序言、正文、神誕表、感應篇、千金藥方、十殿圖等數個部分，其中正文和神誕表，是每個版本必備的成分。本文即將探討的「正文」，以描述十殿情景為核心，但結構上可細分為三個部分：第一，敘述《玉歷》的產生，是因十王向地藏菩薩提議「借有德行的人入冥記述玉歷寶鈔，還陽普傳人間」；第二，依序遍數十殿司掌之大小獄，每一殿的構成方式相仿，先是說明大、小獄的名稱，再述犯何種錯誤會墮落此處，最後說在該殿閻王誕辰之時懺悔、齋戒或行諸

經彙纂》（見《吉岡義豐著作集》第一卷，東京：五月書房，平成元年，頁 365）；又如道光年間，李天錫將《玉歷》和《增訂敬信錄》、《陰騭文像注》合編為《三益集》刊梓（見游子安《勸化金箴》，頁31）。

[5]　見大公報，1904.5.25；轉引自李孝悌《清末的下層社會啟蒙運動1901-1911》，臺北：中研院近史所，1998，頁 61。

[6]　見王見川、林萬傳〈《明清民間宗教經卷文獻》導言〉，頁 9~10。

般好事則可抵免過錯；第三，記錄淡癡道人無意間入冥聞知玉
歷，回陽後授予弟子勿迷，才使世人盡知此書的經過。

第一節　匯集中國冥界傳統的《玉歷寶鈔》

如上所述，《玉歷》正文由三個部份組合而成，其中，衍述
第一殿到第十殿的第二部分佔了最多的篇幅。除了第一與第十殿
之外，《玉歷》用相同的敘述模式來處理二至九殿，這個模式又
可細分為四段：第一段，提到每一殿的閻王司掌一所位在沃燋之
下、大海底下某個方位的大地獄；第二段羅列十六小獄的名稱；
第三段說明犯下何種罪過的人，會判入此殿受刑；第四段則說，
如果想要免於地獄之刑，只要在各殿閻君壽誕之時齋戒、懺悔、
行善即可。本節先處理第一、二段，說明《玉歷》反映的地獄內
涵，並透過溯源性的探討，詮釋《玉歷》與中國地獄觀念的關係。

討論進路上，本節從《玉歷》與《聊齋誌異》[7]、《玉歷》
正文與十殿圖[8]的交互對照入手，期對《玉歷》正文的意旨做更

---

[7]　以下簡稱《聊齋》，係臺北：大中國圖書公司，2001 年重刊版。

[8]　由於《G.玉歷鈔傳警世》、《K.仿宋本玉歷》沒有圖像，而《F.玉歷鈔
傳警世》的圖像沒有做十殿的區分，故本文僅將《A.石印玉歷至寶
鈔》、《B.玉歷至寶編》、《C.重鐫玉歷至寶鈔》、《D.玉歷寶鈔勸世文》、
《E.玉歷鈔傳警世》、《H.玉歷警世》、《I.玉歷鈔傳》、《J.玉歷鈔傳警世》
等八種版本，納入討論。

　　《玉歷》通常在正文之前附上圖像，這些圖像包括十殿圖、六道圖與
諸神像（細目見表 3-1-1），而本文所討論的只有與十殿閻王審案有關
的圖像，它們被合稱為十殿圖。十殿圖包含十殿閻王審案及罪人受刑
的過程，可分為兩類。第一類包括《D.玉歷寶鈔勸世文》、《E.玉歷鈔
傳警世》、《H.玉歷警世》、《I.玉歷鈔傳》、《J.玉歷鈔傳警世》，每一殿

清楚的剖析。

《聊齋》在清代廣受歡迎，作者蒲松齡以簡鍊優雅的文筆，紀錄傳聞與想像中的鬼狐靈怪故事，其中多涉及冥界諸事[9]，這些故事反映十王信仰的發展[10]，同時也反映了清代的宗教文化，從兩者的對比，可知《玉歷》所深植的思維背景，以及善書與小說看待地獄的不同觀點。

如果說文字是識字者認識《玉歷》的途徑，那麼圖像便如游子安先生所說的，在識字率不及今日的清代社會，許多無法閱讀的讀者，透過圖像接收善書所希望傳遞的思想[11]。而《玉歷》編者的這番考量，也確實獲得效果，成長於清末的魯迅、豐子愷等，都曾在回憶童年的散文裡，提到的十殿地獄圖，如何讓自己害怕得印象深刻。筆者並不打算對這些心理反應，多做發揮，本節著重的將是比較仔細地說明圖像與正文的異同，及其對大眾地獄認

有一幅，其僅在閻王桌前畫著罪人受刑的景象。第二類十殿圖共二十幅，每一殿兩幅，在罪人之外，還畫著善人行善的內容，且分別以文字，在每一小部分旁邊說明他們的行為及得到的報償，並在刑具旁邊標注名稱，如《A.石印玉歷至寶鈔》、《B.玉歷至寶編》、《C.重鐫玉歷至寶鈔》、《H.玉歷警世》都屬此類。

[9] 劉岱旼在《蒲松齡地獄思想研究》中，將《聊齋》提及冥罰、冥律與冥官的篇章，列表整理。見文化大學中文所碩士論文，1997 年，頁50~59。

[10] 《聊齋》中保留的十王信仰，如卷 1〈陸判〉之十王殿（頁 35），又如卷 2〈珠兒〉之楚江王（頁 53）、卷 4〈龍飛相公〉之轉輪王（頁142）、卷 15〈閻羅宴〉之忤官王（頁 667）。

[11] 游子安〈清代圖說勸善書與社會教化：以《玉歷寶鈔》為例〉，收入《2001 海峽兩岸民間文學學術研討會論文集》，花蓮師範學院，2001年，頁 176~177。

知的影響力。

一、來源之一：佛經

關於地獄的景象，蒲松齡在《聊齋》裡，曾經提過刀山劍樹
[12]、鑊湯[13]、鋸解[14]、鐵床[15]、油鍋[16]、拔舌[17]等，只要翻閱傳
統小說，這些地獄刑罰經常可見，例如魏晉的筆記小說，《報應
記》有宋義倫入冥見到鑊湯與鐵床[18]、李岡見過銅汁與鐵丸[19]，
《祥異記》有袁稚宗被縛至冥間，受剝皮、剖解之刑[20]。在中國
原有的死後世界當中，並沒有嚴酷處罰和死後世界的觀念，這些
小說中提到的地獄，是受佛經傳播的影響而來，但是經過數千年
的鎔鑄與沉浸，卻已經是中國人耳熟能詳的詞彙。這些，我們首
先在《玉歷》正文看到充分的反映，例如三殿裡的刮指、挖眼小
地獄，二殿的飢餓、劍葉、糞屎尿小地獄。

但是，《玉歷》還增加了引自佛經的八大地獄、十六小地獄。
《玉歷》認為二至九殿的閻王，統領著海底沃燋之下的八大地獄，
其下再設十六小獄。「沃燋」在佛經裡多次出現[21]，是一種大海

---

[12] 如〈僧孽〉，收入《聊齋誌異》卷 13，頁 551。
[13] 如〈閻羅薨〉，收入《聊齋誌異》卷 15，頁 665。
[14] 如〈席方平〉，收入《聊齋誌異》卷 10，頁 412。
[15] 如〈席方平〉，收入《聊齋誌異》卷 10，頁 412。
[16] 如〈續黃粱〉，收入《聊齋誌異》卷 5，頁 185。
[17] 如〈齊天大聖〉，收入《聊齋誌異》卷 4，頁 165。
[18] 見《太平廣記》卷 103，頁 696。
[19] 見《太平廣記》卷 103，頁 697。
[20] 見《太平廣記》卷 131，頁 929。
[21] 如《觀佛經》卷 5：「從阿鼻地獄上衝大海沃焦山，下大海水渧如車

底下的石頭，由於其下地獄的火氣不斷向上薰燒，所以沃燋的溫度始終很高。而佛經裡雖然以八大、十六小地獄為主要架構，但兩者都有多種不同的說法，例如八大地獄還有八寒地獄、八熱地獄兩組，十六小地獄有時分成四種（四門），一門之下有四個小地獄，然而《玉歷》中的八大地獄——活、黑繩、合、叫喚、大叫喚、熱惱、大熱惱、阿鼻，只是其中常見的八熱地獄，與《大智度論》卷 16 的記載相同[22]，此經由姚秦時的鳩摩羅什譯成中文之後，開始在中國各地流傳，至於大、小地獄的安排，則與《正法念處經》的架構相同，是在每個大地獄之下，各統轄十六個小地獄，但是小地獄的名稱與經中所記不完全相同，就筆者所見，只有二殿楚江王所司掌的十六小地獄，完整的在同一部經典中出現[23]。最重要的是，佛教對地獄的看法中，「人因為生前行為的疵誤，被發入相應的地獄中受苦」的成分被《玉歷》承繼，而且八大地獄的地位平等，沒有輕重之別，《玉歷》也是這樣，一殿與一殿之間，只有先後而無輕重的分別。

除此之外，從《玉歷》十殿圖的觀察，我們還發現佛經的詞彙，到了通俗的善書裡，往往徒留名相，而內涵已完全不同。就黑雲沙小地獄來說，《玉歷》正文對任何小地獄都只記述名稱，並沒有對內涵多做說明，以《長阿含經》與《大樓炭經》所記，「黑沙地獄」裡是熱風將黑沙吹熱，然後附著在罪人身上，而溫

軸計」（參《大正藏》冊 15，頁 668 下）。

[22] 見《大正藏》冊 15，頁 175 下。

[23] 《長阿含經》世記經地獄品、《大樓炭經》泥犁品，詳參丁敏《佛家地獄說之研究》，政治大學中文所碩士論文，1981 年，頁 68~70。

度很高的沙,不但讓罪人遍體墨如黑雲,還使其皮骨焦爛[24],但根據圖 3-1-1 所示,則是罪人跪在布滿尖刺的地上,團團黑雲罩在身上,與佛經所言有所不同。

耐人尋味的是,這些地獄名稱雖然交織成繁複的組織與可怖的處罰內容,令人生畏,但是這些源於佛教的名相,少見於小說或戲劇,有些尚可望文生義,但也有相當數量的詞彙,不容易直接由字面上理解,例如合大地獄、活大地獄、黑雲沙小地獄、牛彫馬噪小地獄等,又或者像是大叫喚地獄與叫喚大地獄、熱惱大地獄與大熱惱大地獄之內涵有何差別,《玉歷》也沒有對其定義多做詮釋,而且在大、小獄之間也出現繁沓的情形。以黑繩大地獄來說,在佛經裡,此處對待罪人的方式,是讓鬼卒將罪人捆縛在熱鐵上,「以熱鐵繩繩之使直,以熱鐵斧逐繩砍之」,使軀幹斷成千百段,再斬截四肢、耳鼻,此中所涉及的刑罰,包括熾熱、割截肢體等等,至於「黑繩」之名是摘取工匠「引黑繩於木材而切斷之」的譬喻。反觀《玉歷》,三殿黑繩大地獄的內容與命名來由,不但沒有說明,所轄的十六小地獄除了刖足小地獄之外,與佛經的原意也沒有直接關聯,反而在其他幾殿出現與身受割裂之苦相關的斷肢、開膛、碎剮、腰斬,與酷熱有關聯的沸湯淋身、身澆熱油、油釜滾烹等等,可以說八大地獄與其下小獄之間,在意義上的連結非常鬆散,編輯者也不甚在意它們的原始意義。

善書向以通俗為工具、教化為目標,援引這些對於讀者來說陌生的名詞,似乎不是妥切的作法,但是從另一個角度來想,這或許是《玉歷》編者有意識的蒐集中國人所能接觸到的各種地獄傳說,然後在此書中完整呈現的企圖。第二個原因,也可能是《玉

---

[24] 轉引自丁敏《佛家地獄說之研究》,頁 68。

歷》編者對於經典中的種種名稱，並不完全理解，甚至只是為了蒐集各種使人怖畏的詞語而抄纂成書。而《玉歷》中上百種極盡精微的地獄結構，儘管彼此互有小異，但所造成的文辭複沓也確實存在，再加上脫離原始意義的冷僻字眼[25]，勢必使讀者對此感到生疏與不耐，或許正是這個原因，後來編纂同類型善書《洞冥寶記》、《地獄遊記》的人，認為需要改進，所以不是多費言詞解說，就是略而不提[26]。

　　這個假設，我們可以從《玉歷》十殿圖的表現，得到比較充分的舉證。從表 3-1-2 中可知，除了一殿的孽鏡臺和十殿的孟婆亭以外，其他地獄都是浮動的，它們並不是穩定的被安排在固定的位置上，以每個版本都具備的血污池來說，於《A.石印玉歷至寶鈔》、《B.玉歷至寶編》、《C.重鐫玉歷至寶鈔》都在第八殿，其餘都在第四殿，這個現象說明了十殿圖只是用很多種地獄，組合成冥界的懲罰，林林總總的刑具只是籠統的、代稱地獄的集合名詞。其次，從表 3-1-2 來看，十殿圖中四十餘種刑具，不論源出佛經或現實中的刑罰，它們都在傳說、故事裡屢見不鮮，出現頻率最高的是望鄉臺、血污池、孽鏡臺、腰斬、油釜、割舌、刀山；出現七次的有寒冰獄、凌遲、犬食、孟婆亭。而《玉歷》正文中晦澀莫名的大小地獄，都沒有出現在十殿圖中。站在傳播《玉歷》正文的角度來看，圖像如果是為了突出正文的重點、為了不

---

[25] 就筆者掌握的《玉歷》版本中，不只一部備有「難字音義表」，此表意在解釋《玉歷》中罕見字的讀音與意義，這個現象說明了在《玉歷》成書之時，已有人發現其中有大量字詞對一般讀者而言不易理解（參見本文第四章「表 4-1-1」對於《玉歷》附件的整理）。

[26] 關於後代冥判類善書對《玉歷》的更異，將在第五章討論之。

識字者也能理解正文而設計的，那麼它理應凸顯正文所強調的比十八層地獄更嚴酷恐怖的一百卅八獄，而十殿圖反而用大眾熟悉的刀山、油鍋等指涉「地獄」，從這裡便能回頭證明上一段的假設[27]：構築一百卅八個大、小地獄，目的在於集合成讓人畏懼的死後審判。

二、來源之二：現實中的刑罰與文學作品

除了佛經直接與間接的影響以外，還有一些地獄陳設在前代小說中出現，例如炮烙、枉死城、望鄉臺。

《聊齋》中數次提及炮烙，行刑的方法是設一枝寬約雙手合抱、高八尺餘的中空銅柱，柱下用炭燃燒，至表裡通紅之後，鬼吏就催促罪魂爬上去，快到柱頂時又滑下來，如此反覆再三[28]。《玉歷》雖然沒有對「空心銅柱」作動態的描寫，但是從此刑「練其手足相報，煽火焚燒，燙盡心肝[29]」，可知兩者的性質接近，十殿圖亦有類似的表現（圖3-1-2）。在《玉歷》與《聊齋》之前，明代小說《封神榜》中，已經有炮烙的存在。荒淫無道的商紂在妲己的建議下，造了圓八尺、高兩尺的空心銅柱，在上、中、下各設一個火門，柱下還設兩個輪子，方便移動，當銅柱燒紅以後，用鐵鍊將人裹在柱上，沒多久便使人「煙盡骨消，盡成灰燼」[30]，

---

[27] 《玉歷》正文與圖像的編者（製作者）可能不是同一人，但從諸多刊本對圖像的處理方式一致，可知本文的推論是可信的。

[28] 如〈李伯言〉，見《聊齋誌異》卷5，臺北：智揚出版社，2001年再版，頁203。

[29] 見《A.石印玉歷至寶鈔》，頁794。

[30] 見《封神榜》第6回，臺北：智揚出版社，1992年，頁38~40。

在更早的《荀子》一書，也曾提過：「紂刳比干，囚箕子，為炮烙刑」[31]，所以炮烙也被視為中國歷史上的傳統刑罰之一[32]。

《玉歷》中的各種刑罰，都把焦點放在「使肉體痛苦」上，但五殿的望鄉臺是少數的例外。當罪魂登上望鄉臺，看見昔日家人「遺囑不遵，教令不行，婦人再醮，子女強橫」，「三黨親戚，懷怨譏評」[33]，或者遭逢大劫，家園盡毀，可說是讓繫念家人的亡者，感受昨是今非的痛苦。《聊齋》中的望鄉臺也是讓亡魂望見陽間家鄉的高臺[34]：

> 頓念家中，無復可懸念，為老母臘高，妻嫁後缺於奉養，念之不覺淚漣漣。……登數十級使至顛頂，門閭庭院，宛在目中，但內室隱隱，如籠煙霧，悽惻不自勝[35]

耿十八知道自己到了冥間，陰陽相違，想到年邁母親乏人奉

[31] 引自吳康《中國古代夢幻》，臺北：萬象圖書股份有限公司，1994 年，頁 288。

[32] 關於刑罰與地獄的關聯，清代已有人注意到。據說曾經「閱歷秋曹三十餘載」的魯廷棟，深恐《玉歷》的讀者認為果報迂謬、地獄虛設，特地挑出十六種陽間最慘酷的刑罰，簡扼描述行刑的方式，希望作惡之徒幡然省悟。見《A.石印玉歷至寶鈔》，頁 804~805。

[33] 見《A.石印玉歷至寶鈔》，頁 791。

[34] 〈耿十八〉對於望鄉臺的描述，除了臺高數仞、臺上可見家鄉之外，還說臺下「游人甚夥，囊頭械足之輩嗚咽而下上，……諸人至此，俱踏轅下，紛然，御人或撻之，或止之」（見〈耿十八〉，《聊齋誌異》卷 13，頁 553~554）。這些內容，並沒有在《玉歷》正文中提到，但是在圖像裡卻有完整的反映。

[35] 見〈耿十八〉，見《聊齋誌異》卷 18，頁 553~554。

養，心中既著急又難過，到了臺上見到家門，卻看不清室內的情景，自然悽楚莫名。小說與《玉歷》的敘述雖有小異，但同樣都是讓人因思鄉而受到心靈的折磨。再往前代追溯，明代文學經常出現望鄉臺的線索。

《牡丹亭》[36]、《藍橋玉杵記》[37]提及此臺，但未多做敘述，鄧志謨的小說《薩真人咒棗記》，說道教真人薩守堅入冥見到望鄉臺[38]，《三寶太監西洋記通俗演義》則說人死後第三天來到望鄉臺，倘若留戀陽間之心不死，冥王便讓它們上臺遙望家鄉，明白陰陽兩隔的事實[39]，針對此書展開研究的張火慶，則注意到文學中的「望鄉」意象，他說道書中雖未見此臺，然「望鄉」意象常見於傳統詩文，如〈述異記〉、〈寰宇記〉、〈登樓賦〉皆有「遊子征夫，每逢佳節，或登高或上樓，懷鄉思人」的思緒[40]，這可能是中國人塑造地獄望鄉臺的基本心理。而《目連救母勸善戲文》曾經說到設立此臺的原因[41]，後來被清初的《勸善金科》搬用：

> 劉氏魂曰：「我在陽間，曾聞西蜀王秀築望鄉臺於成都，有漢李陵築望鄉臺於西域，為何陰司也有此臺？」……鬼

---

[36] 見《牡丹亭》，頁153~154。

[37] 見《藍橋玉杵記》，頁56。

[38] 見《咒棗記》，成都：巴蜀書社，1993年，頁659。

[39] 見《三寶太監西洋記通俗演義》第87回，頁1124。

[40] 見張火慶《三寶太監下西洋研究》，東吳中文所博士論文，1992，頁296~298。

[41] 見《目連救母勸善戲文》上卷「傳相升天」、中卷「過望鄉臺」，臺北：天一出版社，1983年。

曰：「……使人到此盼望家鄉，或兒女哭泣得以與聞，或
僧道時日追薦得以受用。」[42]

這段敘述說明中國傳說有李陵等人建過望鄉臺，冥界此臺只有善
人能登，功能上除了讓人聽見兒女的哀泣、領受僧道追薦之利
益，如同《玉歷》所說的，是讓人思念陽世家鄉。

　　歸結以上所述，《玉歷》中的地獄陳設，採取的是佛經裡八
大、十六小地獄的架構，以及人依生前罪行而受處罰的意涵，但
是「即便深受佛教觀念影響，我們的地獄概念仍是獨特的[43]」，
誠如張之傑曾經說過的枉死城、醧忘臺等等，就是中國人創造的
地獄[44]。更重要的是，這些元明以後流行的冥界傳說，都被《玉
歷》吸納，從另一個角度來說，《玉歷》成書的基礎是元明以後
通俗文化對於冥界的認知，倘若《玉歷》所述對大多數讀者太過
新奇，那麼它獲得普遍接受的時間，勢必往後延遲許多。

三、對官衙、行刑與公正審判的承繼

　　從《玉歷》十殿圖來看，畫面可以分成幾個部分（圖 3-1-3）。
圖的最上方是閻王坐在桌後，身著官服，桌上攤著卷軸或書冊，
旁有牛頭鬼吏或持簿判官，前有罪人跪著受審，稍遠處有鬼卒押
著其他罪人受處罰。但是，當我們回頭審視正文的時候，卻發現：

---

[42] 《勸善金科》7 卷 2 出，見《古本戲曲叢刊》第七本上卷，北京：中
　　華書局，1964 年，頁 7。

[43] 見吳康，《中國古代夢幻》，頁 253。

[44] 見張之傑〈影響最多中國人的讀物：善書〉，刊於《人與社會》革新
　　號 1 卷 1 期，1982 年，頁 86。

如果單從正文來理解地獄的景觀，那麼鬼吏、判官和閻王審案的
廳室、桌案其實很難被想像出來。從圖像延伸而出的第一個課題
是，構思的內容從哪裡來？

我們很容易想起第二章第一節提過的《十王經》附圖。《十
王經》的文字敘述裡，也沒有對這些廳堂几案多做描摹，但附圖
和歷代法事儀式中所用的十王畫軸一樣，閻王都是坐在室內的桌
後，審問著戴著枷鎖或拴著長鍊的罪人。冥王審案的廳室呈「官
府」造型，在中國筆記、小說裡已是定式[45]，《聊齋》亦不例外，
例如〈考城隍〉中，到冥間參加考試的宋燾「至一城郭，如王者
都[46]」，「入府廨，宮室壯麗[47]」，又如〈王大〉故事裡，被抓
進冥界審問的賭徒，也見到城隍坐在衙署中，拿著簿籍，把人犯
一個個的叫上前，剉去手指，又以墨、硃塗在眼框，遊街示眾[48]。
這些主角都是在縣城或都城的府衙中，見到冥王審問犯人[49]，反

---

[45] 冥府做「官府」造型，早在魏晉時已經出現，歷代不乏其例。例如《報
　　應記》中的竇德玄，死後「隨使者入一宮城」，經使者通報之後，竇
　　氏才聽見王在屏風後面審問他（見《太平廣記》卷 103，「竇德玄」
　　條）；《廣異記》裡的孫明入冥以後，先看到一座大門，後被鬼吏留置
　　在空房間裡，「其室從廣五六十間，蓋若陰雲」（見《太平廣記》卷
　　105，「孫明」條）；《冥報記》更明白的記錄李山龍死後所到的地方，
　　是一座廣大的官署，庭前聚集數千人，如囚犯一般，身上套著枷鎖，
　　全部面向同一個方向（見《太平廣記》卷 109，「李山龍」條），又如
　　《酉陽雜俎》中，陳昭在冥中見到「一城，大如府城，甲士守門」（見
　　《太平廣記》卷 106，「陳昭」條）。

[46] 見《聊齋》卷 1，頁 1。

[47] 見《聊齋》卷 1，頁 1。

[48] 見《聊齋》卷 13，頁 563~564。

[49] 需要說明的是，《聊齋》冥王不一定都是十殿閻君，除了城隍之外，

觀《玉歷》，在正文中，十王雖被命名為「某某王」，但卻沒有描寫閣君與廳室的情景，我們可以發現冥府仿照人間官衙的思維，在《玉歷》盛行的清代，仍然深植於人們心裡。

　　從《玉歷》感應篇、《聊齋》與歷代故事來看，「官衙」已是冥府審案必備的背景，圖像之所以作出這樣的呈現，實為歷代十王信仰的傳承與影響，甚至可以說是中國地獄傳說的特色之一，在下文將討論的冥界執行處罰之過程，我們也可以見到類似的情形。

　　《D.玉歷鈔傳警世》圖像中[50]，在七殿前，就有一只大鍋，置於爐子上，爐中生著熊熊烈火，一名鬼卒蹲著送柴，另一名鬼卒右手抓著犯人反縛的雙手、左手抬住雙膝，正將人向著鍋裡扔，鍋中還有一人沉浮於湯水中。但是我們注意到，正文並沒有對審判過後的行刑過程，做任何描寫，只是告訴我們在十殿閻王治下，有很多種小地獄，每一處以一種刑具命名，但是犯了罪的人是不是每一種都得受？如何受？文中卻未曾交代。由此延伸而出的是，既然《玉歷》十殿圖與正文互為表裡，那麼正文沒有提到的細節，繪圖者自通俗文學中取材。例如《聊齋》對於罪人在地獄裡受刑的情景，描寫得非常清楚，在〈續黃粱〉提到罪魂曾氏確定刑責之後，立刻有鬼卒執行處罰：

　　　有巨鬼捽至墀下，鼎高七尺已來，四圍熾炭，鼎足盡紅，

也有判官、東嶽或簡稱為「王者」等等；而被審問的罪人，有亡魂，也有生人。

[50]　本文所討論的所有版本中，只有《D.玉歷鈔傳警世》有鬼卒抓起人犯、作勢丟入鍋中的畫面，其餘只有鬼卒蹲在爐前煽火添柴、鍋中有人沉浮。

> 曾觳觫哀啼，竄跡無路，鬼以左手抓髮，右手握踝，拋至
> 鼎中，覺塊然一身，隨油波上下，皮肉焦灼，痛徹於心，
> 沸油入口，煎烹肺腑……。約食時，鬼方以巨叉取曾
> 出，……。[51]

不但極力形容鼎鑊熾烈的程度，還生動的描寫執刑鬼卒的動作，
罪魂哀嚎逃竄的舉動與痛苦的感受。十殿圖的描繪，就與這個故
事十分相近。

　　雖然《玉歷》無意識的將冥府的官衙造型、行刑過程保留下
來，但是關於審判的公正性，善書與文學的認知就有些不同了。

　　《聊齋》雖肯定地獄審判使人心生畏懼，從而修正行為[52]，
但是《聊齋》裡的席方平因為不願對冥吏行賄，而遭受酷刑[53]，
公孫夏見識到冥官鬻爵[54]，可以說蒲氏雖肯定地獄的存在，但冥
王的審判不一定公正，鬼吏冥卒貪贓枉法的劣行，也和陽間無異
[55]。《玉歷》與之截然不同，《玉歷》正文仿照佛經，藉十殿閻

---

[51] 見〈續黃粱〉，見《聊齋誌異》卷 5，頁 185。

[52] 像〈馬介甫〉中，道士為了懲罰悍婦，偽稱冥曹使者刮腸取心，悍婦
　　從此收斂橫行，孝敬翁姑，直到發現為人所騙便故態復萌。雖然這是
　　幻術而非真正的冥刑，卻生動的說明了冥刑對於匡正惡行的作用。見
　　《聊齋誌異》卷 10，頁 422。

[53] 見〈席方平〉，《聊齋誌異》，頁 411~414。

[54] 見〈公孫夏〉，《聊齋誌異》，頁 516~518。

[55] 小說和戲曲中，經常可以見到這類思維，例如《西遊記》中唐太宗所
　　見識到的判官，便是一位藉職權之便，謀取小惠的貪官，《後西遊記》
　　中的孫小聖也大罵閻王審案不公，意在借地獄影射人間不平；又如京
　　劇《鍘判官》也說到，五殿判官張洪為了包庇外甥，而偷改生死簿，

君前去慶賀地藏王菩薩壽辰之便，將地獄的景象傳達給陽間，這個前提與宗教組織在宣傳教義時的態度是一樣的，是編者將自己深信不疑的東西用文字表達出來，而不是與讀者或信眾進行「真偽」的討論，或借用地獄申述人間抑鬱不平，所以我們可以說，這個先決條件讓正文不容易出現懷疑審判公正性的詞句，而且我們還在《玉歷》感應篇看到誘使人更加虔信的內容。

《玉歷》感應篇用「善有善報、惡有惡報」的原則，來闡述死後審判的公平性。感應篇的內容，在第四章裡有詳盡的分析，大致上可以分為「做善事獲得升官加爵、家門榮祿」與「做壞事遭逢意外或死後無法投胎轉世的惡報」這兩類，篇中的人物無一可以逃脫這個原則的規範，說明編者對於冥判的公正性並不加以懷疑。綜而言之，小說世界裡的地獄，雖然也是死後審判的地方，但是如同陽間一般，閻王的審判並不一定公正。儘管中國傳統小說被認為具有強烈的勸懲意味，但其對於地獄意象的運用，卻與善書截然不同，而這一點也證明了善書與小說在文體的區隔，是十分明顯的。

四、小結

從以上的爬梳，筆者認為，如果把《玉歷》放在中國地獄觀念的角度來看，這本普傳於清代的善書，確實從佛經與俗文學中徵引了豐富的素材，同時反映了中國地獄傳統中的官衙與公正冥判，但是如果將《玉歷》放在十王信仰的發展過程來看，其與唐末《十王經》相比之下，可以發現《玉歷》比《十王經》對於地

最後被包拯與閻羅王當眾鍘死（轉引自馬書田《中國冥界諸神》，頁202~203）。

獄設施，有更繁複的描寫。《十王經》只提到亡魂身繫枷械，一
路由牛頭鬼吏催迫著度過十殿的審判，其中通過奈河、經過業秤
與業鏡的審判，然後到「冥間諸地獄」受苦，但是亡魂如何接受
審判？是十位閻王共同會審或一殿接著一殿審問？讓亡者接受實
際痛苦的「地獄」中又包括哪些刑具？《十王經》及其圖像不曾
仔細的鋪述。《玉歷》則不同，在正文的第二部分，首先說明生
前罪過多於功德的亡魂，才需要從一殿的「孽鏡」開始接受審判：

> 凡善人壽終之日，是有接引往生；若勾到功過兩平之男
> 婦，遂交第十殿發放，……較量富貴貧賤，以了冤緣相報；
> 至惡多善少者，使入殿右高臺名曰「孽鏡」，……照見在
> 世自心之險。[56]

「孽鏡」如同《十王經》提到的「業鏡」，有照鑒人心的功能，
在核查生前行為之後，善多於惡或功過相當者不必經過接下來的
一連串審判，只有少行善德者才是該準備接受酷刑的對象。犯錯
的人，受完第二殿諸般刑苦以後，押解至三殿繼續受刑，期滿再
至四殿、五殿……，以此類推，直到十殿依其罪刑輕重，判發六
道，投胎轉世。

　　而從唐末到清初，《玉歷》吸收從佛經、文學作品與現實生
活中，吸收許多關於冥界的觀念，例如沃燋、《大智度論》等經
的八熱地獄、《正法念處經》的十六小地獄，或刀山、劍樹、鑊
湯、鋸解、鐵床、油鍋、拔舌，或官衙造型與行刑過程，或炮烙、
望鄉臺、枉死城等等。可以說《玉歷》是一部有意識地匯集地獄

---

[56] 見《A.石印玉歷至寶鈔》，頁789。

傳說的作品，之所以省略動態的描寫、徒留地獄名稱，是因為《玉歷》在民間普遍熟知地獄諸事的基礎上創造。

最後，從《聊齋》的冥界故事來看，主掌冥府的「王」不只是十王，還有城隍[57]，在冥王之下，還有判官[58]、典簿[59]、清道使[60]等。在作者蒲松齡的心目中，這些紛雜多樣的冥間神祇，彼此毫不衝突地存在著。這一點，不但與上一章提過的情形相符，也與《玉歷》感應篇所示不謀而合，說明了在明、清多種冥界主宰者並存是普遍的信仰思維，那麼《玉歷》正文特別突出十殿與十王，就是一個值得深思的課題。

表 3-1-1　《玉歷》圖像的內容[61]

		A.	B.	C.	D.	E.	H.	I.	J.	F.
1	觀音	◎	◎	◎	◎	◎	◎	◎	◎	◎[62]
2	地藏	◎	◎	◎	◎	◎	◎	◎	◎	◎
3	酆都	◎	◎	◎	◎	◎	◎	◎	◎	◎
4	十殿	◎	◎	◎	◎	◎	◎	◎	◎	
5	六道	◎	◎	◎	◎	◎	◎	◎	◎	
6	淡癡	◎	◎	◎	◎	◎	◎	◎	◎	
7	灶神	◎	◎		◎	◎	◎	◎	◎	◎
8	玉皇				◎		◎	◎	◎	

[57] 見〈公孫夏〉，《聊齋誌異》，頁 517

[58] 見〈小二〉，《聊齋誌異》，頁 234~235。

[59] 見〈褚生〉，《聊齋誌異》，頁 484。

[60] 見〈王蘭〉，《聊齋誌異》，頁 540。

[61] 說明：《G.玉歷鈔傳警世》、《K.仿宋本玉歷》因無圖像，故不列入本表。第一列各欄中的英文字母，係指本文使用的各種《玉歷》刊本而言；圖中之「◎」，表示此版本繪有此圖。

[62] 觀音於酆都府上方空中。

		A.	B.	C.	D.	E.	H.	I.	J.	F.
9	紫皇上帝						◎	◎		
10	文昌						◎	◎		
11	雷公電母							◎		
12	護法									◎[63]
13	某帝									◎[64]
14	蓮池大師						◎	◎		
15	東嶽		◎		◎	◎			◎	
16	土地、城隍				◎					
17	府縣境主				◎	◎	◎[65]	◎[66]	◎[67]	
18	活無常	◎	◎	◎						
19	死有份	◎	◎	◎						
20	引魂童子		◎							
21	賞善司、罰惡司				◎					
22	黑無常、白無常				◎					
23	查察司、貴神				◎					
24	判官、鬼王				◎					
25	牛頭、馬面				◎					
26	夜遊巡、日遊巡				◎					
27	孟婆、醧忘臺、金橋、銀橋						◎	◎		
28	望鄉臺									◎

---

[63] 身分不明。

[64] 身分不明,但其下兩側各有五位官吏坐在桌前,桌上有書冊與筆墨。

[65] 雖無「府縣境主」之文字說明,但是它與其他版本一樣有「威靈顯赫」的牓題,故列於此項。

[66] 同上註。

[67] 同上註。

		A.	B.	C.	D.	E.	H.	I.	J.	F.
29	醧忘臺									◎
30	血污池									◎
31	炮烙					◎				
32	無間地獄						◎	◎		
33	秦檜受罰									
34	心	◎	◎	◎						
35	懺悔	◎								
36	勸印善書				◎					
37	勸放生						◎	◎		
38	勸行善						◎			

表 3-1-2[68] 《玉歷》圖像的地獄陳設

		A.[69]	B.	C.	D.	E.	F.[70]	G.[71]	H.[72]	I.	J.[73]	K.[74]	次數總計
1	孽鏡臺	1	1	1	1	1			1	1	1		8

[68] 需要說明的是，《A.石印玉歷至寶鈔》與《C.重鐫玉歷至寶鈔》的圖像實為同板。第一列各欄中的英文字母，係指本文使用的各種《玉歷》刊本而言；第二列以下、第二欄之右的各項數字，表示各版本之地獄設施所在的位置，如《H.玉歷警世》將黑雲沙獄畫在第七殿的畫面上，「7」即表第七殿，以下類推。

[69] 《A.石印玉歷至寶鈔》與《C.重鐫玉歷至寶鈔》圖版相同。每一殿都配有兩幅圖，一述善行與善報，一述惡行與地獄，並在刑具旁邊加上文字說明「此為何獄」，以及「犯何種罪將入此處」。

[70] 《F.玉歷鈔傳警世》僅四幅圖，且未分殿。

[71] 無圖。但根據目錄所見，原有圖像二十幅。

[72] 此版本亦是善、惡並呈。

[73] 《J.玉歷鈔傳警世》版本不清楚，三殿與八殿難以辨認，六殿、七殿、十殿各有部分模糊難辨。

[74] 無圖，序文中曾交代刪去圖像的原因：「後人所增圖像……令閱者轉苦繁重，概從刪焉」。

2 補經所	1	1	1							3
3 飢渴廠	1		1							2
4 黑雲沙獄	2	2	2				7			4
5 割腎	2	2	2							3
6 囚車	2	2	2				7			4
7 寒冰獄	2	2	2	2			1	2	2	7
8 箭射	3	3	3							3
9 虎咬	3	3	3				3			4
10 抽腸	3	3	3				2	3		5
11 凌遲[75]	3	3	3	9			2	2	6	7
12 炮烙	3	3	3	9[76]			2[77]			5
13 杵臼	4	4	4				3			4
14 秤	4	4	4				3			4
15 斬手	4	4	4[78]				5			4
16 酆都城	4		4							2
17 望鄉臺	5	5	5	5	5	◎	5	5	5	9
18 腰斬	5	5	5	6	6		5	5	6	8
19 啄食[79]	5	5	5				3			4
20 變牲所	5	5	5				3			4
21 釘板	6	6	6							3
22 剝皮	6	6	6							3
23 鋸解	6	6	6	8			6	6		6

[75] 畫面所呈現的是鬼卒持刀,刑臺上只有切開的人體,狗咬食遺落在地上的屍塊。

[76] 與 A、C 版本相較,《D.玉歷寶鈔勸世文》,銅柱下無雙輪,且置於九殿。

[77] 與 A、C 版本相較,《H.玉歷警世》,銅柱下無雙輪,置於二殿。

[78] 此頁殘缺一角,故此圖不全,故參照《A.石印玉歷至寶鈔》補之。

[79] 畫面上是一鬼卒把食物灑在地上,犯人用手撿起來吃。

24	永跪鐵沙	6	6	6								**3**
25	火焰獄	7	7	7					5			**4**
26	油釜	7	7	7[80]	7	7			5	7	7[81]	**8**
27	大錘	7	7	7								**3**
28	割舌	7	7	7[82]	7	3[83]			8[84]	8[85]	3	**8**
29	車裂	8	8	8[86]	3[87]							**4**
30	血污池	8	8	8	4	4	◎		4	4	4	**9**
31	刀山	9	9	9	5	5			7	9	5	**8**
32	巨叉	9	9	9	2[88]				7			**5**

---

[80]　《E.玉歷鈔傳警世》置於七殿，作「油滾地獄」。

[81]　《J.玉歷鈔傳警世》置於七殿。作「油滾地獄」。

[82]　人的雙手、雙腳反縛於柱子上，鬼卒一腳站立、一腳踏於犯人的大腿上，手持刀剪，作勢伸向犯人頭部。

[83]　《E.玉歷鈔傳警世》置於三殿。畫面上是兩名罪人跪在地上，雙手反縛於柱子上，一名鬼卒正在磨刀，一名鬼卒面向罪人，彷彿正要採取某種行動，但看不出來是要割舌、挖眼或開膛抽腸，且無文字說明，姑且暫列於「割舌」項中。

[84]　《H.玉歷警世》置於八殿，罪人背後插一旗，旗上說明此刑為「刮舌」。

[85]　《I.玉歷鈔傳》置於八殿，罪人背後插一旗，旗上說明此刑為「刮舌」。

[86]　馬車輾過犯人。

[87]　《D.玉歷寶鈔勸世文》作「車崩地獄」，置於三殿，同樣都以大車巨輪碾壓罪人。

[88]　與 A、C 版本不同的是，《D.玉歷寶鈔勸世文》置此於二殿，將罪人固定在立起的木板上，旁邊還有似犬的動物虎視眈眈，彷彿企圖大快朵頤。

33	鳥啄	9	9	9[89]							3
34	犬食	9	9	9[90]	9[91]		7	9	9		7
35	石磨[92]	9	9	9			9	10[93]			5
36	孟婆亭	10		10[94]	10[95]	10	◎	10[96]	10		7
37	醧忘臺					◎					1
38	奈何橋	10	10	10			10	10			5
39	挖眼			9							1
40	□天城			9[97]							1
41	地獄							3[98]			1
42	城苑								6[99]		1

---

[89] 鳥盤桓空中，犯人驚懼瑟縮。

[90] 狗啃食人的腹部。

[91] 《E.玉歷鈔傳警世》置於九殿，作「狗食地獄」。

[92] 以上為九殿所設。

[93] 《I.玉歷鈔傳》置於十殿，上註明為「磨房」。

[94] 作「涼亭」狀，亭內有石凳，坐著一老一少。

[95] 與A、C版本不同的是，亭內有爐，爐上有茶壺，另有茶杯置於桌上。亭外有鬼吏一手掣住罪人雙肩，一手持杯，強行灌入罪人口中。雖名為「亭」，但實為類似今土地廟般的建築物，四面有牆，牆上有窗。

[96] 《I.玉歷鈔傳》置於十殿，單獨成幅，作「孟婆殿」，孟婆坐在桌後，旁有醧忘臺，有兩名鬼吏，一位捧茶壺，一位端茶杯。

[97] 《D.玉歷寶鈔勸世文》置於九殿，作城門狀，門上有匾，題名第一字不明，僅後二字可辨識為「天城」。

[98] 《I.玉歷鈔傳》置於三殿。圖畫作城門狀，但榜題為「地獄」。

[99] 《J.玉歷鈔傳警世》置於六殿。作城門狀，上懸匾額，題名為「城苑」。

43	枉死城		4		6		6	6			4
44	開膛 [100]			8	8		8 [101]	8 [102]	8		5
45	石壓					9					1

第二節　反映清代信仰文化

　　前文提過，王見川先生考證出《玉歷》成型的時間，應在清初之後，游子安先生在《勸化金箴》裡說過，《玉歷》是清代少數遍及中國各省的善書。現存的刊本[103]與這些學者的意見，說明了《玉歷》形成與傳播的時間，不離清代一朝。

　　在進路上，本節由《玉歷》與《說鈴》感應錄的重合處切入，部分例證以《聊齋誌異》與《閱微草堂筆記》補充之。這些文獻與《玉歷》成書、流通的時間接近，兩相對照，或許能較精確地突顯《玉歷》的內涵。《說鈴》由多部筆記合編成上、下兩冊，內容涵括感應錄、風土誌等類型，本文採用感應錄中的《冥報錄》、《現果隨錄》、《果報聞見錄》、《信徵錄》等四種書[104]，這四部感應錄分別由陸圻等人記錄當時的果報見聞，幾乎每一則

---

[100] 罪人躺在刑臺上，鬼卒持刀，作勢剖腹。

[101] 《H.玉歷鈔傳》置於八殿。刮舌、開膛兩刑，都在刑具背後插旗說明。

[102] 《I.玉歷鈔傳》置於八殿，亦刑具背後插旗說明。

[103] 筆者掌握的清代《玉歷》版本，約分布在 1800-1900 年之間。見本文第一章第二節與第四章第一節，針對《玉歷》諸刊本之刊行時間所做的整理。

[104] 以下以「《說鈴》感應錄」合稱這四本書，係臺北：新興書局，1968 年重印本。感謝王見川先生提醒我注意此書內容與《玉歷》的關係。

記事都明載地點，時間上溯明末，最遲不晚於《說鈴》的編纂年代康熙 44 年（1705）；而紀昀著作《閱微草堂筆記》的目的，在於神道設教、使大眾明白果報不爽[105]，這本書與《聊齋》在清代都受到大眾的歡迎，屢見翻刻[106]，因此以這些文獻所呈現的內涵，應可一窺當時的信仰文化[107]，進而說明《玉歷》集合、詮釋冥界傳說的本旨。

需要辨明的是，清代初期與中、後期之社會風氣有所不同，但透過孫燕京、李孝悌等人的爬梳，可以發現晚清時，西洋新事物、新觀念的影響，並不如想像的巨大，民間以果報認知異常現象的思維方式，仍時常可見。這些學者的意見，說明了與信仰有關的觀念不容易變化、更新，同時也支撐了以《說鈴》詮釋《玉歷》的可能性[108]。

---

[105] 嘉慶 5 年（1800），盛時彥在重刻《閱微草堂筆記》序中，言此書為作者記昀老年「採掇異聞，時作筆記，以寄所欲言」，目的在於「大旨要歸於醇正，欲使人知所勸懲」（見〈序〉，臺南：漢風出版社，1999，頁 2-3）。紀昀亦期望此類作品「大旨期不乖於風教」（見〈姑妄聽之一〉，頁 433）。

[106] 見〈序〉，《閱微草堂筆記》，頁 2。書中揭示的價值，若非透過廣受歡迎而普及於讀者間，就是這些價值本即反映讀者們潛在的內心世界，兩種情況都說明此書蘊含的觀念，不會與當時一般識字者的想法相距太遠。

[107] 根據序言題署的時間，《閱微草堂筆記》至少在嘉慶 5 年（1800）、道光 15 年（1835）、道光 13 年（1833）時重刊，因此本書流行的時期與《玉歷》大量刊行的時間有極大的重疊之處。

[108] 雖然《玉歷》流傳於清代中後期，但以清初成書的「《說鈴》感應錄」佐證，卻仍有一定的說服力。1840 年鴉片戰爭之後，在歷史時期的劃分上，雖然被稱作「晚清」與「近代」，各式西方新事物日漸增加，

　　以下，本文先由《玉歷》正文的模式說起，繼及兩者試圖規約的行為範式，最後從兩者對冥界觀念的差異，探討《玉歷》成書的意圖。

一、十殿模式與補經所的設置

　　《玉歷》正文以十殿地獄為主，而這些敘述地獄的文字，大部分以「同一模式、不斷重複」的方式組成，本章伊始，曾經介紹這個由四個段落構成的模式。在《信徵錄》中，曾經出現類似的結構：

> 第一殿衙門，門上扁一座，大書「秦廣大王」，柱聯「萬
> 惡淫為首，百行孝為先」，進殿見兩廊陳列碓臼，尚有條
> 示「凡陽間唆訟者受此罪」，又見僧人數十進殿，俱北面

然我們不可高估新事物與科學理性觀念的影響，而忽略固有的習俗與觀念，仍然堅守在中國人精神生活的底層。例如孫燕京藉著梳理大量方志，發現新事物誠然已出現於沿海大城市，但鄉村地區甚至幾乎沒有受到影響，而且牽涉到「觀念」的新事物，較不容易獲得接納，倘若與習俗相違，其成為普遍風尚的時間，就需要更長（見孫燕京《晚清社會風尚研究》，北京：中國人民大學出版社，2002 年初版）；又如李孝悌歸納 1884 到 1990 年刊行的點石齋畫報，發現「聊齋式的因果報應」仍然經常出現，說明了即便近代科學或理性的思維漸次普及，但遲至清末，以「果報」來詮釋週遭事物，依然是相當普遍的思維（見李孝悌〈上海近代城市文化中的傳統與現代：1880 至 1930 年代〉，收入《戀戀紅塵：中國的城市、慾望與生活》，臺北：一方出版社，2002 年 11 月初版，頁 141~201）。這些例子，說明了與信仰相關的價值觀念不可能迅速的全盤更新，因此筆者認為以「《說鈴》感應錄」與《玉歷》作對照，應是可行的。

而立。……余出過第二殿，門閉不進；至第三殿，見兩廊鋸解者，尚有條示「凡陽間活拆夫婦者受此罪」；至第四殿，見兩廊油鍋，上有條示「凡陽間姦淫處子者受此罪」；至第五殿，扁書「閻羅天子」……。[109]

引文中，清楚地呈現十殿地獄之一隅，每一殿都有不同的刑具，譬如第一殿的碓臼、三殿的鋸解、四殿的油鍋等，且從條文可知，它們專治特定的陽世罪行，如教唆訴訟、離散他人夫妻、姦淫處女等。這種敘述，與《玉曆》正文模式的中間兩段，若合符節——《玉曆》在每一殿裡列出處罰罪人特定刑具或十六個小地獄，然後說明生前犯過哪些過錯的人，以致受到前述的懲罰。

除此之外，引文中還提到第一殿有數十位僧人，等待著審判[110]，這讓人很快的聯想到《玉曆》第一殿的「補經所」。正文中說到，「補經所」專治得人錢財、代人拜誦卻遺漏字卷的僧道，所內漆黑一片，儲有數斤燈油卻只用一根細線點燃，不肖僧道只能就著微弱的火光，將已註明在經懺上的漏誦文句一一補足。當我們再度對照《說鈴》，發現《現果隨錄》中有一則事蹟與補經所相關。《現果隨錄》說道，僧人隱圓被捕至冥府，與前世冤家對質結束後，見到「補經堂」，堂中「有數百僧道，乘光誦經，

---

[109] 見《信徵錄》，收入《說鈴》，頁 257。

[110] 《說鈴》感應錄中，多處論及收人錢財、代人誦經卻不誠敬的僧道。例如「僧道禮拜功過如何」此一問題，《果報聞見錄》提到「央人持誦，誠心費財，論功必歸之主，論過必歸之持誦者」，說明誠心的懺主會得到功德，而受託的僧道必須擔負過錯之責（見《說鈴》，頁 333）；又如《信徵錄》提及僧人越凡為陣亡將士超薦時，敷衍虛應、缺字漏句，死前被士兵的冤魂追打，最後發狂而死（見《說鈴》，頁 862）。

須臾復暗」，一問之下，才知道是「陽間僧道包攬施主藏經，雖得財而經未誦」，為了使其受到身處黑暗地獄般的痛苦，所以讓光線黯微，遲遲不能誦完[111]。這則記事，雖然以「堂」代「所」，但與《玉歷》所述其實非常接近。

從這上面兩個例子來說，《玉歷》和「《說鈴》感應錄」所紀錄的傳聞，有著非常緊密的關係，雖然沒有辦法證明兩者的先後傳承關係，但兩者的重疊，說明了這些傳說與其中含藏的觀念在清代皆非孤例，而且也不會是《玉歷》編者個人獨特的藝術構思，而是時代集體信仰思維的體現。換言之，探討編纂者來歷不明的《玉歷》，不能將之假設為某一位作者獨特的創作，反而應該放在時代網絡下檢視，注意此書與清代信仰心理的關聯[112]。以下，我們接續著這個觀點，繼續探討正文模式中，與具體的理想行為有關的「第三段」。

二、受到規範的理想行為

正文模式裡的「第三段」，內容主要在細數「犯下何種罪過的人，會判入此殿受行」，行之於文則成為規範條文，可以說二至九殿，每一殿的「第三段」是由一項又一項的理想行為組合而成。

首先處理的是，與補經所一樣不容易追溯淵源的「枉死城」[113]。《說鈴》中的《果報聞見錄》也提到過枉死城，這是收容自

---

[111] 見《現果隨錄》，收入《說鈴》，頁 804~805。

[112] 觀點得自於王鴻泰《〔三言二拍〕的精神史研究》，臺北：國立臺灣大學出版委員會，1994 年 6 月初版。

[113] 枉死城已見於《夷堅志》乙志卷六，元雜劇《地藏王證東窗事犯》入

殺者的地方，故事藉著因病入冥、爾後還陽的張大之口，敘述其中景象與自殺者的遭遇：

> 鬼卒引游一城，匾曰「枉死」。見有眾鬼拖舌尺餘，云：「自縊死者也。日日到此時辰，必受上弔之苦。」見有眾鬼身腫衣濕，云：「投水死者也。」見有眾鬼，或無頭、或斷喉、或七孔流血，云：「自刎死、服毒死者也，每至本日某時，各照生前死法，苦楚萬狀。」[114]

這段敘述裡，枉死城被認為是收容自殺者魂魄之地，這類人每到自殺身死的時刻，便按照生前死法受盡煎熬。值得留意的是，《聊齋》裡也提到枉死城[115]，但不是自殺者專屬之所，顯示出枉死城與自縊者的關聯並不是穩定的，這一點在《玉歷》中有類似的呈現，而《玉歷》正文卻兼具《說鈴》對自殺者的看法，以及枉死城的設計。

冥尋找呆行者的何立，就到過枉死城，明代《觀世音修行香山記》中，妙善之母告訴妙善，妙莊王當年火焚白雀寺時，燒死三千八百位僧、尼，以致於枉死城中「怨氣不絕」，所以特別交給妙善一條黃裙，希望他以此超度這些僧尼（見第 21 出）。《西遊記》萬曆刻本裡的枉死城，其中「盡是枉死的冤業，無收無管，不得超生，又無錢鈔盤纏，都是飢寒惡鬼」，說明了城中所收亦是受委屈之冤魂（見第 11 回）。

[114] 見《果報聞見錄》，收入《說鈴》，頁 839。

[115] 故事中，二郎神為席方平伸冤時，在判決詞裡，指稱向冥官行賄的羊某「富而不仁，……使閻摩殿上，盡是陰霾，……教枉死城中，全無日月」。由此可見，《聊齋》裡的枉死城雖然是冥界的陳設之一，但功能不明，也不是自殺者或冤死者專屬之地。引自〈席方平〉，刊於《聊齋誌異》，頁 414。

　　《玉歷》認為，除了因忠孝節義殉難的人以外，自殺者不會
被押入枉死城，而是進入飢渴各獄，「每逢戌亥，悉如臨死痛苦，
照樣現形」，而且，受這種痛苦七十天或一、二年之後，要將其
魂魄送回尋死的地方，卻不准接受紙錢或菜飯的祭弔，等到受自
殺者尋死之舉連累的人們，都與此事毫無瓜葛的時候，這些自殺
者才和一般亡魂一樣，重新自二殿開始逐殿接受審判[116]。我們可
以說，《玉歷》與《說鈴》對於自殺者死後應受的處置部分重疊，
都認為其必須重複接受死時的痛苦，而《玉歷》較仔細地釐清自
殺的原因，認為因節義而死者不在此限[117]，還以「剝除其接受祭
拜的權利」作為懲罰；其次《玉歷》中的枉死城，是收留受到冤
曲而死的亡魂，但意在等待兇手的魂魄至此受苦，這些兇手必須
到受害者投胎之時，才能從枉死城中離開，進入各殿受審與受
苦，這點則與《說鈴》有所不同。

　　這種殊異參差又有雷同的現象，亦見於其他具體的行為規
範，例如屍體入藥、不孝、溺殺子女、誘騙孩童遁入空門、鑄假
銀或用假銀、褻瀆經書、禮懺不誠、談是論非、偷竊神佛內藏之
金銀、捶殺童僕、戒食牛犬、墮胎、侵吞他人的財物、刀筆唆訟
等。希望遏阻上述行為的想法，並非獨見於清代，這些也不是《玉
歷》企圖規約的全部行為，只是與《說鈴》感應錄重複強調的行
為，而這種「重複」的意義，可能是一段長時期當中，整個勸善

---

[116] 見《A.石印玉歷至寶鈔》，頁795~796。

[117] 和《玉歷》一樣，《說鈴》中也提到為節義而自殺的人，死後陞任神
　　　明，如《現果隨錄》提到吳鍾巒因改朝換代而自殺，死後不久就降乩，
　　　說自己被陞任玉霄宮的青衣使者了。見《說鈴》，頁827。

的機制共同希望提振的道德綱目[118]。例如「屍體入藥」。《信徵錄》提到，康熙 29 年，湖郡一帶有位楊姓醫生，需要新死屍體的天靈蓋製藥，正好有位工人受託焚燒一具女屍，便趁機割下屍首的頭顱，連夜送到楊府，正當楊某接過頭顱、合上門扉以後，這顆頭竟然越變越大，毛髮直豎，楊某驚駭莫名，忙把它拎出大門、丟進河裡，屍首在水中載沉載浮，還數次躍出水面，楊某跌跌撞撞地回到家，說完事情始末就斷了氣[119]。這則故事的題目是「殘屍之報」，其中報應施加的對象，不是協助盜取屍首的工人，而是企圖得到天靈蓋入藥的醫生，可知故事企圖規範的行為，是攫取屍骨製藥。當我們回頭看到《玉歷》有「取死屍骨殖為藥者，將入第七殿熱腦大地獄受罰，期滿之後再赴第八殿繼續受苦[120]」這樣的內容，以上的假設應該可以獲得支持。

三、整合冥界論述的企圖

　　除了以上這些與具體行為相關，並與清代感應錄相輔相成的內容以外，《玉歷》事實上還企圖詮釋、整合普遍流傳的民間傳說，例如生人進入冥府擔任卒吏或書簿、十八層地獄、物久成精

---

[118] 這種例子，如上文《玉歷》與《說鈴》感應錄對「自殺」，具有相同的概念，又如《果報聞見錄》的「衣上蓮花」，闡述一位寡婦誠心念佛，當她死後，平日所穿的布裙拋入河中，那條裙子竟然現出一朵朵的蓮花（見《說鈴》，頁 835），這一則傳說在《王大娘遊十殿寶卷》裡，有極類似的表現，情節不同之處只是洗滌布裙的時間，是在寡婦患病未死之時（見《寶卷 初集》冊 28，山西：山西人民出版社，1994，頁 216~217）。

[119] 見《信徵錄》，收入《說鈴》，頁 869。

[120] 見《A.石印玉歷至寶鈔》，頁 792。

的鬼魅等。這些都不是清代獨有的現象，但它們同時出現於《說
鈴》或《聊齋誌異》、《閱微草堂筆記》等清代暢行的筆記時，
意味著在《玉歷》傳佈之時，民間文化對這些傳說與想法，仍然
非常熟悉。

首先要討論的是「生人入冥擔任卒吏或文書作業」的說法。
《玉歷》在第十殿的轉劫所安排專司輪迴轉世的「判吏」：

> 判吏悉係在世孝友戒殺放生之善人，送入此所，司辦輪迴
> 轉劫等事。五載考績，如無舛錯，加級調陞；若有怠惰，
> 或擅權更易，或失察漏檢，奏請降貶[121]

在解讀這段引文之前，我們必須注意幾個故事類型。第一種是操
行廉潔或忠厚好善的人，有些在死後擔任冥府的官職[122]、有些在
生前已是「晝審陽事，夜判冥案」[123]；第二、也有一些冥吏並不
一定由德行嘉懿者充任，例如《冥報錄》裡的李華宇，雖本性樸

---

[121] 見《A.石印玉歷至寶鈔》，頁 795。

[122] 如《現果隨錄》所記，平湖給練馬嘉植「操行清正，內外淳潔」，被
兩個現身陳冤的鬼告知死後將赴任蒲圻城隍（見《說鈴》，頁 831）；
《玉歷》感應篇也說平日施藥濟貧的熊兆鼎，死前家中廳堂高懸紅綾，
上書金字，說三日後熊氏將赴任福建城隍（見《A.石印玉歷至寶鈔》，
頁 809~810）。城隍本即冥神之一，這兩則故事說明了民間相信正直
之輩，死後會擔任神職。

[123] 典型的故事，如《現果隨錄》所記：有位名叫徐大成的人，從小持齋
好善，為人淳厚，「忽奉帝命充冥官」，每天晚上「體氣俱冷，兩眼上
撐，呼鬼兩造」，判決時未曾讀過的三教經典，竟能隨時引經據史、
毫不生疏（見《說鈴》，頁 803~804）。

實，但卻在陰錯陽差之下，擔任勾魂冥差的助手[124]；第三、冥吏也會徇私通融，而受冥王笞杖或取消冥職，例如《信徵錄》裡，擔任冥府書辦的王鐸，見到勾票上有主人姚鳳臺的名字，便設法為其延壽，後來冥王雖讓姚氏復生，卻再也不讓王鐸擔任冥府書辦了[125]。當我們回頭來看這段出自《玉歷》的引文，發現：其一、《玉歷》囊括了上面幾種故事類型。當故事被歸納為「類型」，意味著情節有一定制且數量不少——「數量」本身，意味著其中的意識形態受到文化的認可，或者我們可以說沒有故事類型作為大眾認知的基礎，《玉歷》也許不容易受到理解與認同，而從另一個角度來說，《玉歷》編者不知不覺的受這些傳說影響，從而纂集成這本書。其二、在這些與冥界有關的故事裡，人們雖然相信冥官會由生前忠厚善良之輩擔任，但也同時相信他們經常貪贓枉法，冥界審判未必有清廉與公正可言，但《玉歷》顯然注意到故事裡的多元與衝突，因此提出以五年為期考核官吏，再決定職務陞降的化解之道。

其次，我們來討論「十八層地獄」。十八層地獄之名，源於佛經[126]，隨著佛教的逐漸深入民間，十八層地獄雖愈為人熟知，

---

[124] 見《冥報錄》，收入《說鈴》，頁 779~780。

[125] 見《信徵錄》，收入《說鈴》，頁 867~868。

[126] 「地獄」在佛經裡也稱為「泥犁」，根據丁敏的整理，十八層地獄並不是佛教經典中的主要地獄結構，但卻取代八大地獄、三十地獄、十六遊增地獄，成為小說戲曲裡經常徵引的地獄之說，這是個有趣的問題，猶待更多的查證與說明。在後漢安世高譯的《十八泥犁經》提到十八層地獄中的情景，梁朝的《經律異相》卷49引用《問地獄經》，還列出十八個地獄主的名稱：一是迦延典泥犁，二是屈遵典刀山，三是沸違壽典沸沙，四是沸典典沸屎，五是迦世典黑耳，六是嶥傸典火

但原來經典裡的十八個地獄，卻被更換。十八層地獄經常出現在小說、戲曲與傳說故事當中[127]。這種普遍，說明了大眾對這個名詞與它所代表的意義非常熟悉，但是對於《玉歷》中的十王來說，十八層地獄之說的存在，卻構成了一種矛盾——如果冥府確實存在，它可能同時存在「十八層」與「十殿」嗎？如果是共同存在，它們之間的關係為何？是上下從屬或分屬異地？《玉歷》正文在第十殿最末，說道：

> 陽世稱說陰司止有十八重地獄，非也，稱係入八重地獄，如二殿之活大地獄、三殿之黑繩大地獄、四殿之合大地獄、五殿之叫喚大地獄、六殿之大叫喚地獄、七殿之熱惱大地獄、八殿之大熱惱大地獄、九殿之阿鼻大地獄。八重地獄之外，各另有十六小獄及本殿之血污池、枉死城，大小計共一百三十八獄，⋯⋯豈止十八重地獄容易歷過！[128]

我們可以發現，《玉歷》將十八層地獄當作「入八層地獄」之誤，這「八層地獄」即是正文的二至九殿大地獄，《玉歷》甚至以為

車，七是湯謂典鑊湯，八是鐵迦然典鐵床，九是惡生典嶬山，十是寒冰(經閻王名)，十一是毘迦典剝皮，十二是遙頭典畜，十三是提薄典刀兵，十四是夷大典鐵磨，十五是悅頭典冰地獄，十六是鐵篋(經閻王名)，十七身典蛆蟲，十八觀身典銲銅（見《大正藏》冊53，頁0259上）。

[127] 如《聊齋誌異》中，因「冥中新閻羅蒞任，見奈河淤平，十八獄廁坑俱滿」，而暫將王十抓來清除淤泥（見〈王十〉，收入《聊齋誌異》，頁567）。

[128] 見《A.石印玉歷至寶鈔》，頁796。

地獄共有一百三十八個，比起一般傳說的十八層地獄，更加繁多，也益形嚴酷。回過頭來說，《玉歷》之所以出現這樣的內容，說明了民間文化中瀰漫著「十八層地獄」的說法，以至於《玉歷》需要提出整合與解釋。

「山妖木客、殭屍遊魂或附靈於異類」者，是亡魂、神仙、冥神鬼吏之外的非人類，在《玉歷》的觀念裡，它們的出現有特定的原因：

> 陽世男婦，有見眾生急難，力可能救而不為，受人之恩而不報，怨必欲仇而不已，雖苦煉自甘、冀得仙道，死後免入諸獄受苦，罰為山妖木客、殭屍遊魂或附靈於異類，百、十年不等。如能修省返本，終投福地；若作祟災，罪惡滿盈之日，雷殛為虀，永世不能超生[129]

按照《玉歷》的邏輯，這類精怪的來源，是那些生前不救急難、知恩不報卻戮力求仙者所變成的，它們雖然免於下地獄受罰，卻必須以妖怪或遊魂的身分修行百年、十年以後，才能投生為人，如果在修練的過程中作祟害人，那麼將受雷殛之刑，且永遠不能超生[130]。簡而言之，《玉歷》認為修煉、求仙都不及篤行人道善行來得重要，而違反道德的求仙者，反而被謫降為異類，不得投胎。

在清代突出的狐故事中，我們看到狐能化作人形，與凡人談情說愛、生兒育女，也能透過千年的行善與修練，成為仙界一員，

---

[129] 見《A.石印玉歷至寶鈔》，頁 796。
[130] 見《A.石印玉歷至寶鈔》，頁 796。

但作為狐身仍然是一種「謫墮[131]」，如果作祟害人，則將受「天刑」，例如《閱微草堂筆記》所記，有位寡婦屢受少年調戲，雖心知其為鬼魅所化，卻苦無方法驅逐，便哭訴於土地廟，幾天後白晝轟雷，擊中附近的古墓，少年從此絕跡，作者認為少年雖不知是鬼是狐，但戲弄發誓守節的寡婦，「以干天律」，受主持天律的雷的處罰是理所當然的[132]；又有一名狐女，與男子結為夫婦，男子病死之後，狐女繼續事奉翁姑，代替丈夫盡孝，數年之後，狐女的孝行感動土地、東嶽，被拔擢為碧霞元君手下的女官[133]。與《玉歷》對照之下，可以說《玉歷》對精怪的看法在以傳說為代表的民間文化之間，經常可以找到相似的身影（再一次顯示出《玉歷》的觀點並非時代潮流中的特例），但故事中的精怪面目無疑更加繁複多樣，如此一來，如何解釋《玉歷》與傳說故事之間的關係？筆者以為，《玉歷》企圖把精怪妖魅，納入可以解釋的範圍內來詮釋。如果，按照《玉歷》正文的說法，善人重新投生為人[134]，惡人在大小地獄中受無盡枷楚，最後可能投胎成蟲魚鳥獸或聾啞殘疾，就算死有餘辜、冤仇未了也不可能在地獄與人間之外遊蕩，既然如此，傳說中精怪、物魅或遊魂怎有存在

---

[131] 如紀昀《如是我聞一》之「外祖雪峰張公家奴子王玉」條（見《閱微草堂筆記》卷7，頁282~283），又如《槐西雜志二》之「清遠先生亦說一事曰」條（見《閱微草堂筆記》卷12，頁330），都提到前生作惡，以致今生被冥府「謫墮為狐」。

[132] 參見紀昀《槐西雜志四》之「族姪竹汀言」條，收入《閱微草堂筆記》卷14，頁357。

[133] 參見紀昀《姑妄聽之三》之「族姪竹汀言」條，收入《閱微草堂筆記》卷17，頁384。

[134] 見《A.石印玉歷至寶鈔》，頁789。

的可能？所以故事裡的精怪，對《玉歷》來說是一種挑戰，進而讓《玉歷》出現這樣的文句。

從這些線索來說，清代果報故事、傳說的內容所鋪述的冥界、異類觀念，其實與《玉歷》不完全相同，然而我們從這樣的對照當中，一方面看到《玉歷》的淵源，一方面也發現《玉歷》試圖囊括與修正、改革民間傳佈的冥界思想，而後者正可以看出《玉歷》將異說納入理論體系自圓其說的企圖。

四、餘論

本節試圖從果報故事裡，抽出可與《玉歷》作對照的冥界相關傳說，從故事與《玉歷》的對比，試圖探索《玉歷》的主旨。故事，呈現了民間文化對死後世界的理解，而《玉歷》與故事的差異，突顯了《玉歷》試圖整合冥界故事的意圖。但在《玉歷》正文中，還有一些筆者沒有能力討論的東西，以下分述之。

第一個是「活無常」與「死有份」。活無常、死有份是酺忘臺上的使者，《玉歷》對它們很特別地多費筆墨，描繪其衣著、長相與表情[135]，與前面幾乎是綱目條列的行文方式不同，筆者頗疑心它們源自於雜劇、傳奇或小戲，但尚待更多資料的佐證。

第二件是「紅鉛」與「陰棗」，作為中藥藥名的紅鉛，指的是女性的月經，它和置於女性陰道中，再取出食用的棗一樣，被認為污穢異常，但同時也被相信具有神奇的療效，例如沾上經血的衣服，被認為可以拿來治療難產。《玉歷》對於使用紅鉛、陰棗的批判，在李時珍的《本草綱目》裡可以見到相似的意見[136]，

---

[135] 見《A.石印玉歷至寶鈔》，頁 795。
[136] 見《本草綱目》卷 52〈婦人血水〉，轉引自蕭登福《道佛十王地獄說》，

但李氏的見解是針對特定的時代現象嗎？或是明、清醫界獨特的看法嗎？《玉歷》的看法還有其他來源嗎？這些疑點，仍需進一步考察。

　　第三件是「保人」與「過繼子嗣，負良歸宗」，如同蕭登福先生提到的[137]，《玉歷》提到要懲罰求人具保卻失信負債、連累他人的劣行，以及遏阻為他人承祧香火的繼子，成長後返回原生家庭。這兩種社會現象，或許從歷代變遷的角度，檢視它們在清代衍變的情形，或可藉此梳理《玉歷》與社會現象、觀念變動之間的關聯。

　　第四件是「寶藏神」。《玉歷》認為，寶藏神其實是「財癆鬼」，因難捨生前留存的錢財，所以看守不去，甚至現形嚇人，如果世人在鬼魅出現的地方誓願以「十分之三替作冥福，再將三分代為買放生靈，一分歸貧，三分歸己」，就能安心的享用無意間獲得的錢財[138]。其中牽涉到兩個層面的課題，一是以前埋藏的人，死後仍然看守著錢財，捨不得離去[139]，另一則是提示讀者撿到別人遺落的財物，該如何處理，從《說鈴》感應錄來看，偶然拾得金錢卻想辦法守在原地等候失主的人，最後都獲得了很好的

頁 409~412。

[137] 見蕭登福《道佛十王地獄說》，頁 403~404。

[138] 見《A.石印玉歷至寶鈔》，頁 796。

[139] 《現果隨錄》中，記載一位生活極為儉吝的僧人，死後屢次現形，大眾莫知所以然，經過其師指點之後，才知道此人「有遺物在華冠內，故戀戀不捨也」，最後取出冠內銀錢，代作追薦，便不再出現（見《說鈴》，頁 830）。這個故事，生動的描寫亡者眷戀生前儲藏的金錢，所以逡巡原地，不肯離去的情態。

果報（例如科舉奏捷[140]或延長壽命[141]），但是耐人尋味的是，也有部分篇章，藉著偶得的金錢，說明命中注定應該獲得的錢財，終究回到手中[142]。然而，不論其淵源為何，《玉歷》對待寶藏神、財癆鬼與意外之財的態度，還有豐富的探討空間。

這些《玉歷》正文中的內容，目前無法進行深入或完整的探討，姑且羅列於此，等待更多的資料，再加以討論。

第三節　製作與傳播途徑初探

本節將以三個途徑，探討《玉歷》正文的信仰特質。第一部分由《玉歷》對血污池的觀點談起，其對於道經的修正，說明了通俗文化對於宗教典籍的化約吸收，由此亦可知此書之編纂與專業道士集團的關係，應該並不緊密。第二部分著眼於《玉歷》對僧道的懲處，透過與寶卷的比較，可知此書與教派宗教的關係，是淡薄的。既然《玉歷》與教派的淵源不深，本文企圖廓清此書的目標讀者，間接尋找影響成書、流傳的關鍵族群，此即第三部分處理的課題。在論述的過程中，筆者將隨時與十王相關寶卷[143]

---

[140] 《現果隨錄》中，張鴻乙拾得老翁的養老之資，奉還之後，其子、孫皆得顯官高位。見《說鈴》，頁813。

[141] 如《信徵錄》記有舟子張麻子，偶然拾獲一包銀錢，如數奉還施主，後因此事功德甚大，冥府予以延壽還陽。見《說鈴》，頁881。

[142] 《現果隨錄》中，周氏夫妻在租賃的房屋灶底，發現兩枚元寶，由於認為此為不義之財，所以在元寶表面題上「若是我的財，須是明白來」的字樣，後來元寶幾經易主，仍然回到周氏手中。見《說鈴》，頁807。

[143] 就筆者能力所及，蒐集到以十王為主題的寶卷，共有十種，如下：《慈悲十王妙懺法》（同治8年（1869）瑪瑙寺大字經房板，現參臺北菩

作對照，以期較為清楚的論述。寶卷與善書的本質，都是以勸善為目的之通俗讀物，與其他同時期的文獻相比，寶卷不但完整的援引逐殿審判的情節，同時也在這個環節中充填德行、罪行與故事情節，然而兩者畢竟有所不同，因此從兩者的差異處入手，或能突出《玉歷》善書的特質。

一、《玉歷》與佛、道經典的內容差異

血污池，亦稱血池、血湖，《玉歷》認為位於第十殿後方左側的血污池，並不是像「僧尼所說，以為婦人生產有難，死後入此污池[144]」，而認為女子生育是天經地義之事，即便因難產而死也不能視為過錯，所以應是另有原因[145]：

提書局重刊板）、《泰山東嶽十王寶卷》（收於王見川等編，《明清民間宗教經籍文獻》冊 7，臺北：新文豐出版公司，1999 年，頁 1-26）、《彌勒佛說地藏十王寶卷》（收於王見川等編，《明清民間宗教經籍文獻》冊 7，頁 27~94）、《王大娘遊十殿寶卷》（收於張希舜等編，《寶卷 初集》冊 28，山西：山西人民出版社，1994 年，頁 203~260）、《消災延壽閻王經》（收於《明清民間宗教經籍文獻》冊 11，1-18）、《呂祖降諭遵信玉歷鈔傳閻王經》（收於《寶卷 初集》冊 28，頁 51~114）、《十王卷》（收於《明清民間宗教經籍文獻》冊 11，頁 795~801）、《冥王寶卷》（收於《寶卷 初集》冊 28，頁 261~350）、《十王寶卷》（收於《寶卷 初集》冊 14，頁 413-480）、《七七寶卷》（光緒 26 年（1900）上海翼化堂藏板，藏於臺北中央研究院文哲所，與《回郎寶卷》合刊）。

[144] 《A.石印玉歷至寶鈔》，收於《藏外道書》冊 12，成都：巴蜀書社，1992 年，頁 796。

[145] 蕭登福在〈道教血湖地獄對佛教《血盆經》的影響〉一文中，已經注意到《玉歷》與道教、佛教的說法有差異，並將《玉歷》置於道教系統下討論，並認為佛教對血盆經的操作，深受道教儀式的影響，這一

> 若生產未過二十日，輒即身近井灶，洗滌穢衣，高處掛曬
> 者，罪歸家長三分、本婦罪坐七分，……。又陽世佛前神
> 後，不忌日辰，如五月十四、十五日夜，八月初三[146]，十
> 月初十等日，男婦犯禁交媾，……。又男女好宰殺，血濺
> 廚灶、廟堂及經書字紙、祭器之上者，……浸入此池[147]。

從這段文字裡，我們可以知道被判浸入血污池的亡魂，是因為生
前犯了以下幾種罪：㈠生產後不滿二十天，就接近井、灶，或
清洗髒衣服或將衣物晾曬於高處；㈡在特定日子或神佛所在之
處交媾；㈢好殺生，而致血濺污字紙、廚灶、神佛或祭祀用具
等。八月初三是灶君誕辰，每月的十四、十五是準提十齋日之一，
民間通常在這些日期進行齋戒[148]，以換取福祉或懺悔過錯、免入
冥途，所以進一步來說，上述三種行為之所以成為罪過的前提，
是「血」這種骯髒不潔的東西，污穢了神聖的事物——包括被認
為賦有掌管一戶善惡之神的灶，文字、書冊，與神明相關的器物、
場所、日期等等。其中值得注意的是，《玉歷》認為男子也可能
因好殺生、在不恰當的時間地點交媾和督責生產婦女不周而入池
受罪，並不是只有女人才下池浴血。這樣的思維，和僧尼認定的

點值得繼續探討。見蕭登福《道教與佛教》，臺北：東大圖書公司，
1995 年，頁 297~320。

[146] 另有版本《D.玉歷鈔傳警世》，此處作「八月初三十三」，加上了農曆
十三日。其更動的意涵，或許導因於傳播過程中所吸收的地方習俗，
值得做進一步的考察。

[147] 《A.石印玉歷至寶鈔》，頁 796。

[148] 既然每個月的準提十齋日都具有神聖意味，為何此處僅提出五月？此
外，十月初十配合哪些神明或地區廟會的活動，亦待考查。

生產有過、難產有罪，是很不相同的。

　　上段文章裡，《石印玉歷至寶鈔》所提到的「僧尼之說」，在《玉歷鈔傳警世》改作「道姑所說[149]」，顯然這兩個版本的編者對於血池究竟是出於釋門或道派，有不同的見解。這個現象很有意思，因為不論是僧是道，都一樣是來自於含有教義、教團、經卷且歷史悠久的「宗教」。

　　佛經當中，保留一部《佛說大藏正教血盆經》[150]。在簡短的經文當中，說道目連尊者見到許多女人披頭散髮，沉浮於血盆池地獄中，經地獄獄主說明，才知是「女人產下血露，污處地神，若穢污衣裳，將去溪河洗澤，水流污漫」，誤使人取水煎茶、供養神佛的緣故。除去假托目連以外，這種對血池的詮釋，與《玉歷》有著部份的交集，當我們再配合以下道經所論，可以發現這個想法是佛[151]、道、通俗文化三方面對於「血池」的共同理解。

　　我們接著看《道藏》血湖經，如何詮釋血污池與罪行的觀念。《道藏》現存兩部以「血湖」為名的經卷[152]，即《原始天尊濟度血湖真經》、《太一救苦天尊說拔度血湖寶懺》，兩者都認為血

[149] 見《D.玉歷鈔傳警世》，臺中聖賢堂，1999 年，頁 27。

[150] 見《卍續藏經》冊 87，頁 299。

[151] 雖有學者認定此經作偽，但從其收入《卍續藏經》一事，可知藏經的編纂者對其有某方面價值的肯定，筆者認為從宗教生活的實際面來說，南宋以來，為產死婦女超薦的血盆法會，已經成為許多佛寺的重要收入之一（見中村元，《中國佛教史》上冊，臺北：天華出版社，1984 年，頁 506），可以說血盆的相關儀式及其意義，對信徒而言是具備重要性的，故以此作為「佛教」立場的理解，應是可行的。

[152] 《靈寶領教濟度經書》等，亦有血盆儀軌的範式，但未涉及血盆地獄之成因，因此從略。

污池是難產亡魂的聚集之處。前者認為，難產被認為是罪過的原因有二，一是生產、月事之血污穢地神，並且順流而下，被其他人不知不覺取來飲用或供神，二是曾經「誤服毒藥，損子墮胎」，導致難逃刑戮、死於橫禍，或分娩時「子死腹中、母亡產後或母子俱亡」的後果[153]；後者則認為前世「不忠、不孝、不仁、不義」或冤仇未解，都會導致今世橫死與生育的諸種不順[154]，甚至「娠孕動搖，蓄鬼氣於無形，毒流臟腑」而一命嗚呼[155]。需要仔細分辨的是，兩部道經不但將此視為產死之所，也將之作為橫死者匯聚之處，男女兼收；此外，道經並不是單純將生育視為罪惡，其背後蘊含著「前有錯事，導致冤魂纏結，方有今日之難」的觀念，而被視為錯誤的行為，包括違反忠孝仁義等世俗倫理，和血污河川、褻瀆神明。相較之下，道經的論述比《玉歷》在內的通俗讀物更為精緻[156]，《玉歷》提到的道姑謬論，是對於道教觀念的片

---

[153] 見《原始天尊濟度血湖真經》，頁 618、620。

[154] 情形包括母存子喪、母喪子存、母子俱喪，或遭到各種意外，如「懷妊而失墜高低」、「癲疽痢疾而身損」、「崩漏致死」等等。見《太一救苦天尊說拔度血湖寶懺》，頁 892。

[155] 見《太一救苦天尊說拔度血湖寶懺》，頁 893。

[156] 十王卷對血池的敘述，雖然和《玉歷》不完全相同，但基本上都認為是血光玷污了神明，才招致懲罰。例如女人生產和月事沾污的衣物，在河中洗滌，所以冒犯天地三光神明（如《王大娘遊十殿寶卷》、《十王寶卷》、《冥王寶卷》等），或生產不足月便下廚，褻瀆了神明，或「帶白流血念誦經卷」等等。另一方面，十王卷還將一般德行與欺侮女性的行為，和血污池的懲罰連結在一起，例如多食血肉、多姦幼女、搬弄是非、尋短見等，這些行為本身與褻瀆神明的關係較遠，卻仍然著眼於眼前的世俗生活，都可以在具體的行為上加以遵守，而不像道經涉及無法聞見的宿世冤仇。十王卷和《玉歷》對於「何種過錯應入

面理解，忽略其背後的深層推理，然而正因為斷章取義導致的不合理，使得《玉歷》一方面保留部分可理解的詮釋，一方面試圖加入意見，鎔鑄成另一套說辭。

佛教藏經中的血盆經，雖然提到女子受血池之罪的原因，卻通篇未提「產難」一事，因此《玉歷》轉述的「血池為產難之所」，恐怕與道教的關係較深長。然而，道經深遠的邏輯被化約地理解之後，成為污名產難婦女的不合理說法，使得《玉歷》的編纂者認為有重新詮釋的必要，因而將之置於「血光污瀆神明」上發揮，而且不分男女都有可能入池受罪。然而《玉歷》的觀念並沒有完全成功，時至今日，血污池如《佛說大藏正教血盆經》所記，經常被視為專門處置女性的冥罰，例如臺灣寺廟舉行的血盆法會，仍是專為卸除女人的種種過失而設，甚至只接受女性的參與或供養[157]。

透過血污池的探討，可知《玉歷》與佛教或道教都保持著一段距離，筆者認為，這種距離起因於編纂立場的殊異，和對經典理解的誤差，致使宗教文獻與通俗讀物在關懷上有所不同，而這些將在下一部分繼續申述之。

二、《玉歷》與教派寶卷的內容差異

前一部分，談及道經從文本到現實操作的變異。這種變動將

血污池」大致相仿的看法，筆者認為顯然是當時人們普遍的觀點——一種通俗文化的理解。

[157] 獅頭山勸化堂在每年農曆九月，固定為女性舉行血盆法會，即為一例。但有時會為特定男性施行血盆懺以除殃或治病，例如筆者的外公曾接受勸化堂的神明降乩指示，在堂內舉行此懺消解疾病之苦。

成套的邏輯簡化成「血池即產難者應受罰之處」的觀念，以下筆者藉著「《玉歷》對信仰行為的看法」、「其對僧道等宗教執業人士的態度」這兩個層面的討論，試圖釐清《玉歷》的信仰特質。

《玉歷》對信仰行為的主張，著眼在尊敬神明、不要做出褻瀆之事：

> 偷竊神佛裝塑法身內臟、刮取神佛金衣、妄呼神聖諱，……
> 不敬惜字紙經書、塗抹勸善書章、神像前潑積穢物及供奉
> 不潔[158]，……俱發入大叫喚大地獄[159]。

這些冒觸的舉動，大致不離破壞神像的完整和清潔，例如偷取神像外層的金飾、內藏的珠寶，污漬經書、神明名稱和神像等。可知《玉歷》肯定神靈的存在及其神聖性。

其次，《玉歷》並不反對誦經、齋戒、禮拜神明等宗教行為，但反對藉著趕經拜懺的機會，做出違反善書揭諸之規範的行為。例如書中提到：

> 凡世人……借名往廟拈香，論談人非，……拜拜食葷，厭
> 惡人念佛誦咒，做佛事不齋戒，謗誹釋道，……。如犯前
> 項等事者，赴過望鄉臺，發入大叫喚地獄。[160]

---

[158] 後出的版本在此處有所增添：「雕刻太極圖日月七星及和合二聖、王母壽星、各上仙佛形象，繡織卍字花樣在於一切衣服器用……」者，亦發入地獄受罰。見《D.玉歷鈔傳警世》，頁13。

[159] 見《A.石印玉歷至寶鈔》，頁793。

[160] 見《A.石印玉歷至寶鈔》，頁792。

《玉歷》反對某種行為的方式，就是將犯下過錯的人，判入大小地獄接受酷刑，所以從引文可知，《玉歷》強調不能詆譭念誦經咒的行為和釋道兩教，前往寺觀燒香不能藉機道人長短、搬弄是非，法會儀式之前必須齋戒，然齋戒和誦經念咒、戒殺放生、誓願懺悔一樣，可以做為清滌罪過的方法[161]。《玉歷》一方面以世俗世界的理想道德為終極追求的目標，另一方面當人們不遵行規範時，就造成罪過，使人死後下地獄受酷刑，但卻必須透過宗教意義上的祈禱、戒律與修行方法，始能卸除罪過。

　　此外，相較於道藏或佛藏，作為民間教派文獻或說唱底本的寶卷，與民眾俗信的生活較為貼近，因此透過和十王卷的比對，可以對《玉歷》的信仰特質有更清楚的窺探。《玉歷》肯定念佛能夠避免地獄之苦[162]，十王卷也強調敬神、燒香、善行，甚至念佛的重要性，例如《十王寶卷》屢勸人念阿彌陀佛名號、及早開始修行，使能求子得子、免入地獄[163]、超度祖先[164]；《呂祖降

[161] 唯獨若曾以蟲魚、紅鉛和婦人陰中之棗入藥，卻思以此贖罪，將適得其反，非但無功，還罪加一等。見《A.石印玉歷至寶鈔》，頁792。

[162] 「陽世讀易儒士、誦經僧道勾至陰司，念誦聖經咒語，致諸獄不能用刑、使受苦報者，解交本殿，繪其本來面目，……灌以飲迷湯，派投人胎，……促其壽數，使忘三教真言之後，……補受苦報」（見《A.石印玉歷至寶鈔》，頁794）。這段文字一方面肯定「誦經念咒能辟諸獄刑戮」這個先決條件，一方面如第二部分結語所述，讀易儒士和誦經僧道都沒有特殊的待遇，或抵免冥府的處罰。

[163] 例如：「且說陰司地獄多，少年男女念彌陀，上通三十三天界，下通地獄十閻君」（見《十王寶卷》，頁414）、「阿彌陀佛念千聲，免得將來地獄門」（頁361）等等。

[164] 譬如「齋主念佛度先亡」，認為念彌陀千聲，能夠超度祖先在地獄受苦的靈魂。見《十王寶卷》，頁449、461。

論遵信玉歷鈔傳閻王經》要人以孝順、正念和善德為根本[165]，禮敬彌陀[166]；《王大娘遊十殿寶卷》和《七七寶卷》也說「阿彌陀佛六字念，無邊妙法內中存[167]」、「在生不念彌陀佛，黃泉路上真難往[168]」。這些卷子一再申明修行的重要，但是所謂「修行」的內容，除了端正行為，就是「念彌陀」[169]。

　　而與民間宗教關係較密切的卷子，更明確的鼓勵人們從事宗教意義上的修煉，例如《泰山東嶽十王寶卷》提到：

> 念佛人做功德苦參禪，……萬兩黃金也不換[170]
>
> 施財的修下福轉來富貴，參道的救靈光永不沾塵[171]
>
> 不論貧來不論富，急早回頭辨前程，尋一根出身經，不走地獄轉上天宮[172]

說明「參道」是一件比施財行善還重要的事，不但使人不入地獄，還會上升天堂，除此以外，這部為清代紅陽教所用的寶卷[173]，還

---

[165] 如《呂祖降諭遵信玉歷鈔傳閻王經》所說：「意要誠，心要正，及早修身；德為本，善為根，消災延壽」（頁 110）。

[166] 如《呂祖降諭遵信玉歷鈔傳閻王經》：「回頭是岸，速念彌陀」（頁 111）。

[167] 引自《王大娘遊十殿寶卷》，頁 205。

[168] 引自《七七寶卷》，頁 21。

[169] 筆者認為，彌陀與寶卷的密切關聯，可作進一步的梳理。

[170] 引自《泰山東嶽十王寶卷》，頁 6。

[171] 引自《泰山東嶽十王寶卷》，頁 10。

[172] 引自《泰山東嶽十王寶卷》，頁 22。

[173] 根據李世瑜 1957 年對天津紅陽教的調查，發現本卷是普蔭堂為教友舉行喪葬儀式所用，但是本卷原屬於大乘教的經卷，並不是紅陽教本身製造的（見李世瑜〈天津紅陽教調查研究〉，刊於《民間宗教》第

鼓勵信徒茹素：

> 有智人吃長齋迴光返照，免得留在奈河苦痛難當[174]
>
> 改了惡從了善免了地獄，吃了齋把地獄化作天堂[175]

從以上引文可知其與《玉歷》的主張不同，此卷反覆的提示參禪打坐、修行辨道與持長齋的利益等。這種鼓勵人按照教派所指示的方法修為的現象，在《彌勒佛說地藏十王寶卷》亦歷歷可數，此卷為黃天道及其支派黃天道、圓頓教所用[176]，卷中一再勸導「善男信女，皈依儒門，參悟長生[177]」、「皈依儒理圓頓教，長生正道天下明[178]」，可以說《玉歷》與十王卷終極觀照的差別，從教派寶卷得到了更清楚的分判；從這個角度來說，《玉歷》非教派宣教之用。

　　最後，我們來看《玉歷》對僧道的態度。《玉歷》雖然警惕人們不能毀謗僧道，但是它卻在地獄裡為僧尼專設「補經所」，僧尼如果接受錢財之託，為人誦經，卻漏誦字句頁卷，就會被送進此所受罰[179]，就算僧道因為能誦聖號而免入諸獄，但是《玉歷》中的十殿閻王，會灌以孟婆湯，讓他們投胎為人、急速夭亡，直

---

2 輯，1996 年 2 月，頁 155~157）。

[174] 引自《泰山東嶽十王寶卷》，頁 4。

[175] 引自《泰山東嶽十王寶卷》，頁 4。

[176] 見王見川〈黃天道前期史新探：兼論其支派〉，收入《海峽兩岸道教文化學術研討會論文集》，1996 年，頁 415~450。

[177] 見《彌勒佛說地藏十王寶卷》，頁 31。

[178] 見《彌勒佛說地藏十王寶卷》，頁 36。

[179] 見《A.石印玉歷至寶鈔》，頁 789。

到完全忘記三教真言，再加諸苦刑[180]。這種對宗教專業人士的行為要求，不是寄望其品行的清高，反而著重庶民權益的保障——當人們把超薦與贖罪的希望，寄託在僧道身上，並且付出金錢，那麼人們理應獲得僧道一字不漏的虔誠拜誦——這一點，說明了《玉歷》貼近的是非宗教職業者的精神需求，瞄準的讀者是一般百姓。然而，所謂的「一般百姓」畢竟顯得空泛，因此本文將在下文尋找更精確的讀者群，並討論這群人支持《玉歷》刊刻、傳播的心理基礎。

三、從《玉歷》獎掖的價值探討目標讀者

和以口語宣說為主要傳播途徑的寶卷相比，善書無疑更重視文字的閱讀，所以《玉歷》的受眾必須具備識字能力，這是毋庸置疑的前提。如果我們加上對正文內容的探討，就能比較精確的發現：它的目標讀者是一群對科舉懷抱想望的人。首先，十王卷並不直接以「科榜有名」作為善行的獎賞[181]，但是《玉歷》卻不同，書中說道：

> 富貴者能懸賞嚴拿放火兇徒，並將《玉歷》廣傳勸化，準現世子孫科甲綿綿，死後發往福地投生[182]

可以說《玉歷》對行善者的獎勵，就是讓他們的子孫，在應考之時順遂得意，可以說是直接以現世的科舉功名，作為善行的報酬。

---

[180] 見《A.石印玉歷至寶鈔》，頁 794。

[181] 十王卷裡，行善的人物如果參加科舉，也能獲得高中三元的獎賞，但它不像《玉歷》這樣直接提點說明。

[182] 見《A.石印玉歷至寶鈔》，頁 794。

在另一段文字中，《玉歷》提醒正在準備科考的書生，切勿
騙誘婦女，否則那些含冤而死的女子，會潛回陽世，阻擋書生的
進仕之路：

> 冤無可伸，羞憤而死；或因約娶無期，耽延誤己，得鬱症
> 而亡者，聞知負心賊子應得科第，此恨難消，泣號求準索
> 命，混入科場，阻惑違式，或該生陽壽未終、祖父之餘德
> 未滅，姑令更換榜上之名，再俟應絕之日，準同勾使鬼進
> 門索命[183]

引文說明了尚未求得科名的男子，若曾有負心之舉，即便受到祖
先德行的庇蔭，該年應該中舉，由於冤魂阻撓也無法順利取得功
名。此外，《玉歷》說明讀書人和僧道一樣，不會因能念經咒，
而規避地獄的責罰[184]。

　　從上文《玉歷》對讀書識字者的細緻關照看來，筆者認為編
纂者所設定的閱讀對象，是面對科舉的一群人，這些人對功名有
所渴盼。所以，本文接著以《玉歷》為探討中心，說明識字、科
舉與讀書人之間的關係。

　　在正文內容的梳理之外，我們必須從外部環境，省視讀書人
的處境和當時的知識環境。近代印刷術日益進步，加上清代相對
於前代更注重教化，不但頒布聖諭，同時也在各地廣設社學、書
院，這使得識字人口的比率增加[185]，對於善書而言，這些風氣無

---

[183] 見《A.石印玉歷至寶鈔》，頁794。

[184] 見上文注21。

[185] 轉引自陳秀芬，《羅教的知識系譜與權力關係：一個知識史的詮釋》，

疑製造了更多的基本讀者。此外，由於科舉制度的變更，使基層的生員大幅增加，但從生員到秀才、舉人的向上流動，卻更加艱難，競爭的壓迫感也更加強烈[186]。

第二，關於科舉制度引起的心理反應，我們從文昌信仰的蓬勃，可以得到另一層面的佐證。文昌帝君由四川的地方神梓潼君，透過與科舉神畫上等號，提升為全中國聞名的神明，在《文昌帝君陰騭文》中，說自己以士大夫的身份，累積十七世的善德，終於死後成神，且在《文昌帝君蕉窗聖訓》中，以帝君身分針對蕉窗學子提出警訓，影響所及，文昌神也成為說書、印刷等其他與文字神聖性有關的行業神。在這樣的文化環境之下，《玉歷》提出以科名為獎勵的報償、順利登第的捷徑，自然具備了著力點。

第三、大量生員即便沒有獲得更進一步的功名，但這些「有學問的普通人」享有勞役豁免權，在地方上已經擁有某種身分，在職業的選擇上也與一般農、工有所不同，可以擔任教職或官府的幕僚，甚至有時與所謂的上層士紳共同推動修護橋樑、學校、城牆等公共建設，或在荒難之時賑濟災民、組織自衛武力[187]。根

臺大歷史所碩士論文，1994，頁 48。

[186] 根據《劍橋中國史 晚清篇 1800-1911（上）》的說明，除了少部分以捐納或高官推薦而得到官位者之外，大部分人還是經由三年一度的科考取得功名。通過縣考的生員，約有一百萬人，但進一步通過會試、成為舉人者只有一萬八千個名額，通過北京殿試、成為進士者，則僅二千五百個機會，最後留在北京翰林院的，只有六百五十位學養頂尖的翰林。換言之，「擁有功名者如同一座尖峭的金字塔」，生員向上流動的過程中，自然面臨非常競爭的局面。見〈第一章 導論：舊秩序〉，臺北：南天書局，1987，頁 15~16。

[187] 見〈第一章 導論：舊秩序〉，收入《劍橋中國史 晚清篇 1800-1911

據梁其姿的考察，士紳在地方上推動的善業，至有清一代，已由實際的濟荒扶貧，轉為惜字等文化活動[188]，而以惜字會組織之力推廣的惜字行為，賦予了文字印刷物與儒生文職的神聖意義[189]，這種對於文字的崇拜，讓包括《玉歷》在內的善書獲得基本地位的保障。而更重要的是，儘管受挫於科舉，這群人的生命意義仍然圍繞著科舉，因此盡力維護儒士的道德規範，甚至將精神出路轉向通俗宗教活動，其中自然包括《玉歷》的編者[190]。這個因素，確立了《玉歷》的關懷點，並使其不同於宗教團體使用的經卷文獻。

第四，除了這些實際的、具體的變化之外，筆者認為清初文人對「道德」的態度，是與《玉歷》等善書的思維互相呼應的。紀昀所著的《閱微草堂筆記》，將親見或耳聞的軼事紀錄成冊，目的在於神道設教、教化愚曚，使大眾明白果報不爽、為人必須誠正的道理[191]，這本書在清代受到大眾的歡迎，屢見翻刻[192]，

（上）》，頁 16~17。

[188] 梁其姿《施善與教化》一書，有一個關鍵的觀念：人們推動慈善活動的動力，是建立在滿足參與者個人的精神需求上。從這個觀點出發，梁氏認為乾隆中期之後的惜字會、清節堂和嘉慶以後的施棺助葬會，充分反映中下層儒生維護的儒家價值與通俗信仰（見第 5、6 章，臺北：聯經出版事業公司，1998）。

[189] 這一點與文昌信仰的發展，是相得益彰的。參見梁其姿〈清代的惜字會〉，刊於《新史學》5 卷 2 期，1994 年 6 月，頁 83~115。

[190] 見梁其姿《施善與教化》，頁 182~183。

[191] 嘉慶 5 年（1800），盛時彥在重刻《閱微草堂筆記》序中，言此書為作者記昀老年「採掇異聞，時作筆記，以寄所欲言」，目的在於「大旨要歸於醇正，欲使人知所勸懲」（見〈序〉，臺南：漢風出版社，1999，頁 2~3）。紀昀亦期望此類作品「大旨期不乖於風教」（見〈姑妄聽之

因此以其揭露的道德態度，應足以說明當時的心態環境[193]。在多條記事中，當鬼魅魂靈超出原來活動的範圍與時間時，便對人類生活造成困擾，人們以僧道講經、懺悔、施放焰口、召神驅邪、施用符咒，或以火焚（或火銃）、犬吠、下毒、端正心念等等，希望禳除侵擾，讓生活恢復平靜。然而這些祈禳時有效、時無效，唯一所向批靡者是「人的道德修持」──當人的心性端正，又無宿世冤債，則鬼物自然消弭，在種種德行當中，最為作者稱道的便屬「節」與「孝」[194]。綜而言之，儘管當時人採取種種宗教方式禳魅，但是對紀昀而言，認為法術只是治末之法，根本的解決之道是盡力使道德完美無瑕，如此一來不但能避免禍祟，還能邀得神祐。這種思維的呈現，意味著士人對於道德的推崇，已經凌駕任何宗教意義的儀式操作，甚至取代宗教的、具有超越意涵的修行方式，這種心態和《玉歷》等善書被視為修身工具是息息相關的[195]。

一〉，頁 433）。

[192] 見〈序〉，《閱微草堂筆記》，頁 2。書中揭示的價值，若非透過廣受歡迎而普及於讀者間，就是這些價值本即反映讀者們潛在的內心世界，兩種情況都說明此書蘊含的觀念，不會與當時一般識字者的想法相距太遠。

[193] 根據序言題署的時間，《閱微草堂筆記》至少在嘉慶 5 年（1800）、道光 15 年（1835）、道光 13 年（1833）時重刊，而筆者掌握的清代《玉歷》版本約分布在 1800~1900 年之間，因此本書流行的時期與《玉歷》大量刊行的時間有極大的重疊之處。

[194] 見陳瑤蒨〈《閱微草堂筆記》中的鬼祟與禳除〉，未刊稿。

[195] 善書做為修身工具，並非始於《玉歷》。在《功過格》盛行的明代，有劉宗周等人仿效《功過格》而制定《人譜》，組織規過會等社團，落實成員間相互規勸的成效（詳參王汎森《日譜與明末清初思想家》

　　從《玉歷》與文人的緊密關係來看，或許我們可以為此書的產生提出一些猜測。筆者以為，《玉歷》因針對目標讀者對科舉的想望指出實踐之路，所以在清代普受歡迎，但這種「被接受」的現象，實與當時的文化環境互為表裡：（一）印刷技術進步，印刷品易得，朝廷重視注重教化，識字者增加，使善書具有一定數量的基本讀者；（二）科舉制度中的競爭更加劇烈，《玉歷》等善書以科名為獎勵焦點，與儒生的生命關懷接近；（三）清代中期以後，地方士紳對慈善事業的挹助，轉向惜字會等，這些活動賦予文字與文職的神聖性，間接使《玉歷》等善書獲得基本的重視；（四）當時文人將「道德」取代宗教意義的祈禳、修行，這種心態和《玉歷》等善書被視為修身工具息息相關的。

四、小結：從《玉歷》與十王卷之比較說起

　　在十王信仰的發展史上，《玉歷》具有關鍵地位，透過《玉歷》的分析，吾人對於清代十王信仰的內容與傳播途徑，有更清楚的認識。本文僅針對描述十殿情景的「正文」，加以探討，首先從道經與善書、寶卷在思維密度上的差距，說明《玉歷》與道籍的距離遙遠，再從其對宗教行為和僧道的看法，判斷《玉歷》

一文，《中研院史語所集刊》第 69 本第 2 分，頁 245~293）。從這個角度來看待《玉歷》的編纂，可以發現編者們「視《玉歷》為修身工具」的事實。《玉歷》雖不以表格、記數的方式進行修正品德的過程，但它反覆強調地獄酷刑的恐怖，再由《玉歷》書末所附的「感應篇」強調冥界審判、忽略十王與十殿的現象觀之，筆者認為今見《玉歷》附印《太上感應篇》等或與《覺世經》等其他善書合編一冊的用意，正在於其視善書為促進生活修養的一種工具。

的目標讀者非以宗教為職業的僧道，其成書、傳播不倚賴僧團或道團，接著推考《玉歷》之類的道德讀本，能在清代大放異彩的緣故，筆者以為此現象與「知識」在清代的發展、士人心態的變化密不可分。

寶卷與善書皆是以勸善為旨的通俗讀物，但兩者在終極追尋、作者身分、執行工具等幾個面向，卻有截然不同的風貌[196]。所以，本文最末藉著和十王卷的比較，以期較精緻的說明《玉歷》之信仰特質，為上文所述做一總結。

首先，兩者的終極關懷不同。涉及民間宗教較深入的十王卷，如《泰山東嶽十王寶卷》、《彌勒佛說地藏十王寶卷》等，反覆期勉信徒按照教派傳授的方法修煉，來超越死後審判，而《玉歷》正文強調遵行道德範式，即可度過十殿閻王的問刑，如有違犯，只要多行善事或在神誕日齋戒、懺悔，即可免罰，與教派的修煉方式不同，也不若科儀用的十王卷，強調儀式超薦的效果。最重要的是，在《玉歷》正文當中，世俗善行的功能儼然取代教派的修煉方法與祈禳儀式。

第二項差異，在於作者身分的不同。所謂「作者」，筆者認為是涵括編纂者與傳播者兩個層面而言。由於文人掌握文字使用的優勢，加上清代科舉進仕之不易，文人轉而投入善書的編注刻印等通俗宗教活動，而寶卷則多為教派宣教或為儀式操作而創造，教義的說明和鼓吹為其主旨，這是第一層的差異；第二層差異是善書以文字為媒介，寶卷倚賴口語的講述，所以善書的傳播

---

[196] 見陳秀芬，《羅教的知識系譜與權力關係：一個知識史的詮釋》，頁45~46。

主要由助印、抄傳展開，寶卷則由宣卷人膺任[197]，這個傳播工具上的差別，是十王卷之間的變異性大於《玉歷》的主因，並同時影響受眾身分、條件的差別，造成內容側重點的不同。

由於「寶卷」一詞，不僅指涉題為「某某寶卷」的說唱故事，也包含「經」、「懺」或「科儀」等，這使得十王卷的性格非常多元。就用途來說，《慈悲十王妙懺法》、《冥王寶卷》是超度亡魂時用的科儀本；就來源而言，《十王卷》是扶乩所得的，《泰山東嶽十王寶卷》、《彌勒佛說地藏十王寶卷》為民間教派使用的經卷。這些卷子因來源與用途的分歧，導致內容側重點的分殊，科儀所用者強調地獄酷刑的可怕，對於罪行較少著墨，但認為宣卷超度足以使亡魂出離地獄；扶乩所得者只是遍數大小地獄的名稱，對於刑戮和罪行甚少言及；而從《王大娘遊十殿寶卷》以女性為主角、詞語多勉勵修行的內容看來，其宣說的對象可能是女性，場合可能是在修行團體的集會[198]。對比之下，可以發現《玉歷》源於文人精神價值、作為案頭閱讀的型態，與十王卷的多重面貌，是不一樣的。

第三項差異，在於執行場合的不同。寶卷經常在喪葬儀式或民間教派的宣教場合，或說或唱附有故事情節的內容，《玉歷》以識字為前提的善書閱讀，使得「有學問的普通人」成為其主要讀者，這些人在當時多以參加科舉為進取的目標，這一點造成寶

---

[197] 清同治年間，毛祥麟在《墨餘錄》紀錄著宣卷由非僧、非道的「師娘」擔任，十王卷、灶王卷、觀音卷等都是宣卷人常講的卷子。見毛祥麟，《墨餘錄》卷2，《筆記小說大觀》第1編第9冊，臺北：新興書局，1984，頁5386。

[198] 例如說明進入佛堂之後必須遵守的規則（見《王大娘遊十殿寶卷》，頁205~206）；卷末又言「在堂大眾聽聽清」等（頁259~260）。

卷與善書在意旨上的殊異。以《玉歷》和十王卷為例，《玉歷》更加注意讀書人的「權益」，例如是否因識字、能誦經，而和一般人一樣在地獄審判中獲得公平的審判，或者惡行對進取科名的負面影響、善行對後世子孫功名的正面獎賞等等，而《玉歷》對讀書人的關照也恰是其掌握目標讀者、獲得廣傳的關鍵。

簡言之，本文認為《玉歷》正文所呈現的信仰特質，要旨有二。一是《玉歷》正文的主旨，與佛、道或民間教派存在著種種距離，這點從《玉歷》與佛道對血污池的差異、《玉歷》與十王卷終極追求的目標不同，得到明證，而這種距離導因於基本訴求和傳播途徑的殊異。二是《玉歷》正文的目標讀者，是識字者與有意求取科名者，這群人甚至同時是主要的編纂者或助印者，再藉著與教派線索不明確的其他十王卷相比，可證知《玉歷》與通俗信仰所關注者亦異，其真正反映的仍是文人的思維世界。

第四章

《玉歷寶鈔》的內容（二）

　　在本文的第二章裡，我們說明了歷代十王信仰的發展，自唐末《十王經》定型後，透過道士為喪家舉行的超度儀式、道場畫，佛寺道觀的十王塑像、地獄變相，及較晚出現的小說與戲曲，使冥府十王廣為人知，且獲得穩定的發展。它們，成為《玉歷》得以在清代蓬勃發展的基礎。

　　《玉歷》的出現，不只為十王信仰開啟新的傳播管道，也增添了新的內容，例如更繁複的地獄結構及更酷烈的刑罰內容[1]，同時由於《玉歷》本身的善書性質，使其在正文之外，還與圖像、感應篇等合編為一冊，這些與《玉歷》正文共同傳布的「附件」，其實與正文突顯的十王信仰共同在清代社會裡流傳。

　　從表 4-0-1 中，我們可以清楚的發現，除了神誕表以外，其他附件並不一定在每一個版本裡出現，例如第六項「十二月份禮懺悔發願日期」，僅《A.石印玉歷至寶鈔》、《B.玉歷至寶編》、《C.重鐫玉歷至寶鈔》、《D.玉歷寶鈔勸世文》四個版本有，又如魯廷棟摘錄的「陽律十六條」，也不見於 A、B、C 以外的版本。

　　本章試圖針對這些附件，進一步探討《玉歷》外圍的課題[2]。第一節藉著各版本序文與捐印紀錄，討論《玉歷》印行的地區、施印的動機、傳播的管道；第二節針對感應篇的內容，說明其有助於建築《玉歷》的神聖性，第三節則結合圖像、神誕表與正文，討論《玉歷》所架構的神明譜系。

---

[1]　見本文第三章第一節所論。

[2]　但限於能力，本文無法討論以下幾種附件：李宗敏考核記、淡癡傳授《玉歷》的經過、千金藥方、太上感應篇等善書。

第一節　序

本節將處理《玉歷》序文當中，所呈現的兩大議題。第一項是藉著序文題記，闡明版本的刊印時間，勾勒《玉歷》流傳的地域軌跡；第二項是掌握序言所揭櫫的印書動機，最後再將之與感應錄所呈現者，合併觀察，希冀掌握助印善書心態之一隅。

一、刊行時間與傳播軌跡

從序文撰寫的時間來看，筆者掌握的《玉歷》，皆不早於清嘉慶中葉，最早的刊本即《F.玉歷鈔傳警世》，刊於嘉慶 11 年（1806）[3]。其他各版，除了《D.玉歷鈔傳警世》之外，皆印於清代中後期。

從序文紀錄的時間來看，這九種版本，可分為前後兩期。前期包括《E.玉歷鈔傳警世》、《G.玉歷警世》、《H.玉歷鈔傳》、《I.玉歷鈔傳警世》、《J.仿宋本玉歷》，刊行時間在 1806 至 1835 年，約為清嘉慶中葉至道光 14 年之間。後期則有《A.石印玉歷至寶鈔》、《C.玉歷寶鈔勸世文》、《D.玉歷鈔傳警世》、《K.仿宋本玉歷》，印行時間在光緒 13 年（1887）以後。需要釐清的是，這些時間的認定，針對的是它們最初產生的時刻——意即「必不可能早於此時」，而不是「必定自此時開始流傳」或「只在當年度通行此一版本」。否則稍早的《H.玉歷鈔傳》與《I.玉歷鈔傳警世》，又怎會在感應錄中，出現光緒 7 年（1881）徐暄所記的徐文敬公之事？而後期的《A.石印玉歷至寶鈔》、《C.玉歷寶鈔勸世文》、《D.玉歷鈔傳警世》又如何出現 1808 年陳均自述的應驗記錄呢？

---

[3]　參本文第一章之表 1-1-1 的整理。

那麼，刊行時間的戡定，又代表著什麼意義呢？個人以為後期諸版，是流傳時間較長久的版本。感應錄中若干較晚的記事，僅見於後期諸版，而其同時擁有 1815 以前的陳均記事。例如，發生於 1808 年的陳均靈驗自述與同治元年（1862）的「劉德厚」條、光緒 3 年（1877）的「唐恩裕」條，皆只見於稍晚的《A.石印玉歷至寶鈔》、《C.玉歷寶鈔勸世文》、《D.玉歷鈔傳警世》。

此外，從漸次留存的數篇序言，可以看出《玉歷》傳遞過程。《F.玉歷鈔傳警世》原於浙西通行，在陸喬木舉家遷徙時帶到粵省，經彭允秀的印施，才有今日這份廣東省以文堂的刻本[4]。這裡直接說明了移民為《玉歷》等善書的傳播管道之一。又自《D.玉歷鈔傳警世》的序文中，可以發現這個 1988 年由臺中聖賢堂重印的版本，在清末與民初有數位寧波人為之作序，顯然曾經傳佈於浙江一帶，爾後民國 43 年（1954），蔣蔚言明自己於民國 29 年（1940）在福建獲得本書，來臺以後才設法集資刊印[5]，而這個與百歲修行經合刊的本子，為臺中瑞成書局、新竹竹林書局相繼印行，目前屬於臺灣流通的舊版本[6]，且為各大圖書館收藏

---

[4] 見《F.玉歷鈔傳警世》，頁 1~2。

[5] 《D.玉歷鈔傳警世》，頁 2~3。

[6] 新版本指以新式標點符號斷句者，例如《白話玉歷》（臺北：光美印務局，年份不詳），蕭學良改編，感應篇在前、十殿審判過程在後，內容順序更動，標題重訂，認為如此將便於閱讀；《玉歷寶鈔》（臺南：和裕出版社，2001 年）則是將舊版從序文到感應篇，一一譯為白話文；蓮生活佛盧勝彥所倡印的《玉歷寶鈔》（南投：臺灣雷藏寺，年份不詳），雖然加入與崇拜蓮生活佛相關的儀式與感應文章，但未改變文句，僅用新式標點符號加以斷句。

[7]，簡言之，《D.玉歷鈔傳警世》曾於浙、閩流傳，後來隨 1940 年代大陸移民來臺。更有趣的是，道光 10 年（1830）臺灣地區已有臺南松雲軒刻印的《H.玉歷警世》，前有安徽歙縣修善堂方應祥之序，後有嘉邑等南部人士為各式理由而印送的題名紀錄，進一步闡明了臺灣地區的《玉歷》，來源不只一端，其通行亦有生命週期，隨著時間的淘選而有所更易。

再從表 4-1-1 所見，為序者的籍貫，包括安徽歙縣、合肥，江蘇暨陽，浙江寧波、錢塘、奉化，蘇州一帶的上元。可知，本文所使用的《玉歷》版本，多為江南地區流傳的刻本，為此地人士閱讀。

前期與後期的劃分，突顯了兩類版本流傳時期的長短，而《玉歷》的傳播，仰賴移民人口的遷移，今日廣傳於臺灣的《D.玉歷鈔傳警世》即為一例，而本文所用諸本，多係流通於江南地區者。

二、刊印善書的動機

在本節當中，筆者自序文剖析清代諸人翻刻《玉歷》的動機。需要說明的是，若干線索同時被記載在感應錄或書末的捐印名冊當中，因此將之一併列入討論的範圍。

最常被提及的原因，是認為《玉歷》有益於世道人心，例如《F.玉歷鈔傳警世》的彭允秀序。某些篇章比較精細的闡述《玉歷》所以警世的原因：其一是認為內容淺近，易知易解，不論賢愚都能立即領悟，例如《J.仿宋本玉歷》王文蔚序；其二是律則嚴密，懲罰森嚴可怖，如《H.玉歷鈔傳》方應祥序以為救世

---

[7]　包括國家圖書館、臺灣大學圖書館人社資料區、臺灣分館等。

經籍中，《玉歷》最為詳備[8]；其三著眼於閱讀後的感受，是使人觸目生情，知過改悔，陳際青在《D.玉歷鈔傳警世》中所作之序，即為此意。而將閱讀與道德改善串連起因果關係，認為閱後使人悔改，終使天下和諧的有《K.仿宋本玉歷》楊凌，《D.玉歷鈔傳警世》余氏、楊學棣、邵子建等序，這些文章明確的提出對讀者行為改善的期待。

除了堂而皇之的教化設想，筆者以為序文還揭示許多私自的理由。這些瑣細的因由，與個人生命更加切近，其實更能接近信仰的實際狀態。

首先，是希望刊印善書來積累來世福報。載於《藏外道書》的《A.石印玉歷至寶鈔》，有合肥的李經遵從乳母遺言，將生前所餘錢財，用以施送《玉歷》兩千部，以修來世之福[9]；而《D.玉歷鈔傳警世》中，楊學棣也曾經印送三聖經、高王觀音經、大悲心陀羅尼神咒等書勸人為善，目的亦在於「預種今日之因，期獲來生之果」[10]。單純求取現世福報的例子，亦不遑多讓。邵子建在深知施印善書之成效靈異後，許送《玉歷》求取母親延壽、妻子病癒、長子事業順利，爾後果然如願，而欣喜為序記之[11]。

更有趣的是，李經在這篇序文中，以問答的形式，闡述參與助印是因為自己「雖不信鬼神，但未嘗不信陰騭；不信陰陽，未嘗不信果報」，這類先深信果報，後見《玉歷》符合理念的情形，也在其他序文中可見。例如《D.玉歷鈔傳警世》的邵子建，便言

---

[8] 見《H.玉歷鈔傳》，頁2。

[9] 見《A.石印玉歷至寶鈔》，頁768~769。

[10] 見《D.玉歷鈔傳警世》，頁4~5。

[11] 見《D.玉歷鈔傳警世》，頁6~7。

明自己戮力求善，果然順利得子，因而更加相信陰騭，後來一見
《玉歷》，深感難得，便施資印送；易補非亦記友人高某，因夜
間入冥，夢中得道人醫治頑疾，使其深信因果不爽、神明不欺，
再見他人捐印《玉歷》，欣喜跟從，印送一百部。此外，再將序
與感應錄合併觀察，可以發現「證知果報實存」實是助印善書的
重要因素，表 4-1-2 所示，「知果報不誣」的應驗記述，就有 1、
29、30、47、49 等五則，約佔六分之一，而證明地獄審判與輪迴
果報實存的主要途徑，是為夜夢入冥。

其次，助印的動機，與危及性命的遭遇有關，例如「以抄送
善書的方式療癒危症」。手抄本《G.玉歷鈔傳警世》書末記載數
則此類事由。一是魯兆熊因母親病篤，醫藥罔效，在觀音菩薩前
發願印送兩百本，其母果然痊癒[12]；二是觀音菩薩在潘景尉病危
時諭示刊刻《玉歷》為療疾之法[13]；三是李如珠因疥瘡得癒而施
印兩百部；四是陳春來兄弟三人因瘡症而助印，盼能贖罪改過；
五是亢正常初為妻子病弱、遲無子嗣而煩惱，後因印施《玉歷》，
果然順利得子。這些例子，再加上表 4-1-2 所見，總共 50 則紀錄
中，除去動機不明的 21 則[14]，餘下 29 則中，有 15 則是因疾重
難返而許送得瘳的例子[15]，表現出清代中後期刊刻善書的動機，
很大的一部分是為了解決疾病對生命帶來的威脅。

再如「解除前生或生時罪愆」。29 則紀錄中，有 5、28、33、
34、39、41 等六項與此相關，可說是療疾之外的重要動機。〈感

---

[12] 見《G.玉歷鈔傳警世》「滁州金邑趙兆熊」條。

[13] 見「玉歷鈔傳流行金陵」條。

[14] 包含表 4-3-3 中，註記「×」與「？」者，共 21 條。

[15] 包括條目 28、31-33、35-40、42-46、50。

應錄〉一節中，提過袁德初之母因德初偶然抄送《玉歷》而從地府中脫罪，因惡報得病的妻子也在許送之後痊癒，表中類似的敘述有5、34、39 三則；而 33 與 41 則因今生或前生的過錯，遭冤魂襲擾，直到許願印施之後才迎刃而解。又有擔任法曹判案的陳際青，因恐自己犯下無心之錯，招致惡報，便捐印《玉歷》一百本，以求免除過失[16]。綜而言之，主動的以刻送善書避免災禍與被動的受冤魂纏縛、托夢暗示，才以捐印禳之，同樣都是促使善書印量迭增的原因。

最後，當我們把這些歸納與表 4-1-3 相對照，發現感應錄中，單純將施印善書為善行之一來實踐者僅 12、14 兩件，認為《玉歷》足以警世者僅 16、17、23 三則，然在序言呈現的動機（見表 4-1-3 整理），這兩種動機卻佔了大部分。本文認為，序文與感應錄所涉及的動機範圍，並無大異，兩者的差異在於比重不同，而導致此一情景的原因，在於兩種文體的本質不盡相同，序文雖有紀錄個人靈感者，但一般仍強調全書宏旨所具備的要件與社會功能，而感應錄則盡情收錄古今事蹟與切身經驗談，表達形式較不受拘束，彈性較大。

如果把十殿審判的過程視作閱讀的文本，提供讀者認知與理解的基礎，那麼序言則是讀者對十殿文本的回應。以流通為貴的善書來說，助印或重鐫的行動本身，已經意味著對這份文本的附和與支持，而序文除了將行為的意義揭諸昭然之外，還有塑造經典地位的作用。誠如張燦堂所論，諸評家為《聊齋誌異》寫序，形成密密層層的稱譽之網，一步步將其拱為文學經典[17]；王孝廉

---

[16] 見《D.玉歷鈔傳警世》，頁 8~9。

[17] 參見張燦堂《聊齋誌異諸家評點研究》，暨南大學中文所碩士論文，

也曾經在探討《歧路燈》之藝術價值時，提到因欒星與姚雪垠為序推崇此書，而將之抬入古典小說經典之列[18]。序言，確實便於引導讀者進入為序者的思路、感懷，與企圖指導的方向。綜觀《玉歷》諸序，雖然傳達了使人驚懼知悔的閱讀感受，提及寄望以此化世的願望，勾描出願善書刊行的因緣，但是卻不存在製造經典的功能[19]，《玉歷》神聖化的地位反而在感應錄的敘述中，得到比較確切的強調與構成，這個部分在下一節將有仔細的論述。

2001 年，頁 46~51。

[18] 欒星與姚雪垠認為本書足與《紅樓夢》、《儒林外史》並列為清代三大小說，而欒星為校注《歧路燈》的專家，姚雪垠又是文學作家，使得兩人的見解易為研究者所接受。見王孝廉〈「歧路燈」的再發現與再評價〉，收入《神話與小說》，臺北：時報文化出版企業有限公司，1986，頁 256~258。

[19] 筆者認為，《玉歷》之序無法塑造經典的原因之一，與士人看待十王信仰的心態有關。十王信仰雖然首先附著於佛教立場成立，並被列入藏經之中，但世人認為其屬偽造疑經的想法卻一直存在。因此，掌握文字使用及意義詮釋的士人，儘管相信地獄之設有益風教（如魏禧），卻不會將十殿之說與經籍列為同樣崇高的地位。

表 4-0-1　《玉歷》附件一覽表[20]

	A.	B.	C.	D.	E.	F.	G.	H.	I.	J.	K.
1	序文	◎	◎	◎	◎	◎	◎	◎	◎	◎	◎	◎
2	圖像	◎	◎	◎	◎	◎	◎[21]	◎[22]	◎	◎		
3	淡癡傳授《玉歷》的經過	◎	◎	◎	◎	◎	?			◎	●[23]	◎
4	神誕表	◎	◎	◎	◎	◎	◎	◎	◎	◎	●	◎
5	每月神明壽誕									◎[24]		
6	十二月份懺悔日[25]	◎	◎	◎	◎							
7	敬灶祀期禁										●	

[20] 說明：

1. 第一列之英文字母，係指本文所使用的《玉歷》刊本編號，「A.」即表《A.石印玉歷至寶鈔》，以下類推。

2. 《玉歷》的內容，除了神誕表和正文，另外隨著各刊本的情況，加入其他善書或李宗敏考核記等，為了清楚說明，本文將正文以外的內容稱為附件。

3. 記號「◎」表示此版本有此項，「●」表示因版本闕漏，所以在目錄上雖有此項，但因不知內容為何，本文不列入討論；若格子空白即表示無此項。而每項附件在各版本間的差異，請詳見其他表格之整理。

[21] 《F.玉歷鈔傳警世》僅四幅圖，但未分殿。

[22] 據目錄所見，原有「圖像」二十幅，姑列於表上，但不列入本文的討論。

[23] 目錄上寫的是「勿迷道人授傳並錄神誕表」，筆者將之分列於「神誕表」、「淡癡傳授《玉歷》的經過」兩項。

[24] 原無標題，此係筆者為方便解說而註記者。

[25] 此係簡稱，全名為「唐太宗十二月份禮懺悔發願日期」。

		A.	B.	C.	D.	E.	F.	G.	H.	I.	J.	K.
	忌											
8	李宗敏考核誌	◎	◎	◎	◎		◎	◎			●	
9	難字讀音		◎					◎			◎[26]	
10	魯廷棟附記陽律十六條	◎	◎	◎								
11	感應篇	◎	◎	◎	◎	◎	◎	◎	◎	◎	●[27]	
12	太上感應篇	◎		◎	◎[28]							
13	太極真人垂訓			◎[29]	◎							
14	關聖帝君覺世真經			◎	◎							
15	文昌帝君丹桂籍				◎							
16	文昌帝君蕉窗聖訓	◎		◎	◎							
17	文昌帝君陰騭文	◎		◎								
18	白衣觀世音	◎		◎	◎							

[26] 釋音之外，同時亦釋義。

[27] 根據目錄所見，原有「感應篇」，但因闕文，故列於表上，不列入本文的討論。

[28] 《太上感應篇》之前，有《感應篇讀法纂要》一文，要人以篤信、勤修、堅持、真誠修養行為，並廣為流通。

[29] 《C.重鐫玉歷至寶鈔》無「太極真人垂訓」的標題，但在《太上感應篇》後附有這段十二句的四言韻文。

		A.	B.	C.	D.	E.	F.	G.	H.	I.	J.	K.
	菩薩神咒											
19	佛母準提咒	◎		◎	◎							
20	益壽俚言	◎		◎	◎							
21	諄勸敬惜字紙穀米俚言				◎							
22	奉勸敬禮鬼神如在說				◎							
23	百歲修行經				◎							
24	三世因果經				◎							
25	誌公禪師醒世歌				◎							
26	七七卷				◎							
27	羅狀元醒世詩歌				◎							
28	教子讀書良言				◎							
29	敬惜字紙文				◎							
30	地藏王功過格										●	
31	勸世文（勸念佛）							◎				
32	蘇蘭勸世文								◎	◎		
33	出離生死								◎			
34	玉歷謹記								◎	◎		
35	千金藥方			◎[30]								

[30] 稱「經驗百方」，列出一百種疾病的對治藥方。

表 4-1-1[31]　《玉歷》作序時間與作序者籍貫

出處	時間	作序者	備註
前期 E.	嘉慶 20 年（1815）	（闕）	
F.	（闕）	彭允秀序	在粵省刊印所記
F.	（闕）	陸喬木序	由浙西攜書來粵
F.	嘉慶 11 年（1806）		據吉岡義豐記載[32]
G.	（闕）	上元弟子臧志仁序	
G.	嘉慶 20 年（1815）	上元弟子柯潤堂序	
G.	道光 7 年（1827）		封面題記
H.	道光 10 年（1830）	安徽省徽州府歙縣修善堂方應祥序	
I.	嘉慶巳卯（1819）	錢塘趙之琰序	
I.	道光壬午（1822）	錢塘金寅序	
J.	道光乙未（1835）	津門化成王文蔚序	
後期 A.	光緒 16 年（1890）	下浣合肥李經序	
B	同治癸酉（1873）	碧雲居士	
C.	宣統巳酉（1909）	封面底題記	
D.	民國 43 年（1954）	暨陽蔣薊序	
D.	光緒 32 年（1906）	浙江寧波府鎮海縣楊學隸序	
D.	民國 3 年（1914）	浙江寧波府邵子建序	
D.	民國 8 年（1919）	暨陽余氏序	
D.	民國 8 年（1919）	奉化陳際青序	
D.	民國 9 年（1920）	鄂州易補非序	

[31] 說明：《B.玉歷至寶編》無序文，故不列入討論；第一列之英文字母，表示本文所使用的各種《玉歷》刊本。

[32] 見吉岡義豐〈中國民間の地獄十王信仰について：玉歷至寶鈔を中心として〉，頁 290。

D.	民國 88 年（1999）		版權頁
K.	光緒丁亥（1887）	溫陵楊浚序於紫陽書院	

表 4-1-2[33]　　《玉歷》感應錄之刊印動機

	事件	刊印《玉歷》的動機
1.	崔夢麟	因楊彩招入冥見諸人受苦與鑄鐘功德，知《玉歷》所言不誣，報應凜然
2.	江西吳湛七	×
3.	弘治中龔宏	×
4.	吳縣戴舉人	×
5.	進士蔣某	鄰人入冥受蔣父之託，印書脫罪
6.	山陰平湖邵某	×
7.	亳州蘇成	×
8.	莫治書	×
9.	吳興王某	×
10	元秀	×
11	江陰俞生	×
12	大興縣黃芳洲	好行善事
13	繆國維	？
14	長洲彭一菴	見好書必印施
15	崑山徐竹亭	？
16	湖州蔡佩蘭	見《玉歷》真可警世
17	杭郡徐文敬	願人改過為善
18	張孟球	？
19	常熟蔣春圃	？
20	江西南昌府熊兆鼎	×
21	陳姓海寧巨族	？

---

[33] 說明：本表亦以《A.石印玉歷至寶鈔》為據。「動機」意指直接促成事件主角助印玉歷的動機。記號「×」表示無提及助印《玉歷》之事，「？」指有提及助印《玉歷》一事，但未說明原因，求己堂集所載即多此例。

22	關汪孫趙	？
23	陳仲長	讀《玉歷》觸目驚心，不論賢愚讀之皆能凜然悔改
24	臺州應尚書	？
25	蘆州盧直夫	×
26	潘仰之不敬信玉歷惡報	×
27	僧道妒滅玉歷惡報	×
28	袁德初玉歷度母活妻奇驗	從姊入冥見袁母受苦，德初偶得《玉歷》，抄送年餘後，亡母入夢，謂仗《玉歷》故，已經脫罪。 妻子因撕碎《玉歷》且嗤笑印傳應驗而遭怪症，得初許願代送。
29	夏建謨施玉歷夢示前程	夢中見貌似東坡者預示前程，並鼓勵廣勸分送《玉歷》
30	徐暄記徐文敬事	自夏建謨處獲得《玉歷》，讀來令人怦怦欲動，且因徐文敬印傳得善報
31	仁和高瀾	家人患疹
32	蘇州葛雨田	長孫病危
33	山陰劉學潮	昔阻僕婦印送《玉歷》，婦死後纏擾不休，其妻許送方止
34	南京裴復初	病篤時見諸鬼叢集而知《玉歷》所言為實，其子許送後病癒
35	湖北竟陵劉特善	子患無治之症
36	上元陳克寬	病危時遊冥，觀音指示[34]
37	寶山宣煥章	久患痔瘍
38	滁州魯兆熊	母親病危
39	如皋陳均	夜夢入冥，菩薩提示抄傳為除惡改過之法
40	碧雲居士曜巖自記應驗錄	孫兒罹難症
41	詹擇林	姚耕心等人勸以印送《玉歷》解前世冤結
42	江夏縣李詮泰	患喀血症，讀《玉歷》後滿口生津

---

[34] 此則由於妻子的拖延與資金難籌，未形成實際的助印行為，但為方便說明，增列於上。

43	漢陽縣劉組泰	子患危症
44	劉國棟	子姪患痘症
45	漢陽縣王廷光	夙患足疾
46	劉德厚	子患痘症
47	津門楊國治述夢記	夜夢入冥知《玉歷》所言屬實
48	江西孫翹江	×
49	簡宗杰	病篤入冥，知果報不爽
50	唐恩裕誌印送玉歷靈驗	次媳染患瘟疹

表 4-1-3　《玉歷》序文所呈現的刻印動機

編號	時間	人物	刻印動機	出處 [35]
1	光緒 16 年	下浣合肥李經	乳母周艾氏身故之後餘錢若干，「此項財帛，當盡以施捨，藉修來世……囑余代為善舉」	A.
2	嘉慶	（闕）	（闕）	E.
3	嘉慶己卯	錢塘趙之	「玉歷一書……果報昭然，奈世間省悟者少，執迷者多」「歷觀世上富貴者，豈無夙根，總不外玉歷中善行；貧賤者縱有前愆，大致蹈玉歷中罪孽」	I.
4	道光壬午	錢塘金寅	「玉歷一書甚行於世，迄今刻者凡四，其防檢之嚴、果報之速、畢著於簡編、俾讀者蹴然興皇，然懼知人心道心之分爭在危微」「讀是編者，當思天地鬼神昭布森列，仰不愧而俯不怍」	I.
5	道光乙未	津門化成王文蔚	「從古聖賢之書，皆所以覺世也，而統智愚賢否，以至老嫗皆解者，尤	J.

---

[35] 說明：第一列之英文字母，係指本文所使用的《玉歷》刊本編號，「A.」即表《A.石印玉歷至寶鈔》，以下類推。

			莫如玉歷一書，易知易能，是玉歷也。以改過為先，以遷善為要，以繕寫傳說為功夫，以登仙證道為究竟」「或抄寫而普送之，或印刷而廣施之，或遇人而勸導之，其於世諒不無小補」	
6	光緒丁亥	溫陵楊浚於紫陽書院	「讀是書者，倘能改過遷善，機械不生，則宇宙太和，永消劫運，豈徒一家致詳已哉」。附記：廈門港火藥庫屋舍塌毀，書院僅隔數里卻倖免於難。	K.
7		彭允秀	此書為浙西刻本，由陸喬木由粵帶來刊印，「謂可為王化之助」	F.
8		陸喬木	自外弟辰溪邵君家得《玉歷》，認為此書足以彰善癉惡，振人聾瞶，令人悔改。	F.
9		上元弟子臧志仁	自陳仲長處得《玉歷》，「讀至終篇，遂覺驚心動魄」，今陳仲長捐金重鐫，受託作序。	G.
10	嘉慶 20 年	上元弟子柯潤堂	「從來賞罰之至明，報施至之速，詢未有如玉歷之為書者也」；陳仲長偶於蘇城古剎獲《玉歷》，「以玉歷一書，非特智者閱之可以翻然省悟，即愚者聞之，亦無不凜凜焉」，三年之後，陳仲長之子鄉試、會試皆捷。	G.
11	道光 10 年	安徽省徽州府歙縣修善堂方應祥	「夫救世之經，為玉歷一書至詳且備，上繪聖像，下列十殿閻羅地獄般般善惡，令人見物未免生情，觸目可以警心」	H.

第二節　感應錄

　　所謂「感應錄」，是「用感應事例，以證明善書道理，務求信而有徵」，又稱為靈感錄、徵驗錄、應驗錄[36]。這類作品，在明清善書大量流行之前，已散見於佛、道兩教經籍，例如收於《道藏》洞玄部傳記類中，被認為是唐末五代作品的《道教靈驗記》[37]，及《大正藏》所收錄的《三寶感應錄》[38]、宋代常謹所撰的《地藏王菩薩靈驗事蹟》[39]，都是顯著的例證。除此之外，《太平廣記》在「釋證」之外，另設「報應」一門，囊括卷 102 至 134，說明此類文章不僅數量之多，引起類書編撰者的重視，且將之與釋道輔教所言作有意識的區隔，這與善書本身融會三教、又與三教各有異同的特質，若合符節。

　　感應錄的內容，不出以「善報鼓勵為善」、「惡報遏阻作惡」兩大類，而在陳述方式上，《玉歷》除了感應故事之外，還引用昔賢佳言，證明地獄實有、輪迴實存的道理。雖然佛、道感應記大多以事件為中心，但《玉歷》所錄之佳言也具有相同的性質，因此本文一併納入討論。

---

[36] 此一定義引用自游子安〈中國人的財富觀：以功過格及善書靈驗記作分析〉一文，收入《讀史存稿》，香港：學峰文化出版公司，1998 年，頁 140。

[37] 游子安稱杜光庭所撰的本書，是較早的靈驗記，內容纂集道門靈驗故事，以導人為善。見〈中國人的財富觀：以功過格及善書靈驗記作分析〉，頁 140。

[38] 《釋氏稽古錄》稱《三寶感應錄》為唐高宗時終南山宣律師所著。《三寶感應錄》見《大正藏》冊 51，頁 0826 上；《釋氏稽古錄》見《大正藏》冊 49，頁 818 上。

[39] 收入《卍續藏經》冊 149，臺北：中國佛教會，頁 176~185。

　　在以下的篇幅當中，首先討論編撰形式差異、內容參差的原因，再論共同成分的模式，及其對於《玉歷》神聖地位的建構作用。

一、造成形式差異與內容參差的原因

　　從表 4-2-1 可知，兩類具有數項相同的記事，包括孔子、程子、周濂溪、司馬溫公等言，梁武帝、范祖禹、王荊公及隋書、事文類聚所載等事，求己堂集所記與潘仰之不敬信玉歷、僧道妒滅玉歷之惡報、袁德初以玉歷度母活妻之驗，本文統稱為「共同成分」。關於這些不斷被複製的內容，說明它們經常和《玉歷》正文、神誕表共同流傳，共同在讀者面前架構一套地獄論述。當然，它們是否確為古人所言、所行，是另一個值得深究的課題，本文強調的是「引用典故」本身，反映出編撰者的意圖，藉著對於這些篇章的探討，可以幫助我們了解《玉歷》的意旨。

　　本文所使用的十一種《玉歷》，感應錄可分為兩類編撰形式。第一類包括《A.石印玉歷至寶鈔》、《B.玉歷至寶編》、《C.玉歷寶鈔勸世文》、《D.玉歷鈔傳警世》；第二類為《E.玉歷鈔傳警世》、《F.玉歷鈔傳警世》、《G.玉歷警世》、《H.玉歷鈔傳》、《I.玉歷鈔傳警世》與《J.仿宋本玉歷》，而《K.仿宋本玉歷》則因沒有感應錄而不列入討論。

　　這兩類《玉歷》感應錄，主要的區別有三。一是數量不同：第一類較第二類增添東嶽大帝回生寶訓、文昌帝君、太上老君、真武帝君、回道人、許真人、覺世真人等語，以及徐升菴所記的十則、周匯宗的三則、報應事蹟。二是對昔人言行錄的處理方式不同：第一類將孔子、周濂溪等語錄分納「玉歷可證儒書」、「玉

歷可參仙旨」、「玉歷可括佛教」條目之下；第二類諸本沒有儒、仙、佛的區分，僅題為「謹集增勸敬信懺悔於後」，署名天臺寺僧悚然。三是編排上的差異。第二類將夏見謨戚友之四則應驗事蹟，當作一組相關訊息來處理，置於「夢記」的標題下，且將裘復初、劉學潮等事，接續在其他出自求己堂的記載之後。而第一類將夏建謨與徐暄所記的徐文敬事、高瀾與葛雨田的事證分列在兩個標題之下，且在將裘、劉之事包含在內。

　　造成形式差異的原因，可先從第二類「謹集增勸敬信懺悔於後」的編撰說起。「謹集增勸敬信懺悔於後」署名為天臺寺的僧人悚然所編，此位編者應為佛門中人[40]，同時因為如此，來自道教神祇的太上老君、真武帝君與被當作高道般的回道人、許真人、覺世真人等，都被淘汰在外。相對言之，第一類的編撰者從三教先賢箴言證諸《玉歷》價值的意旨，是更加明顯的。

　　第二個原因是成書時間先後有別。手抄本《G.玉歷警世》柯潤堂序中所記之陳仲長善舉，在第一類諸本移作感應錄的一部分。此外還有將原載於《玉歷鈔傳警世》某刊本之序的「津門楊國治述夢記」，移作《A.石印玉歷至寶鈔》與《C.玉歷寶鈔勸世文》之感應錄的例子[41]。這說明了《玉歷》感應錄內容，部分抄自時間較早的刊本。然而，從這裡卻延伸出兩件值得討論的現象。

　　一是陳仲長之事在《G.玉歷鈔傳警世》與《A.石印玉歷至寶鈔》中不同的呈現方式，說明了感應錄在傳述過程中的轉變。柯潤堂在《G.玉歷鈔傳警世》中，以第一人稱自述的方式，記錄親

---

[40] 此位僧人的身分待查。

[41] 但《玉歷鈔傳警世》的出版時地與版本不明。見《藏外道書》冊12，成都：巴蜀書社，1992，頁820。

眼所見的同鄉陳仲長發願刻印《玉歷》、其子登第得志一事，以此為序，署名之上附記寫作的時間是嘉慶 22 年；而《A.石印玉歷至寶鈔》亦錄有陳仲長事，但敘述方式改以第三人稱，在題為「柯潤堂續載信傳玉歷福報三則」之下，收錄柯潤堂載錄的陳仲長、周質夫、應尚書三事，此亦成為《C.重鐫玉歷至寶鈔》等較晚版本沿用的形式。由第一人稱到第三人稱的轉變，表明轉載的步驟，從「我說我所見過的事」變成「某人紀錄的一件他見過的事實」，意義也從「個人的見聞」轉為「眾所週知的、客觀存在的事實」，與引自古籍、其他善書的事蹟並無二致。由序文轉而為感應錄，複製動作之外的敘事觀點轉換，呈現的是徵驗角度的轉變和範圍的擴大。

　　二是並非所有為《玉歷》做的序文，都會被移作感應錄之用。本文認為，原因在於其必須與感應的本旨——用感應事例，以證明善書道理，務求信而有徵——吻合。此中「善書的道理」，並非籠統涵括各種善書所指涉的內容，而是指感應錄是配合某一種善書行之於世，例如《放生儀軌》所附皆為放生所獲得的善報或殺生遭逢的惡報，但旨要皆圍繞著積極的放生與消極的維護生命[42]；又如專論往生西方極樂的《重訂西方公據》，感應所言皆不離臨終前現種種祥瑞，兆示順利生西[43]。所以，儘管其他《玉歷》序言強調果報實存、天堂地獄實有或本書裨益世道，終究因不能直接徵驗善書《玉歷》的益處而不被採錄。因此針對由序移轉為感應錄進行探討，一方面可以揭示感應錄內容的來源，另一方面

---

[42]　《放生儀軌》，新竹：全真壇編印，2002 年二版。

[43]　《重訂西方公據》，清代沈清遠、周遠振編，臺北：佛教出版社發行，1978 年初版。

亦釐清感應錄的本旨。

最後，再回到刊印時間帶來的影響，從表 4-2-1 當中，可以發現某些晚出的《玉歷》感應錄，比稍早版本增添更多事例。整體而言，第一類所紀錄的數量較第二類多，而第一類諸序載明的年份，都晚於第二類；此外刊本最晚的《D.玉歷鈔傳警世》，涵括大部分《A.石印玉歷至寶鈔》、《B.玉歷至寶編》、《C.玉歷寶鈔勸世文》所記，並增添民國初年蔡九如、陸清修、李純熙、曾文欽、劉曉嵐、胡禮賢等人自述的靈感事蹟[44]。靈驗紀錄的與時遞增，反映了《玉歷》的靈驗受到肯定，且在善書傳播過程中扮演了推波助瀾的角色，至於相同成分的延續與同類記事不斷匯集到《玉歷》的現象，在以下「共同的成分」裡申述之。

二、共同成分的意義

孔子等言，王荊公、潘仰之、貫先善、袁德初、求己堂等事，是諸版本的共同成分。本文認為，這些流傳已久之靈感事蹟與《玉歷》正文之十殿模式，結合成一個穩定的、指涉範圍更大的成分，在後代的翻印行動中，被延續下來。例如，潘仰之與「僧道妒滅玉歷之惡報」二則原載於「東皋玉歷編增刻」後，袁德初一則原載於貴州遵義縣玉歷[45]。換言之，三則故事都曾經刊載於其他《玉歷》版本之中，繼而保留在這十個版本之中。

在《玉歷》中，引孔子、程子、妙惠真人之語與梁武帝、范祖禹、事文類聚所載等事，申述前賢肯定輪迴存在，人死後並不

---

[44] 見《D.玉歷鈔傳警世》，臺中：聖賢堂印行，1999 年，頁 51~53、82~84。
[45] 原刊本的書名不確定為何。見《A.石印玉歷至寶鈔》，頁 811、812。

殞滅，反而可能轉生為人或異類。引司馬溫公之言[46]，說明小人死後下地獄、君子居天堂，再引《名臣言行錄》王荊公見到亡故之子身負鐵枷、《隋史》趙文昌入冥見秦將白起受罰二事，闡述生前多行不義，死後下地獄受罰。王荊公事亦見於《京本通俗小說》，趙文昌事亦為《法苑珠林》、《太平廣記》所引[47]，足見《玉歷》感應故事亦來自小說、類書。周濂溪一則不易直接理解，《玉歷》在周濂溪初叩黃龍南禪師教外別傳之旨，禪師對以「只消向爾自家屋裡打點」之後，加上「孔子謂朝聞道夕死可矣，畢竟以為何道夕死可耶？顏子不改其樂，所樂者何事？但於此參究，久久自然有個契合處」[48]，間接從儒家先賢行蹟中，闡明似「道」的真理確實存在，意蘊須從日常生活中琢磨，日久當能掌握要義。

　　《玉歷》引自求己堂集的十一則事蹟，有共同的思維取向。就人生的現實面來說，人的遭遇往往由複雜的成因交錯構成，而靈感記事將某一結果與某一原因結合聯繫的表現，呈現出當時人所認定的價值。從表 4-2-2 可知，主角的身分不是富饒之家，便是官居江南各地，受到大眾認可的善行，有施棺捨衣、醫藥濟貧、設置義塚、印傳善書、遵行《玉歷》、虔信因果、戒殺放生、日誦佛號等。十一則記述的內容，有十則與《玉歷》有關，而其中的細節行為，包括捐資翻刻或印刷、勸人助印、校訂或增注、黏

---

[46] 梁武帝夢眇目僧人入宮，而後後宮生子一事，見《南史》所載；范祖禹之母在生子前，夢見漢將軍鄧禹，醒來後生下祖禹，此事引自《名臣言行錄》。見《A.石印玉歷至寶鈔》，頁 799。

[47] 見《法苑珠林》卷 79，收於《大正藏》冊 53，頁 0875 下；《太平廣記》卷 102「趙文昌」條，頁 685~686。

[48] 見《A.石印玉歷至寶鈔》，頁 799。

補破損、收買、抄送、遵照奉行[49]，突顯出「助印善書」或「廣傳玉歷」的概念之下，細節的、實際的傳播行為已經成型，當時人已將尊崇《玉歷》的思想內化，從而自然地以各種方式表達出遵奉的情懷。

而十一位主角獲得的善果皆為子孫科甲奏捷，非富且貴（且貴多於富、名多於利），少數幾位得到無疾善終、死後升仙的報償。這個現象一方面反映求己堂集的撰作者以「登科得志、位至高官」為尚的價值判斷，另一方面從其成為各版本的穩定成分這點來說，這種價值普遍獲得抄送者的認可，甚至成為崇尚、仿效的模範。游子安曾經提過「清代善書，為打動人們邀福之心，清末以前多用科名勸人[50]」，因此我們不妨進一步推測最初引用者的意圖，可能以「登科得志、位至高官」作為鼓舞欲求科名者或下層儒生之餌，而此類善書的主要讀者或推動者，也可能是這些欲揚名科場者與下層儒生。

另外三則記事，則呈現為惡受報的情景。

桂東縣儒生潘仰之不但批駁《玉歷》的內容，還以朱墨塗毀，後來與其子同時遭到火災，死前警惕世人不可毀謗《玉歷》，歿後屍體被狗囓咬，潘妻倉皇逃走，卻被乞丐姦污，不知所終。此則將不信《玉歷》與遭受惡報做因果關係的聯繫，強調「毀損玉歷將受惡報」的思維，同時為《玉歷》披上神聖化的外衣。

---

[49] 這些「細節行為」同時散見於感應錄其他篇章，例如「周匯宗記詹擇林」條，有姚耕心等人勸遭冤魂襲擾的詹擇林，以刊印《玉歷》化解前愆的情節，而周氏於文末附誌姚氏善舉與此案來由，意在證明《玉歷》之應驗如響。又如「袁德初」條有黏補、印送與抄寫贖罪等行為。

[50] 見〈中國人的財富觀：以功過格及善書靈驗記作分析〉，頁141。

「僧道妒滅玉歷之惡報」一則[51]，為土穀社廟的僧人達遠與純陽菴道士貫先善見書中提及僧道代人拜誦若遺失經句，將入補經所補誦，不能一夕誦完，且有僧道至陰司誦經，諸獄司不能用刑等內容，唯恐《玉歷》盛行，會讓生意受損，就藉著呂祖降語，提出尊敬道士僧尼、燒毀《玉歷》的主張，沒想到柳仙隨後降乩駁斥兩人，達遠和貫先善在狂呼三日之後，腹脹而亡。除了神聖化《玉歷》之外，間接點明《玉歷》的傳播是在僧、道之外的途徑而起，甚至對當時僧、道的某些行為，有所批評。

「袁德初以玉歷度母活妻奇驗」一則，情節較為繁複。文章先述其母邵氏生前殺雞無數，臨死前苦狀萬分，後從姐入冥見邵氏受苦，還陽之後便讓德初為母親作佛事，然歷經十九年，未曾見母親入夢，在偶爾抄送《玉歷》之後，夢見母親說自己已經脫離罪刑，將投生他處。此處闡明抄送本書有超度在地獄受罪先人的作用之外，末附德初之妻施氏以為高僧法事功德最大而不信《玉歷》奇效，招致邵氏入夢斥罵、罹陰險奇症的情節。整體而言，此則收納多種感應事蹟的內容。首先為犯下殺生等罪刑，在臨死之前便已受到懲罰，例如邵氏殺雞無數，死前頻作蟲唧雞鳴狀[52]；二者，細微且不為人察知的行為，仍難逃神明的檢察，例如施氏撕扯《玉歷》而其弟悄然黏補一事；三者抄送《玉歷》不但比代做功德，更具有超薦的效果[53]，若像德初之從姐般勸人刊

---

[51]　見《A.石印玉歷至寶鈔》，頁 811。

[52]　相似的情節，還可見「江西吳湛七」條，吳湛七市貨不實，臨終時遍體焦爛，自言受諸獄楚毒，見《A.石印玉歷至寶鈔》，頁 807。

[53]　相似的情節，還可見「周匯宗記詹澤林世淵事」、「楊誠齋」條，見《A.石印玉歷至寶鈔》，頁 817。

布善書經文，也可獲得增壽延年的報償，筆者以為此一思維對於善書獲得大量助印，有極大的助益。此外，廣傳《玉曆》具有超薦作用一事，若與「僧道妒滅玉曆之惡報」一事合併觀察，進一步確定《玉曆》對僧、道的貶抑，因為若可以抄傳善書而行薦拔之事，僧、道等以宗教為職業者將無用武之地。

　　然而，如果說求己堂集的記載，是正面鼓勵大眾遵行、普傳《玉曆》，那麼潘仰之與達遠、貫先善則是以反面恫嚇的方法[54]，強調《玉曆》不可貶毀，來突顯這本善書的重要性。

　　在為惡受殃這部分，除了袁德初一則提及「其姊曾在一殿查核籍貫過犯，隨後送二殿受刑」之外，其餘皆不見各殿名稱或十王名號，偶須提及入冥所見景象，皆以「王」、「冥府」稱呼[55]，審查生前功過者甚至是城隍司[56]、東嶽府[57]。本文以為，十王信仰的內涵發展至此時，並沒有形成針對各殿冥王的崇奉，十位閻王組成的死後審判，雖構成客觀存在的善惡鑒察機制，但從城隍、東嶽混用的情形來看，人們關切一己行為受監督的處境，遠勝於對監督者面目的辨識。換言之，即便十殿地獄實存，強調的仍然是審判的嚴密與罪刑的苛酷，十位閻王僅是一種便於陳述與敷衍文章的敘述架構。

---

[54]　悔不敬信《玉曆》的例子，還有求己堂集所載的「山陰劉學潮」、「南京裴復初」兩例。見《A.石印玉曆至寶鈔》，頁815。

[55]　見《A.石印玉曆至寶鈔》「上元陳克寬記潘景對」、「山陰劉學潮」條，頁814。

[56]　見《A.石印玉曆至寶鈔》「津門楊國治述夢記」條，頁819。

[57]　見《A.石印玉曆至寶鈔》「崔夢麟記楊彩招」條，頁805~806。

三、其他值得討論的現象

眾多版本的感應錄中，還有一些零星的現象值得關注。

首先，助印動機在於「以抄送善書的方式療癒危症」。例如手抄本《G.玉歷鈔傳警世》[58]記載數則此類事由。一是魯兆熊因母親病篤，醫藥罔效，在觀音菩薩前發願印送兩百本，其母果然痊癒；二是觀音菩薩在潘景對病危時諭示刊刻《玉歷》為療疾之法[59]；三是李如珠因疥瘡得癒而施印兩百部；四是陳春來兄弟三人因瘡症而助印，盼能贖罪改過；五是亢正常初為妻子病弱、遲無子嗣而煩惱，後因印施《玉歷》，果然順利得子。這些例子，再加上表 4-1-2 所示，共 50 則紀錄中，除去動機不明的 21 則[60]，其餘 15 則與因疾重難返而許送得瘳的例子[61]，表現出清代中後期刊刻善書的動機，很大的一部分是為了解決種種疾病對延續生命帶來的威脅。

其次，表 4-1-2 所見的助印動機，還有解除前生或生時罪愆、深感《玉歷》足以惕醒世人等。包含 5、28、33、34、39、41 六項的「解除罪愆」，可說是療疾之外重要動機之一。上文提過袁德初之母因德初偶然抄送《玉歷》而從地府中脫罪，因惡報得病的妻子也在許送之後痊癒，同類型記事還有 5、34、39 三則；而 33 與 41 則因今生或前生的過錯，遭冤魂襲擾，直到許願印施之後才迎刃而解。「入冥後證知果報不誣」有 1、29、30、47、49 等五則，其中有趣的是《玉歷》感應錄中，以夜夢入冥為證明地

[58]　《G.玉歷鈔傳警世》「滁州金邑趙兆熊」條。

[59]　見「玉歷鈔傳流行金陵」條。

[60]　包含表三中，註記「×」與「？」者，共 21 條。

[61]　包括條目 28、31-33、35-40、42-46、50。

獄審判與輪迴果報實存的主要途徑。當我們把這些歸納結果與表
4-1-2 相對照，發現感應錄中，單純將施印善書為善行之一來實踐
者僅 12、14 兩件，認為《玉歷》足以警世者僅 16、17、23 三則，
然在序言呈現的動機（如表 4-1-3 整理），這兩種動機卻佔了大
部分。本文認為，序文與感應錄所涉及的動機範圍，並無大異，
唯一特出的是李氏乳母「藉修來世」，而造成比重不同的原因，
與兩種文體一以個人靈感體驗為主、一以王化風教為尚有關。

　　其次，與疾病相關的，是感應錄賦予病症的文化意涵[62]。如
同人生的遭遇，疾病的罹患亦非單一成因所致，而將某些病症的
發生與「生受冥刑」扯上關係，則使得這些病症在醫學治療之上，
增添文化的寓意。例如「瘡」、「疽」在傳統醫學中，致病原因
不明，且依情形而有多種不同的別名，如梅毒也稱為梅花瘡，然
其共同的症狀是傷口潰爛，而兩者在《玉歷》中，都被視為受地
獄刑罰所致，像楊彩招入冥見韓二被一鬼卒用火燒背脊，而後回
到陽世，才知韓二背發惡瘡，性命垂危[63]。又有龔弘曾夜見某寺
僧將募化而來的金錢，用於酒食，而於獄廟受炭炙之刑，後此僧
果疽發而死[64]。此一隱喻，自《太平廣記》中屢見不鮮[65]，在後

---

[62]　此段觀點受蘇珊・桑格塔《疾病的隱喻》一書啟示甚多（臺北：大田
　　出版社，2000 年）。

[63]　見《A.石印玉歷至寶鈔》「崔夢麟記楊彩招」條，頁 806。

[64]　見《A.石印玉歷至寶鈔》「弘治中龔弘」條，頁 807。

[65]　例如卷 112「長沙人」條（北京：中華書局，頁 780）：長沙吳某以漁
　　獵維生，經常烹食白龜，後遍身生瘡，潰爛痛苦，因誦大悲真言始痊
　　癒；卷 120「邛人」條（頁 848）：韋某恐昔日寵婦逆反，將之縊殺，
　　後韋某發癩瘡而死。以上二事，將瘡症與殺生之惡報構成了因果關
　　係，認為罹瘡肇因於殺生的行為。卷 126「王瑤」條（頁 894）：李某

起之各種善書與《洞冥寶記》中[66]，續接不暇。

　　此外，抄送靈驗的事蹟，還有賴於戚友間的口耳相傳。例如夏有橋應試前有文士入夢，預示前程美好，並指示廣傳《玉歷》，夏在中舉之後對《玉歷》深信不疑，並將此事廣為宣說，外甥高瀾、友人葛雨田、徐暄[67]皆受其影響，或獲致福報，或以發願印送祈求去除疹毒、喉風症得驗[68]。這個情形說明了傳遞於口耳間的人際傳播，是傳播《玉歷》的重要作用之一，而且因為前途與疾病皆與個人命運休戚相關，這項訊息也才有發揮的機會。

　　而支持校訂、重印者，往往不只一次參與《玉歷》的傳播。例如碧雲居士在《B.玉歷至寶編》的序文中，說自己在旅館偶然得到鎮江版刻的《玉歷》，批閱之下深受震撼，同時有感於書中訛誤太多，便興起重新校正的行動，此人並在《A.石印玉歷至寶鈔》的感應錄中，說自己在癸酉年夏天，主持《玉歷》的重編工作，方才付梓，新生孫兒便患奇症，誠心許願助印《玉歷》之後，就獲得了解救。《A.石印玉歷至寶鈔》中所記的癸酉年，即《B.

常患背疽，王瑤代禱於祖先，先人示言李職守不嚴、淫刑濫罰，致使冤魂上訴冥府，背疽即受冥刑鞭笞之驗，無法治癒。明確地說明生時染患的疽症、瘡症，是遭受冥府刑戮所致。

[66]　「人世間之中風、癱瘓、半身不遂、手足跛跓、目痛鼻爛，以及痲瘋、惡毒、疔瘡。（生受冥刑）……不能解脫者，人雖未死，其魂魄已在地獄受何罪，陽世之疾應之」，又「昔人有走無常者，見某人在稱鉤獄中，鉤其肋骨，高懸竿上，某遂背上生毒瘡，由此斃命」（見《洞冥寶記》，臺北：正一善書社，2000 年重印，頁 68）。

[67]　徐文敬事，於求己堂集中亦載錄。筆者以為此事與陳仲長事等這類重複書寫、宣揚的現象，以及經常執筆的作者，值得追查。

[68]　見「夢記」，刊於《I.玉歷鈔傳》。

玉歷至寶編》序文所撰的同治癸酉（1873）年，而今日所見的《B.玉歷至寶編》，是光緒年間（1883）重刊者，我們從兩書的情形，可以發現《玉歷》曾經出現四種不同的本子，一是旅館見到的鎮江版，二是他自己主持重編者，三是光緒年間依其重編本翻印的《B.玉歷至寶編》，四是他寫下孫兒得救之事的《A.石印玉歷至寶鈔》，其中與碧雲居士相關者有二。

最後，我們注意到徐升庵所記載的十則事蹟，有「吳縣戴舉人」、「山陰平湖邵某」等兩則與清初筆記相同。戴舉人之事在《現果錄》中，梗概相同，但書中詳細交代戴某是蘇州孝廉，幼時有人為他算過命，說他將以工部之職終身，由於行為放蕩，附近的人又稱他戴癡，文末並有作者附記[69]，顯然《現果錄》比《玉歷》所述詳實許多，根據周亮工為《現果錄》所做的序文，可知此書成立不晚於康熙十年（1671），是靈隱晦大師摘取近時果報所作[70]，我們雖然沒辦法確定徐升庵與原作者的關係，但從這些線索來看，現在所見的第一類《玉歷》，恐怕不早於 1671 年。

四、小結

本節由《玉歷》感應錄的兩種編撰類型談起，認為造成形式差異的原因是編者身分與刊印時間，然兩者內容雖有參差，本質卻不脫共同成分所囊括的範圍，而此一共同成分，也在刊行日久之後，隨著神誕表、十殿大小獄的罪與刑共同成為穩定的成分，在日後不斷翻印的過程中，被穩固地保留下來。

而十殿、十王名號在感應錄中的消失，說明冥間審察雖然存

---

[69] 見《現果錄》，收入《說鈴》，頁 810。
[70] 見《現果錄》，頁 801。

在，但是司察者並不限於十王，還有城隍等冥界神祇，而十位閻王面目的模糊，說明《玉歷》帶給讀者的主要印象，在於冥界審判與行刑工具的嚴格，至於是十王或城隍在操作著這項機制，大眾不甚在意。

此外，抄送善書以療癒危症，表現出刊刻善書的動機，除了裨益世風、超薦亡者之外，還有解決生者危難的意圖，其神聖的地位，甚至扮演禳災的功能。而感應錄賦予病症的文化意涵，使罹患瘡、疽等治病原因不明的病，成為因罪受刑的寓意，同時在日後的善書中延續：依賴口耳相傳的靈驗事蹟，人際傳播對於《玉歷》的傳佈，有極重要的影響。

最後，相對於《重訂西方公據》與《放生儀軌》，《玉歷》感應錄呈現的特質似乎並不突出。如果前二者是為了強調虔心念佛以生西和放生兩種德行，而設置相應的感應事證，那麼《玉歷》欲強化的行為範式為何？筆者以為其特質在於建構「玉歷」書本的神聖性，這一點間接造成了十王面目的模糊。

從表 4-2-3 所得，被提及最多次的善行即刊印善書，廣為勸送，共 26 次。如果將抄寫、增註等合併計算，則有 41 次，被否定的 23 件惡行中，也有 7 件與嗤毀《玉歷》有關。如果說《玉歷》感應錄記載的施送動機昭然分判，那麼善行與惡行所共築的報應之說，一方面反映流行於明清兩代的通俗價值，例如貞節的觀念，在明代朝廷旌表與文人讚頌、方志書寫的交互提升之下，較前代益加嚴格，同時成為社會通行的價值[71]；又如放生，起源雖早，但由於宋代以後成為獲致科名的途徑之一，遂大行於世

---

[71] 參見費絲言《從規範到典範》一書，臺北：國立臺灣大學出版委員會，1987 年。

[72]；再如從漢到清皆有禁止殺牛的律令，若有違犯甚至可能處死，牛的神聖地位也屢見於歷代筆記[73]。另一方面透過感應錄推進了《玉歷》的神聖性，如在共同的成分中所論，《玉歷》的神聖性從一般性的為善得益、詆譭受報，提升到解除生命的危難、超度受罪先人的作用，成效甚至超越僧、道代作的超薦法事。無獨有偶，徐宗幹在《斯未信齋雜錄》中，提過自己將漳州孝廉林廣邁曾將玉歷、陰騭文等海運來臺的善書，分送諸生及耆老弟子之後，「餘存有渡海者令齎帶供奉舟中，當可風正潮平也」，《玉歷》等書神聖的地位，不但等同於神像、符咒，而且直接膺任辟邪禳災、平安護航的職能[74]。換句話說，《玉歷》感應錄集中討論的要旨，在於對《玉歷》神聖性的確立，而「玉歷」並非等同於十王信仰的深入發展，而是對善書本身神聖地位的建構。

表 4-2-1　《玉歷》版本感應錄的內容

篇名[75]	A.	B.	C.	D.	E.[76]	F.	G.	H.	I.[77]	J.[78]	K.[79]
孔子	◎	◎	◎	◎	◎	◎	◎	◎	◎		
問程子佛孔子言	◎	◎	◎	◎	◎	◎	◎	◎	◎		

[72] 見劉道超《中國善惡報應習俗》，臺北：文津出版社，1992，頁 141。

[73] 見劉道超《中國善惡報應習俗》，頁 111~112。

[74] 見徐宗幹〈退思錄〉，收於《斯未信齋文編 斯未信齋雜錄》，南投：臺灣省文獻會，1994，頁 59。

[75] 說明：係筆者自行命名，或依各條內容，或摘取起首數字。

[76] 本版在〈李宗敏考核玉歷記之後〉疑闕文。

[77] 從夏建謨（有橋）戚友刊行玉歷之應驗錄視之，《H.玉歷鈔傳》保留較原始的題記。《H.玉歷鈔傳》中葛雨田、徐暄等人在文章結束時署名，而《A.石印歷至寶鈔》則以第三人稱方式改寫表達。

[78] 此刊本應驗錄闕，依目錄註記之。

[79] 此本無感應錄。

篇名[75]	A.	B.	C.	D.	E.[76]	F.	G.	H.	I.[77]	J.[78]	K.[79]
周濂溪	◎	◎	◎	◎	◎	◎	◎	◎	◎	◎	
張子論心說	◎	◎	◎	◎							
司馬溫公	◎	◎	◎	◎	◎	◎	◎				
梁武帝	◎	◎	◎	◎	◎	◎	◎				
趙文昌入冥見白起	◎	◎	◎	◎	◎	◎	◎		◎		
王荆公	◎	◎	◎	◎	◎	◎	◎	◎	◎		
范祖禹	◎	◎	◎	◎	◎	◎	◎	◎	◎		
羊祜	◎	◎	◎	◎	◎	◎	◎	◎	◎		
洪邁	◎	◎	◎	◎	◎	◎	◎	◎	◎		
李士謙所記	◎	◎	◎	◎	◎	◎	◎	◎	◎		
文昌帝君母妙惠真人	◎	◎	◎	◎	◎	◎	◎	◎	◎		
東嶽大帝回生寶訓	◎	◎	◎	◎							
文昌帝君	◎	◎	◎	◎							
太上老君	◎	◎	◎	◎							
真武帝君	◎	◎	◎	◎							
回道人	◎	◎	◎	◎							
許真人	◎	◎	◎	◎							
回頭真人	◎	◎	◎	◎							
回頭真人（又云）	◎	◎	◎	◎							
孚佑帝君	◎	◎	◎	◎							
楞嚴經（善有善報）	◎	◎	◎	◎[80]							
寶鑑篇	◎	◎	◎	◎	◎		◎	◎			
因果錄	◎	◎	◎	◎	◎	◎	◎	◎	◎		
涅盤經	◎	◎	◎	◎[81]	◎	◎	◎				
慧遠禪師	◎	◎	◎	◎							
悚然僧	◎	◎	◎	◎			◎				

---

[80] 文句相同，但以「古德」代「楞嚴經」。

[81] 引文相同，但僅曰「經云」。

篇名[75]	A.	B.	C.	D.	E.[76]	F.	G.	H.	I.[77]	J.[78]	K.[79]
燃燈佛	◎	◎	◎	◎[82]							
普菴祖師偈	◎	◎	◎	◎	◎[83]	◎	◎	◎	◎		
覺世長老	◎	◎	◎	◎							
覺世長老(又云)	◎	◎	◎	◎							
幽冥教主	◎	◎	◎								
魯廷棟附記陽律十六條	◎	◎	◎								
崔夢麟	◎	◎	◎							◎	
江西吳湛七	◎	◎	◎	◎						◎	
弘治中龔宏	◎	◎	◎	◎						◎	
吳縣戴舉人	◎	◎	◎	◎						◎	
進士蔣某	◎	◎	◎	◎						◎	
山陰平湖邵某	◎	◎	◎	◎						◎	
亳州蘇成	◎	◎	◎	◎						◎	
莫治書	◎	◎	◎	◎						◎	
吳興王某	◎	◎	◎	◎						◎	
元秀	◎	◎	◎	◎						◎	
江陰俞生	◎	◎	◎	◎						◎	
大興縣黃芳洲	◎	◎	◎	◎	◎	◎	◎	◎	◎	◎	
繆國維	◎	◎	◎	◎	◎	◎[84]	◎[85]	◎[86]	◎[87]	◎	
長洲彭一菴	◎	◎	◎	◎	◎	◎	◎	◎	◎	◎	
崑山徐竹亭	◎	◎	◎	◎	◎	◎	◎	◎	◎	◎	
湖州蔡佩蘭	◎	◎	◎	◎		◎	◎	◎	◎	◎	

---

[82] 此本「燃燈佛」作「又云」。

[83] 此本「菴」作「安」。

[84] 此本「維」作「惟」。

[85] 此本「維」作「惟」。

[86] 此本「維」作「惟」。

[87] 此本「維」作「惟」。

篇名[75]	A.	B.	C.	D.	E.[76]	F.	G.	H.	I.[77]	J.[78]	K.[79]
杭郡徐文敬	◎	◎	◎	◎	◎	◎	◎	◎	◎	◎	◎
張孟球	◎	◎	◎	◎ [88]	◎	◎	◎	◎	◎	◎	
常熟蔣春圃	◎	◎	◎	◎	◎	◎	◎	◎	◎	◎	
江西南昌府熊兆鼎	◎	◎	◎								
陳姓海寧巨族	◎	◎	◎	◎	◎	◎	◎	◎	◎	◎	
關汪孫趙	◎	◎	◎	◎	◎	◎	◎	◎	◎	◎	
陳仲長	◎	◎	◎	◎							
臺州應尚書	◎	◎	◎	◎							
蘆州盧直夫	◎	◎ [89]	◎ [90]	◎ [91]							
潘仰之不敬信玉歷惡報	◎	◎	◎	◎	◎	◎	◎	◎	◎	◎	
僧道妒減玉歷惡報	◎	◎	◎	◎	◎	◎	◎	◎	◎	◎	
袁德初玉歷度母活妻奇驗	◎	◎	◎	◎	◎	◎	◎	◎	◎	◎	
夏建謨施玉歷夢示前程	◎	◎	◎							◎ [92]	
徐暄記徐文敬事	◎	◎	◎					◎	◎		
仁和高瀾	◎	◎	◎	◎				◎	◎		
蘇州葛雨田	◎	◎	◎	◎				◎	◎		
山陰劉學潮	◎	◎	◎	◎ [93]	◎	◎	◎	◎	◎		
南京裴復初	◎		◎	◎	◎	◎	◎	◎	◎	◎	

[88]　此本「球」作「烘」。

[89]　此本「直」作「質」。

[90]　此本「直」作「質」。

[91]　此本「直」作「質」。

[92]　目錄題為「夏見謨玉歷夢記附報三則」。

[93]　此本「潮」作「朝」。

篇名[75]	A.	B.	C.	D.	E.[76]	F.	G.	H.	I.[77]	J.[78]	K.[79]
湖北竟陵劉特善	◎		◎	◎			◎				
上元陳克寬	◎		◎	◎			◎				
寶山宣煥章	◎		◎	◎	◎						
滁州魯兆熊	◎		◎	◎			◎				
如皋陳均	◎	◎	◎	◎							
休寧程春普	◎	◎									
碧雲居士曜嚴自記應驗錄	◎	[94]	◎								
詹擇林	◎	◎	◎	◎							
姚耕心	◎	◎	◎	◎							
楊誠齋	◎	◎	◎								
江夏縣李詮泰	◎	◎	◎	◎							
漢陽縣劉組泰	◎	◎	◎	◎							
劉國棟	◎	◎	◎	◎							
漢陽縣王廷光	◎	◎	◎	◎							
劉德厚	◎	◎	◎	◎							
津門楊國治述夢記	◎		◎								
黃某	◎ [95]		◎								
簡宗杰	◎		◎	◎							
唐恩裕誌印送玉歷靈驗	◎		◎	◎	◎						
端山大仙章玉警世錄				◎	◎	◎	◎	◎	◎		
楞嚴經（人死為羊）			◎	◎		◎	◎	◎			
靜齋學士言			◎			◎	◎	◎			
天臺寺僧悚然勸			◎	◎		◎	◎	◎			
爭田地詩						◎	◎	◎			
玉歷轉禍為福二										◎	

[94] 此本做為序言。

[95] 此本「黃某」作「孫翹江」。

篇名[75]	A.	B.	C.	D.	E.[76]	F.	G.	H.	I.[77]	J.[78]	K.[79]
則											
玉歷近報積劉三則										◎	
何兆溥敬勸語								◎			
石城陳廷　跋							◎				
臨汾楊育檀跋							◎				
亢正常跋							◎				
陳繼章跋							◎				
陳春來跋							◎				
地藏菩薩云				◎							
浙西布衣蔡九如				◎							
吳江陸清修				◎							
直隸天津府唐恩裕誌				◎							
王景山誌				◎							
鄞縣陳道孟誌				◎							
山東李純熙誌				◎							
曾文欽				◎							
鄂北劉曉嵐				◎							
江西胡禮賢				◎							
浙紹曹娥鎮				◎							
曹娥下沙李氏				◎							
杭垣某綢莊				◎[96]							

表 4-2-2　求己堂集內容分析

主角	籍貫	身分	善行	獲得的善報
黃芳洲	大興縣	曲陽縣教諭	捐資刊印金剛感應陰騭各經文數千部，印傳玉歷千本，放生魚鳥萬千	五子皆於康熙時登第

---

[96] 此事引自民國 17 年四月初一日《新聞報》第六張。

繆國維	江蘇吳縣人	天啟時登進士，家居不仕	抄錄分送因果等書，見書有殘破，必黏補周全，輸穀賑濟，施藥濟世，鈔傳玉歷一字不改	子孫為順治、康熙、乾隆、雍正進士
彭一菴	長洲	嚴文靖之幕友	歉歲賑濟，見好書必印施；其子定求鈔傳玉歷百本	子定求、曾孫啟峰皆會狀兩元
徐竹亭	崑山		賑濟江浙水患；崇禎時寇亂，將數百婦女鎖於徐家，其子悉數放去，抱出玉歷書版後，放火燒屋，印送無數	子康熙登第
蔡佩蘭	湖州		施藥，孤貧借貸者不取利，代失守什物者償還損失，鈔傳善書勸世	無疾而終，曾孫為康熙狀元
徐文敬	杭郡	身居臺鼎	好講三教事蹟，集刊敬信錄等書；夫人日誦觀音千聲，喜談因果，翻刻玉歷，歲荒捐資撫恤親族子女	兩子官至內閣大學士、甘肅巡府；兩孫為侍郎、鹽法道
張孟球		任河南臬司	居官清廉，喜印玉歷陰騭蓮池大師戒殺等文，惡淫畫春方賭具及墮胎絕孕等事，周濟飢寒；夫人典衣鬻飾，助印勸善書文	五子分別於康熙、雍正時登科
蔣春圃	常熟	家境富饒	見勸善書必命子孫抄錄刊印，如玉歷感應戒殺放生等	孫於康熙、雍正、乾隆登科，位至中堂、大學士等

熊兆鼎		嘉靖時任江西南昌府，幼習醫術	見玉歷章句而突發信心，遇危症貧者，不計財利，施以蔘藥，並以金錢濟助	臨終前告知將任福建省城隍，死時異鄉繞室，端坐而逝；子孫科甲連綿
陳某	海寧巨族，名冠浙中		每晚懸燈街巷，以利暮行；施棺藥、置義塚，印傳玉歷勸善諸文	科甲踵起，名貴冠中
關汪孫趙	浙杭首富四家		執筆增注丹桂籍；施送紫霞丹等藥；印送玉歷等善書；施棺捨衣	現在富厚，後代貴顯迭起

表 4-2-3　《玉歷》感應錄所贊同的德行[97]

事件	被鼓勵的德行	被處罰的惡行
一般德行	5 施藥、 4 輸穀濟荒、 3 施棺、 3 孝順、 2 貞節、 2 放生、 2 誦咒、 2 戒食牛肉、 戒殺、 供經、 拯溺、 作佛事、 敬神佛、	4 詐騙[98]、 2 斷訟不公、 主張族審再醮、 納有夫之婦為妾、 淫亂、 殺生、 受賄而間人婚姻、 食牛肉、 嗤笑他人行善、 殺嬰、 受賄冤殺、 私漏國課。 （共 16 次）

---

[97] 說明：本表以《A.石印玉歷至寶鈔》為分析範圍，各項德行之前的數字，表示出現次數，無標示者即一次。

[98] 包括以優質品為樣、劣質品出售，寺僧將化緣所得費於酒食淫賭，詐取他人田地，索帳不實四項內容。

	惜字紙、 置義塚、 阻鬼尋代、 戒食犬肉、 勸夫婦和、 物歸原主、 居官清廉、 懸燈街巷、 勸阻殺生、 為寺鐘募款、 荒年中步行不轎、 孤貧借貸不取利、 代失守什物者償還損失、 惡淫畫春方賭具及墮胎絕孕等。 （共 42 次）	
與玉歷相關者	26 捐資助印、 6 抄送、 4 勸印、 2 修補、 翻刻、 收買、 註集。 （共 41 次）	3 否定真實性、 毀謗《玉歷》、 撕毀《玉歷》、 阻人印送、 匿而不送。 （共 7 次）
合計	83 次	23 次

第三節　《玉歷》中的神明信仰與神誕日

　　本節首先討論《玉歷》圖像、正文中所反映的神明信仰，我們發現酆都大帝、地藏菩薩、觀音菩薩與冥界救贖的關係，至為密切，然而《玉歷》此番呈現並非獨創，而是傳統信仰文化的積澱。其次，我們在感應錄中，看到灶神以家宅司命的身分，監察著每個人的一舉一動，透過這種嚴密的鑒察，從而使死後審判的公正性得以成立。最後，我們看到了圖像和神誕表的差異，初步

推估可能是刊本在不同地區編輯所致，然尚待更多的資料才能進行進一步的深入研判。

一、三位主掌冥界救贖的重要神明

就筆者掌握的十一種《玉歷》版本來說，《G.玉歷鈔傳警世》、《K.仿宋本玉歷》因無圖像，故不列入本文的討論，因此僅就九種《玉歷》進行討論。

從表 3-1-1 可知，這九種《玉歷》的圖像內容，共同者只有觀音、地藏、酆都。從正文的陳述裡，我們不難發現這三位神明的重要性，以下筆者分別從三位神明在中國社會的發展，試圖說明信仰文化在《玉歷》的投射。

首先，《玉歷》記載，《玉歷》得以刊行於世，是因地藏菩薩誕辰、諸神祝壽時，諸神奏請，身為幽冥教主的地藏菩薩遂決定彙集地獄裡的罰則和懲罰，好讓世人心生警惕；換言之，地獄種種情況（包括十王與十殿地獄在內），都屬於地藏菩薩的管轄範圍，而傳達地獄諸事的《玉歷》，也因其認為有助於匡正視聽，才得以傳揚於世[99]。

我們先從時間縱向的角度，看待地藏信仰的發展與地藏菩薩、十王信仰合一的現象。早在《十王經》中，地藏菩薩、觀音菩薩與其他四位菩薩共同出現在經文中，讚嘆如來佛拔死救生的慈悲心願[100]，而隨著地藏菩薩擔任死後救贖之神職，其出現於壁

---

[99] 見《A.石印玉歷至寶鈔》，頁 788。

[100] 見《十王經》敦煌抄本 P2003，引自杜斗城《敦煌本「佛說十王經」校錄研究》，甘肅人民出版社，1989 年 12 月初版，頁 5。

畫、絹帛及其與十位閻王同時構圖的次數,皆大幅增加[101];另外,
與十王信仰合流之後,地藏菩薩的畫像進入逢七追薦的法會中
[102],與十殿閻王共同接受拜祭,在這些緊扣中國人重視家族心理
的喪儀普遍流傳之下,不但使地藏菩薩的救贖神格獲得保存,並
且更為壯大。

第二,地藏的傳播與《地藏菩薩本願經》息息相關,經中有
婆羅門女[103]、光目女[104]入冥救母的內容,與目連事蹟相仿,構
成兩者合流的文化基礎。從資料來看,至少從明代開始,地藏菩
薩與目連已經合而為一[105],目連被視為地藏菩薩,如《明一統志
重增搜神記》記載:

> 目連常師事如來,始創盂蘭盆會,以救其母於餓鬼之苦。
> 唐肅宗至德,渡海居青陽九華山,以巖間白土雜飯食之,

---

[101] 莊明興將初唐至北宋初年分三個階段,前兩個階段裡,地藏菩薩與十
王同在一幅圖像不見其例,第三階段(晚唐至北宋前期)則有 28 例,
數量陡增,反映地藏菩薩與十王信仰合流的現象。見莊明興《中國中
古的地藏信仰》附錄二「地藏造像統計表」,頁 202。

[102] 逢七追薦的喪儀,是建立在十王信仰的基礎上的。根據《十王經》所
述,魂魄在死後四十九天之內,每經七天滯留在一位閻王處,百日、
週年、三年亦各到一位閻王之所,倘若不在這十個日期行追薦的儀
式,死者將淹留地獄中受苦。此一喪俗(即十王齋),流傳至今不輟。
見本文第二章第一節所述。

[103] 《地藏菩薩本願經》。見《大正藏》冊 13,頁 778 下~779 上。

[104] 見《地藏菩薩本願經》,收入《大正藏》冊 13,頁 780 下。

[105] 但是,在諸般紛雜的目連傳說中,「目連即為地藏」的說法僅為其中
一種,而非全部。見劉禎《中國民間目連文化》,成都:巴蜀書社,
1997 年。

人以為異。年九十九，忽召其徒告別，趺坐函中，遂沒為
地藏王。[106]

這段紀錄說明，明代人認為創立盂蘭盆會、追隨如來學習的目
連，於唐代來華，駐錫於九華山，活到九十九歲時圓寂，死前預
知死期，死後成為地藏菩薩。這個附會的意義，對於地藏信仰而
言，是進入了目連文化當中，借助目連戲、目連故事及中元節俗
[107]等傳播網絡，達到更廣泛流傳的境界，而這則引文提點的另一
個線索，是下段即將申述的「地藏菩薩駐錫於九華山」傳說。

　　第三，「地藏菩薩駐錫於九華山」之說實與金地藏的身世有
關，地藏被附會為新羅入唐求法的僧人金地藏，使九華山成為崇
祀地藏的聖地。金地藏在唐開元末年來華，之後駐錫於九華山，
據說其死後三年，眾人開缸下葬時發現金地藏的遺體異常柔軟，
因此在九華山建肉身殿，供信徒祭拜，明清時香火鼎盛，明代萬
曆年間朝廷甚至賜金擴建，賜名「護國肉身寶塔」[108]。金地藏的
事蹟，透過唐《九華山化城寺記》、宋《高僧傳》、明《神僧傳》

[106] 轉引自陳芳英《目連救母故事的基型及其有關文學之研究》，臺北：
　　　國立臺灣大學出版委員會，1883 年，頁 81。
[107] 從《武林舊事》卷 3 和《東京夢華錄》卷 8 的紀錄，可知宋代時，在
　　　中元節舉行盂蘭盆會，已經是固定的節俗之一。根據《盂蘭盆經》的
　　　敘述，盂蘭盆會的本意是為了解救目連母親的倒懸之苦，所以後來在
　　　盂蘭盆會舉行期間，也有搬演《目連救母》雜劇、印賣《尊勝目連經》
　　　等活動，可知中元節與目連文化的結合甚早，而地藏菩薩被認為等同
　　　於目連，可謂直接與中元節俗接軌。
[108] 見馬書田《中國冥界諸神》，頁 65。

等文獻的轉載，型塑了金地藏的身世與神蹟[109]，金地藏不但被尊為地藏菩薩[110]，使九華山成為祭祀地藏菩薩的聖地，清代地藏菩薩誕辰日（農曆七月卅日）前後，朝拜九華山也成為固定的活動[111]。這些線索，反映地藏信仰與九華山聖地的結合，及其於清代的發展盛況，從地藏信仰的角度來說，聖地的形成對於神明崇拜的構成，是極有助益的。

由上可知，地藏在《玉歷》架設的神譜中佔有重要位置，並不是空穴來風、偶然發生。地藏自從在《十王經》時代與十王合作以來，透過十王齋，及其與目連傳說、中元節俗、九華山聖地的相互激盪，成為庶民生活中極重要的神明。

其次，相對於佛教的幽冥教主地藏菩薩，《玉歷》也將道教的酆都大帝放進神譜當中，因為地藏菩薩在上奏天帝[112]之前，文件會先送達酆都大帝處，位階儼然在地藏菩薩之上，而《玉歷》也藉著酆都大帝之口，申論十八層地獄與十殿、一百卅八獄之辨。道教經籍裡的酆都大帝，早見於陶弘景所撰的《真靈業位圖》，把酆都大帝排在冥界神祇中間，左右列有一百一十九位鬼官，治有羅酆山，三千年替換一次[113]；又在《真誥》中說酆都大

---

[109] 參聶士全〈地藏信仰與金地藏研究述評〉，刊於《法音》1996年第7期，頁26。

[110] 引自聶士全〈地藏信仰與金地藏研究述評〉，頁27。

[111] 根據《蕪湖縣志》，江西、安徽、浙江、江蘇、河南、湖北等地的信徒，會在俗稱地藏節的農曆七月卅日，到九華山燒香拜佛。轉引自馬書田《中國冥界諸神》，頁69

[112] 有時稱「帝」或「上帝」，如《K.仿宋本玉歷》；但《D.玉歷寶鈔勸世文》作「玉皇大帝」（見頁2）。

[113] 見《真靈業位圖》，轉引自呂宗力等編《中國民間諸神》，河北教育出

帝是「天下鬼神之主」[114]，可見南北朝時道教已經形成酆都大帝
主掌冥界的信仰。此外，本文第二章第二節提過，宋代《道門定
制》等道經，將十王化為十位真君，受治於酆都大帝，這種現象
說明酆都大帝與十王信仰的組合，宋代已經在道經裡呈現。

　　今日的四川豐都縣成為「鬼城」，對於道教酆都地獄信仰的
發展，是有所助益的。根據李遠國的考證，豐都古稱酆都，首見
於漢魏時期的道書，本來是主掌生死的總司地獄所在之地，但直
到隋唐之際，此地仍以仙家福地著稱，爾後隨著道教在四川的傳
播，及唐宋道教北帝派的創立，此地才以鬼域之稱聞名，在宋代
將道教的酆都地獄與現實中的豐都縣合而為一[115]。到了明清，一
般人死時會在棺中放入「酆都冥途路引」，作用類似元明清時人
民往來各地所持的通行證，方便官方以此掌握往來者的身分，所
以持有路引者經過關隘時，不怕受到官員的盤查詰問。根據江玉
祥的考訂，最遲至明代，冥途路引已由道觀廟宇專責開立，所謂
的「酆都路引」不一定都來自四川豐都，而是各地道觀板印而成
的，購買者絡繹不絕，甚至曾被懷疑妖言惑眾，而受到取締[116]。
這個現象，與清人俞樾之《茶香室三鈔》記載「人死後要到酆都
大帝掌理的酆都六天宮報到」的說法相呼應[117]，同時證明「酆都」

版社，頁 430。

[114] 見《真誥》卷 15，轉引自馬書田《中國冥界諸神》，頁 71~72。

[115] 參見李遠國〈豐都宗教文化與聖蹟的調查報告：兼及道教與豐都地方
文化的關係〉，收入林富士等編《遺蹟崇拜與聖者崇拜》，臺北：允晨
出版社，1999 年，頁 357~405。

[116] 見江玉祥〈一張新出土的明代豐都冥途路引〉，刊於《四川文物》1996
年第 4 期（總第 68 期），頁 31~36。

[117] 見俞樾《茶香室三鈔》卷 20，轉引自馬書田《中國冥界諸神》，頁 72。

不只是巴蜀地區真實的地名，它同時被明清人視為死後去處，因此事先購買酆都冥途路引，以求順利通過地獄各關卡的審查，儘早超生仙界。

　　最後，在天帝應允《玉歷》傳世之後，觀音菩薩現出「焦面鬼王、丈六金身」之相，強調勸諭行善、集經作懺者必能成佛。觀音菩薩的面貌多樣，其起始於印度佛教的男神形象，進入中國之後卻化為優雅女神，神格內涵也增添了求子、救冥等，並形成相對應的多種化身，限於篇幅，本文僅集中討論觀音與冥界的關係[118]。早在初唐，觀音與地藏已經成對出現，唐代上元 2 年（675年）時，河南龍門普泰洞外即可見到阿彌陀、救苦觀世音和地藏菩薩，同繪於一龕[119]，《十王經》裡觀音菩薩、地藏菩薩等六尊菩薩，同時出現在經文、繪於插圖當中，這兩種構圖都意味著唐代的觀音菩薩與地藏菩薩一樣，性質上和冥界救贖有關[120]。到了唐末宋初，中國各地的石窟、絹帛造像裡，觀音菩薩與地藏菩薩、十殿閻王共同構圖的次數越來越多[121]，筆者以為，這意味著觀音

---

[118] 以下舉用的文獻中，觀音菩薩以觀自在菩薩、觀世音菩薩、光世音菩薩等不同名稱出現，為方便敘述，本文統一稱為「觀音菩薩」。

[119] 根據「地藏造像表」所示，見莊明興《中國中古的地藏信仰》附錄二，頁 180。

[120] 莊明興表示，在唐代以前的冥報、再生、靈驗故事，佛教所提供的救贖方法，很少直接向佛菩薩求救，觀音救冥的例子數量很少（見莊明興《中國中古的地藏信仰》，頁 116~117），可見《玉歷》反映的觀音與冥界救贖之關聯，是後代觀音信仰發展、衍伸的結果。

[121] 「地藏造像統計」之整理下，我們可以清楚的看到晚唐到北宋時期（848-1035），觀音與地藏、十王等同時出現的數量，比初唐和盛唐、中唐時增加許多。見莊明興《中國中古的地藏信仰》附錄三，頁 202。

菩薩與度冥、救冥的密切關係，越來越被大眾認可。另外，北宋時天息災翻譯的《大乘莊嚴寶王經》中，我們看到觀音菩薩解救地獄眾生的明確形象，觀音發願救度鬼犯[122]，進入大阿鼻地獄、餓鬼地獄，使鑊湯猛火熄滅，火坑化為寶池，池中還有大如車輪的蓮花[123]，餓鬼獲得豐美飲食，飽滿富足[124]——從這部經典，我們可以清楚的看到觀音菩薩的救冥神格，而從以下的例子當中，進一步發現此一神格與焰口施食儀式的結合，及其在民間文學中的表現。

元代《慈悲梁皇寶懺》，在「舉香水讚」中，三次奉請地藏菩薩與觀音菩薩臨壇，以濟拔眾生投向「九運九品之淨邦」[125]；明代蓮池大師所編的《瑜伽集要施食儀軌》，是讓主祭法師入「觀音定」，接著以觀音菩薩的身分結「破地獄印」[126]，放出在地獄受苦的鬼魂。梁皇寶懺和焰口施食都是與薦拔鬼魂、濟度孤魂相關的儀式，從經文可知觀音菩薩擔任救度冥界眾生的角色是明確的，在觀音菩薩與儀式結合之下，隨著法會的舉行，「觀音菩薩救冥」的思維逐漸擴展，並保存在民間文學之中。例如《泰山東嶽十王寶卷》，告訴讀者與觀眾只要在七殿閻王誕辰之時，虔誠地誦念觀音菩薩的名號，就能減免罪過[127]，在超薦法會中，法師

---

[122] 見《佛說大乘莊嚴寶王經》卷1，收入《大正藏》冊20，頁48下。

[123] 見《佛說大乘莊嚴寶王經》卷1，收入《大正藏》冊20，頁48下。

[124] 見《佛說大乘莊嚴寶王經》卷1，收入《大正藏》冊20，頁49中。

[125] 轉引自于君方，《寶卷文學中的觀音與民間信仰》，收入《「民間信仰與中國文化國際研討會」論文集》，臺北：漢學研究中心，1993年，頁332~352。

[126] 見《瑜伽集要焰口施食儀》，收入《大正藏》冊21，頁476下。

[127] 《泰山東嶽十王寶卷》記載：「（三月）初七日七閻王聖誕……念南無

帶領死者的陽世親屬「諷誦南無大慈大悲觀世音菩薩，亡者可免石壓地獄之災」[128]；又如明萬曆年間，紀錄山西農村迎神賽社儀式規範的《迎神賽社禮節傳簿四十曲宮調》，在《青鐵劉氏游地獄》的角色單便有「牛頭馬面」、「十殿閻君」、「觀音」等項[129]。這些線索說明觀音菩薩在遊獄故事中扮演的救贖角色，此中值得留心的是，其同時反映了早在唐末宋初合流的觀音救冥與十王信仰，到了明、清之時仍然繼續流傳。

需要說明的是，從這些文獻當中，我們對觀音菩薩救冥的形象，其實並不如送子觀音一樣，可以清楚地從「手抱嬰兒」的造型，一眼看出祂的職能。可是，《玉歷》卻說觀音菩薩現「焦面鬼王、丈六金身」之相，有些論者甚至認為這是《玉歷》對於觀音形象的創造，與後代普渡時供奉的面燃大士像非常接近。

由上可知，初唐至明代，觀音菩薩擔任冥界救贖的角色，不但在佛經裡清楚確鑿，此外與佛經救贖形象有別的妙善遊獄，也在明、清寶卷和傳說傳誦不竭[130]，其一方面讓觀音的相關傳說與冥界之間的關係，獲得更深一層的強化，另一方面也反映了「遊

觀世音菩薩一千聲，免墮碓擣地獄」（參王見川等編，《明清民間宗教經卷文獻》冊 7，1999，頁 25）；第二章觸及的《地藏十齋日》，亦說：「（每月）十八日……念觀世音菩薩，不墮劍樹地獄」（參《大正藏》冊 85，頁 1300 上）。可見「在特定日期誦念觀音菩薩名號，以避免墮入地獄受苦」的觀念，在庶民信仰文化間並非偶一為之。

[128] 見《冥王寶卷》，收入張希舜等編《寶卷 初集》冊 28，1994，頁 315。

[129] 見廖奔〈《迎神賽社禮節傳簿》箋釋〉，收於氏著《宋元戲曲文物考》，北京：文化藝術出版社，1989 年，頁 420~421。

[130] 關於觀音與冥界的關聯，民間文學在妙善遊冥一系列的故事中，有另外一種表現，本文將在第五章梳理此一故事類型時，再做詳細解說。

歷十殿」在明清遊冥文學中屢見不鮮的事實[131]。

對《玉歷》正文來說，三位神祇確實是具有情節推進作用的角色，而配合感應篇的考察，我們還能看到觀音扮演救冥[132]、地藏審問罪人的角色[133]，可見在《玉歷》流傳的清代社會，觀音與地藏都與冥界有很深的關係[134]。

---

[131] 本文在第五章將針對清末、民國十王信仰的發展，其中論及遊十殿在通俗文學中的表現。

[132] 如吳縣某位戴姓舉人，作惡多端，卻禮拜觀音極為虔誠，日日虔誦大悲咒，死後被冥王判入油鍋，當他無意間念出咒語時，冥府竟無法用刑（見「吳縣戴舉人」條，刊於《A.石印玉歷至寶鈔》，頁807）；又如病重的陳克寬魂遊冥府，見到家中供奉的觀音，指點他施印善書將可免於一死（見「上元陳克寬」條，刊於《A.石印玉歷至寶鈔》，頁814）。

[133] 如陳鈞夢中來到地藏王廟，被地藏斥責不肯敬信《玉歷》，又不將之轉送，是犯下阻人為善的重罪（「如皋陳鈞」條，刊於《A.石印玉歷至寶鈔》，頁815~816）。

[134] 雖然正文沒有提及，然而從《玉歷》感應篇或表4-3-1中，卻發現與冥界有關的神祇，還有東嶽。我們曾在第二章裡，提到十殿閻王被拿來與十八層地獄、東嶽府、酆都地獄搭配的現象，顯見在中國人的心目中，十王與十殿地獄不一定是穩定的結合，它們經常與其他冥界的景觀搭配組合；而從本章第二節對感應篇的分析裡，筆者認為儘管《玉歷》以十王主掌的十殿為框架，企圖整合民間所認知的冥界圖像，但是十王信仰在此時的發展，客觀存在的鑒察機制雖然受到重視，但卻仍然沒有形成針對各殿冥王的崇奉，筆者以為這是東嶽大帝出現在圖像與感應篇、卻沒有出現在正文的原因之一，原因之二即江玉祥所說的，東嶽大帝即泰山王，泰山治鬼的觀念本身已經被十王信仰吸收了（見〈中國地獄十殿信仰的起源〉，頁287）。

二、灶神：精準的監察者

接下來，我們著重探討的是灶神[135]。灶神在每個版本的圖像中，都是站在灶前，拿著筆，面向跪在地上的人，像是要在他的額頭上寫字一般，這個形象與《玉歷》正文所述極為近似：

> 如能於四月初一日誓改不犯，或不拘月日，早晚向灶神矢
> 願改悔，臨死本宅灶神分作三等，在額上或寫一遵字，或
> 一順字，或一改字，交勾魂使卒，帶至第一殿起至第七殿，
> 即犯他罪，可酌減半，免解本殿受苦。[136]

只要發誓改過，家中的灶神將於人臨死前，在其額頭上註明等第，然後才把亡魂發交給勾魂鬼卒，經過註記的人可以減免一至七殿一半的處罰，也可以不必進入八殿受苦。從這段引文還牽扯出灶神的另一項職能——擔任一宅之司命，舉凡一家人的衣祿[137]、押送自殺者的魂魄[138]，都屬於他管轄的範圍。這一點，我

---

[135] 從表 4-3-1 來看，數量次多的是 4、5、6、7 項，也就是十殿圖、六道圖、淡癡授《玉歷》予勿迷、灶神這四項，第 4 項「十殿」圖，已在第二章第一節與《玉歷》正文合併討論。

[136] 見《A.石印玉歷至寶鈔》，頁 793。

[137] 生前「親存不養、親歿不葬，任性得罪父母翁姑」等不孝子，會被灶神記名上奏，不但削減衣食榮祿，還卸除護祐，「聽任邪鬼隨身作祟」。見《A.石印玉歷至寶鈔》，頁 793。

[138] 《玉歷》強調，這些自殺者一死，門灶諸神將之押解到第一殿，收入飢渴各廠（見《A.石印玉歷至寶鈔》，頁 789），等到所有受輕生者牽連的人毫無瓜葛的時候，門灶諸神再將之押送到第二殿（見《H.玉歷警世》，頁 46）。

們可以從《玉歷》的感應篇中，看到更具體的看到灶神對信仰生活的重要性，例如一向認為《玉歷》荒唐的裘復初，臨死見到眾鬼齊聚門前，因而幡然覺悟地獄之談不是虛妄，就在其子發願助印《玉歷》的時候，聽見鬼說：灶神已在裘復初的額間，寫上順、遵兩字，不久又聽到鬼高呼：「玉旨即到！吾等可快各散，免受冥罰」，裘復初的病果然很快就痊癒了。這則故事中的裘復初，就如同《玉歷》正文提到的，在臨死前發誓悔改，灶神因而在其額頭寫明遵、順兩字，並上報天神，等天帝的赦令一到，前來索魂的眾鬼只好一哄而散。又如〈袁得初玉歷度母活妻奇驗〉中，袁之從姐寧姑，在家裡勸告丈夫印行善書，制止翁姑焚死枯樹以保全蟲蟻的行為，都被灶神一一載明，上奏天庭；而袁妻因不相信其母在夢中的指證，遭受「遍體發熱，背痛難忍」的怪病，也在袁德初向灶神跪禱之後，「遂見有元服星冠者入內，向床一拂」，不久便熱退腫消[139]。從袁德初的例子來說，灶神在家庭裡，記錄每個人的劣跡與善行，以作為死後審判的依據，而後者——因病重難癒而向灶神許願施送《玉歷》，最後恢復健康——亦是《玉歷》感應篇常見的情節發展模式[140]。

　　從灶神信仰在《玉歷》中的表現，有兩件事值得注意。一是

---

[139] 見《A.石印玉歷至寶鈔》，頁 812~813。

[140] 例如光緒 3 年（1877），唐恩裕的次媳劉氏因感染瘟疫，性命垂危，次子數度在灶君前焚香叩禱，許願倘能病癒，便施送《玉歷》百本，當晚即夢見一位老人拿著藥丸讓劉氏吞服，天一亮病況轉好許多（見《A.石印玉歷至寶鈔》，頁 823）。這類記事，還可見於「漢陽縣劉祖泰」條、「江夏縣李詮泰」條、「漢陽縣王廷光」條（以上見頁 818）、「碧雲居士曜嚴自記應驗錄」條（頁 816）、「寶山宣煥章」條（頁 815）等等。

《玉歷》強調的死後審判，如果要在真實生活中操作，是必須要一種極貼近、極精確的檢查機制在操作著才行；換句話說，審判倘若必須公正，那麼鑒察的機制必須嚴謹，才能取信於人，這是灶神駐紮在每個家庭、擔任凡人日常生活之監督者角色的根本原因。二是感應篇裡的記事本來零散地發生在各地[141]，爾後隨著《玉歷》屢次刊印，才一一收入書末，那麼我們或許可以回過頭，認定《玉歷》保留了清代江浙、安徽、福建、廣東一帶的灶神信仰內涵。

除了灶神以外，我們注意到表 3-3-1 裡尚有其他其他神祇，例如玉皇大帝、文昌帝君、雷公電母等，及明末佛教僧侶蓮池大師。雷主天刑、文昌掌科舉屢見於清代筆記，前代已有的放生活動，經過蓮池大師的大力推廣，在清代成為穩固的習俗，從這些例子可知《玉歷》附件反映了當時神明信仰的狀態。除此之外，圖像中尚有筆者不甚清楚來歷的「紫皇上帝」、「府縣境主」（見第 17 項）、《F.玉歷鈔傳警世》中未註明名號的神明（第 12、13 項）等，正文裡的「智慧遠引善劫佛」、「功德仁恕法勝佛」、「救苦消難普惠佛」等[142]，皆有待更多資料探考其淵源與性格。

接下來，把觀察角度改變一下，我們來看一看《玉歷》正文、圖像所架構的神譜差異。正文架設的神界，依序是這樣的：天帝、酆都大帝、地藏、十王、城隍、土地、門灶，十王手下還有各種判官與鬼吏——包括活無常和死有份[143]、勾魂使卒[144]、判官

---

[141] 見本章第二節所述。

[142] 見《A.石印玉歷至寶鈔》，頁 797。

[143] 見《A.石印玉歷至寶鈔》，頁 795。

[144] 見《A.石印玉歷至寶鈔》，頁 793。

[145]、青衣童子[146]、猙獰赤髮鬼[147]、大力鬼[148]。圖像不見得意在呈現這樣的神譜[149]，而且圖像與正文的神譜內容也有些不同：神明方面，《B.玉歷至寶編》、《D.玉歷寶鈔勸世文》、《E.玉歷鈔傳警世》、《J.玉歷鈔傳警世》加上了東嶽大帝，上段提過《H.玉歷警世》等增加了紫皇上帝、文昌帝君，及兩尊名號不詳的神明；鬼吏方面，活無常、死有份在《A.石印玉歷至寶鈔》、《B.玉歷至寶編》、《C.重鐫玉歷至寶鈔》中有著它們的面貌，《C.重鐫玉歷至寶鈔》畫著引魂童子，《D.玉歷寶鈔勸世文》另外增設了賞善司、罰惡司，黑無常、白無常，查察司、貴神，夜遊巡、日遊巡，牛頭、馬面等數幅。這個現象很有趣。就個別版本的情形來看，圖像以人物（神明、冥吏）為單位[150]，但為什麼與正文提示的神明群像有所不同呢？這些額外的成分究竟從何而來？

---

[145] 見《A.石印玉歷至寶鈔》，頁 797。

[146] 見《A.石印玉歷至寶鈔》，頁 789。

[147] 見《A.石印玉歷至寶鈔》，頁 789。

[148] 見《A.石印玉歷至寶鈔》，頁 790。

[149] 從表 4-3-1 可知，雖然繪有玉皇大帝的四個版本，莫不將之置於最前面，但是其他神明的位置卻不是固定的。以酆都大帝為例，《B.玉歷至寶編》置於十殿圖之後，但是其他版本都安排在十殿圖之前；又如灶神，在《A.石印玉歷至寶鈔》、《B.玉歷至寶編》、《C.重鐫玉歷至寶鈔》、《D.玉歷寶鈔勸世文》被安排在十殿圖之後，但是其他版本卻放在十殿圖之前，因此各版本間，圖像的排列順序不是固定的，也沒有充分的證據認定圖像的排列，意在反映神譜結構。

[150] 《玉歷》神明、鬼吏圖像，大部分是一位主要神明正面座像，兩旁有脅侍，有時前有叩拜者。筆者認為，從這個角度來看，圖像的目的只是在標舉神祇人物本身的重要性，沒有描述神明顯應事蹟，進而傳揚其成神經過或靈驗故事的意圖。

這一點固然反映刻本編纂者個人對冥府神明的認知，但筆者以為更可能是地域信仰特色的折射，只不過尚需更進一步的文獻證據，才能得到證明。

三、神誕表與其他神聖日期

神誕表的內容，依序羅列農曆一年之內的神明壽誕或出家、成道紀念日[151]，這些日期被賦予神聖尊貴的意義，除了廟宇會依據主祀神明而在此日舉行法會儀式，個人如果在神誕日懺悔往昔過錯、發誓改過，或力行放生、施粥的善行，那麼死後在十殿地獄將受的懲罰，就能減免。

《玉歷》的神誕表，每個版本都有[152]，通常置於《玉歷》正文之後，而各版本神誕表列出的神明誕辰中，十位閻王的聖誕是不可或缺的。十位閻王的聖誕並非首創於《玉歷》，其早見於《玉匣記》，萬曆年間成書的《續道藏》，已經收錄《諸神聖誕日玉匣記等集》，其中記載了十王聖誕：

> 正月初八日　四閻王聖誕
>
> 二月初一日　頭閻王聖誕
>
> 　　廿七日　六閻王聖誕
>
> 　　廿八日　三閻王聖誕
>
> 三月初一日　二閻王聖誕
>
> 　　初七日　七閻王聖誕

---

[151] 以下提及的日期，皆指農曆而言。

[152] 請參見本章前言中，整理各版本附件之「表4-0-1」。

　　　　初八日　五閻王聖誕

　四月初一日　八閻王聖誕

　　　　初七日　九閻王聖誕

　　　　廿二日　十閻王聖誕

　　將之與表 4-3-2 對照，可知《玉匣記》與《玉歷》神誕表所紀錄的日期有所不同，《玉歷》神誕表顯然由《玉匣記》發展而來[153]。

　　但是，從表 4-3-2 可知，這張表不只列出十殿閻王的生日，還包括玉皇、觀音、東嶽、地藏、城隍、土地、灶神等諸神的生日與觀音的成道日、灶神上奏人間愆善的十二月廿四日，這樣的情形實與本文第一部分所討論的正文、圖像異文，有異曲同工之妙——這些神明大部分在正文中具有特殊的意義。然而，從表 4-3-2 我們還發現另一個現象，那就是神明生日的日期不一，像《A.石印玉歷至寶鈔》、《D.玉歷寶鈔勸世文》的釋迦牟尼與九殿閻王誕辰日，與其他版本正好相反[154]，手抄本《G.玉歷鈔傳警世》的二、三殿閻王誕辰日也與其他版本相反[155]，《D.玉歷寶鈔勸世文》的都城隍誕辰日在七月廿四日，與其他版本的五月十一日截然不同[156]，在臺灣臺南松雲軒印行的《H.玉歷警世》，更增加了文昌、紫微大帝、道明和尚、福建省城隍等神明的紀念日[157]。每

---

[153] 參王見川等撰〈《明清民間宗教經卷文獻》導言〉，收入王見川、林萬傳主編《明清民間宗教經卷文獻》，臺北：新文豐出版公司，1999 年，頁 10~12。

[154] 見表 4-3-2 之第 13、14 項。

[155] 見表 4-3-2 之第 6、9 項。

[156] 見表 4-3-2 之第 16 項。

[157] 見表 4-3-2 之第 24 至 30 項。

個縣市的城隍誕辰日期，本即不同[158]，所以《玉歷》神誕表出現
這樣的歧異，可能反映版本流行地域的信仰實況，另外值得留意
的是，歧異較大的《D.玉歷寶鈔勸世文》、《H.玉歷警世》，是
先後在臺灣印行的版本，但究竟源於何處，亦須更充分的資料才
能廓清真相。

除了神誕表之外，《玉歷》一書還有多處記載神聖日期，在
正文方面，是出現於衍述十殿情景的模式中最後一段，它們分別
列舉數個重要日期，提醒人們此日內虔誠懺悔的話，就能清除罪
惡，免於各殿的處罰，由於它們與十殿的敘述合在一起，讓我們
不得不注意其與神誕表中十殿閻王誕辰的異、同。從表 4-3-3 來
看，二、三、四、五、七、八、九殿都只列出一個日期[159]，且幾
乎與神誕表所示相同[160]，但是，一、六、十殿卻不是這樣的，正
文不但保留各閻王的誕辰日，還另外列出幾個日子，作為懺悔的
最佳時機，例如每月初一、十月初十等等，而其中《D.玉歷寶鈔
勸世文》、《E.玉歷鈔傳警世》、《F.玉歷鈔傳警世》、《G.玉
歷鈔傳警世》、《K.仿宋本玉歷》在正文六殿處加入「五月十六」，
《D.玉歷寶鈔勸世文》在十殿處加入八月十三。這些細微的差異，
也許與上文提過的神譜、神誕表一樣，與編者或印行者所在的地

---

[158] 例如，根據道光年間修（1840）、光緒年間重刻（1887）的《平望志》
所載，江蘇平望的城隍神誕是四月八日，與表中所見皆不相同。轉引
自趙世瑜《狂歡與日常：明清以來的廟會與民間社會》，北京：三聯
書店，2002 年 4 月初版，頁 165。

[159] 《I.玉歷鈔傳》正文認為三殿閻王誕辰在四月八日，此與後面的神誕
表所列有異，亦與其他版本不同，此處為方便闡述，暫不予討論。

[160] 此處所討論的「神誕表」日期，以多數相同者為依，少數參差略而不
論。

區有密切關聯。

最後，我們注意到其他與神誕有關的附件。第一個是「十二月份懺悔日」[161]，這份傳說由玄奘自西域攜回、呈給唐太宗的文件，註明了每月特定的某一天、某個時刻朝向某個方位禮拜、發願行善，將能減罪千劫或數百劫。第二個是《I.玉歷鈔傳》特有的每月神明壽誕[162]，其中收錄昌福真君、葛真君等百餘位神祇的聖誕日，在《B.玉歷至寶編》、《J.玉歷鈔傳警世》也提出禮敬灶神的祭祀日期及相關禁忌[163]。

第二章第一節中，我們討論過大足石刻與「十齋日」的關係，可知在特定日期懺悔、施善，便能抵免冥罰的觀念，並不是《玉歷》的發明，而民間也同時流行著數種齋戒日程。筆者以為，《玉歷》同時保存多組神誕日，即這種現象的延續與反映，但是這些個別日期的來源及其於庶民信仰生活的意義[164]，顯然還需要更進一步的追索。

四、結語

本文第一部分討論《玉歷》圖像共同提及的三位神祇——地

---

[161] 見表 4-0-1 之第 6 項。

[162] 見表 4-0-1 之第 5 項。

[163] 見表 4-0-1 之第 7 項。

[164] 筆者所謂的「意義」，譬如有些神誕日被寺廟納入法事活動當中，像主祀閻羅天子（包公）的雲林海清宮，就將十殿閻王的生日，列為年度的儀式活動，但卻沒有一一進行操作，廟方表示各殿閻王誕辰的活動，都在農曆七月初十閻羅天子聖誕集中慶賀，又如觀音出家紀念日或成道日，不但有相關寺廟（如臺北萬華龍山寺）舉辦慶祝儀式，民間也有相關的故事，支撐著神明聖誕的存在。

藏菩薩、酆都大帝、觀音菩薩，祂們起源甚早，也在《玉歷》之前形成個別的信仰盛況，並且延續到清代。儘管對信仰者而言，三位神祇各有諸般內涵，但是皆具有「冥界救贖」的意涵，也正是這種特質的發揚，成為其被《玉歷》囊括入正文的基礎。第二部分，《玉歷》感應篇中大量出現、與庶民生活密切的灶神，從中可見灶神直接的掌管凡人生死壽夭、富貴榮祿，使其成為大眾遇險難之時，禱願祈求的對象。除此之外，《玉歷》正文試著架設一組神譜，感應篇無意間反映灶神、東嶽、地藏與冥界事物的關聯，這些現象在圖像中獲得了部分折射，例如灶神、觀音菩薩、地藏菩薩，然而，其他不能在圖像裡完整呈現的神、鬼世界，以及各版本間圖像內容的差異，其原因可能與神誕表、神聖日期一樣，與編者或印行者所在的區域信仰有關，然尚待更深一層的考證。

表 4-3-1 《玉歷》圖像的順序[165]

	A.	B.	C.	D.	E.	H.	I.	J.	F.
1	觀音	十殿	觀音	觀音	玉皇	玉皇	玉皇	玉皇	地藏
2	地藏	六道	地藏	地藏	東嶽	紫皇上帝	紫皇上帝	東嶽	望鄉臺
3	酆都	酆都	酆都	淡癡	地藏	地藏	地藏	地藏	醧忘臺
4	十殿	東嶽府	十殿	土地、城隍	酆都	酆都	酆都	酆都	灶神
5	六道	觀音	六道	賞善司、罰惡司	灶神	酆都城、秦檜受罰	府縣境主	灶神	某帝

---

[165] 說明：本表依各版本圖像的順序排列而下。「十殿」指畫有一至十殿閻王審案、懲罰罪人的圖像，本文在第三章第一節已進行討論；「六道」指象徵亡魂轉世所到的六種境地。

	A.	B.	C.	D.	E.	H.	I.	J.	F.
6	淡癋	地藏	淡癋	黑無常、白無常	府縣境主	府縣境主	灶神	府縣境主	血污池
7	灶神	淡癋	活無常	查察司、貴神	十殿	文昌	雷公電母	十殿	某護法
8	懺悔	灶神	死有份	判官、鬼王	六道	炮烙	十殿	六道	
9	活無常	引魂童子	心	牛頭、馬面	觀音	蓮池大師	孟婆亭、醧忘臺、金橋、銀橋	觀音	
10	死有份	活無常		夜遊巡、日遊巡	淡癋	放生池	六道	淡癋	
11	心	死有份		玉皇		臼、無間地獄	觀音		
12		心		東嶽		灶神	淡癋		
13				酆都	十殿		文昌		
14				府縣境主	六道		蓮池大師		
15				灶神	觀音		放生池		
16				十殿	孟婆娘娘、醧忘臺、金橋、銀橋		炮烙		
17				六道	淡癋		臼、無間地獄		
18				勸印善書	轉世				

表 4-3-2　《玉歷》神誕表的內容[166]

		A.	D.	B.	C.	E.	F.	G.	I.	J.	K.	H.
1	彌勒	1/1	1/1	1/1	1/1	1/1	1/1	1/1	▲	1/1	1/1	▲

---

[166] 說明：本文由各版本之神誕表整理而來。記號「▲」表示此版本無此神誕日；打上網底的格子，為本文特別提出討論者，而表內的日期係農曆。

		A.	D.	B.	C.	E.	F.	G.	I.	J.	K.	H.
2	五殿	1/8	1/8	1/8	1/8	1/8	1/8	1/8	1/8	1/8	1/8	1/8
3	玉皇	1/9	1/9	1/9	1/9	1/9	1/9	1/9	▲	1/9	1/9	1/9
4	一殿	2/1	2/1	2/1	2/1	2/1	2/1	2/1	2/1	2/1	2/1	2/1
5	土地	2/2	2/2	2/2	2/2	2/2	2/2	2/2	▲	2/2	2/2	2/2
6	三殿	2/8	2/8	2/8	2/8	2/8	2/8	3/1	2/8	2/8	2/8	2/8
7	四殿	2/18	2/18	2/18	2/18	2/18	2/18	2/18	2/18	2/18	2/18	2/18
8	觀音	2/19	2/19	2/19	2/19	2/19	2/19	2/19	▲	2/19	2/19	▲
9	二殿	3/1	3/1	3/1	3/1	3/1	3/1	2/8	3/1	3/1	3/1	3/1
10	六殿	3/8	3/8	3/8	3/8	3/8	3/8	3/8	3/8	3/8	3/8	3/8
11	七殿	3/27	3/27	3/27	3/27	3/27	3/27	3/27	3/27	3/27	3/27	3/27
12	八殿	4/1	4/1	4/1	4/1	4/1	4/1	4/1	4/1	4/1	4/1	4/1
13	釋迦牟尼	4/8	4/8	4/15	4/15	4/15	4/15	4/15	4/15	4/15	4/15	4/15
14	九殿	4/15	4/15	4/8	4/8	4/8	4/8	4/8	▲	4/8	4/8	4/8
15	十殿	4/17	4/17	4/17	4/17	4/17	4/17	4/17	4/17	4/17	4/17	4/17
16	都城隍	5/11	7/24	5/11	5/11	5/11	5/11	5/11	▲	5/11	5/11	▲
17	觀音成道	6/19	6/19	6/19	6/19	6/19	6/19	6/19	▲	6/19	6/19	6/19
18	地藏	7/30	7/30	7/30	7/30	7/30	7/30	7/30	▲	7/30	7/30	7/30
19	灶神	8/3	8/3	8/3	8/3	8/3	8/3	8/3	▲	8/3	8/3	8/3
20	酆都	9/9	9/9	9/9	9/9	9/9	9/9	9/9	▲	9/9	9/9	9/9
21	孟婆	9/13	9/13	9/13	9/13	9/13	9/13	9/13	▲	9/13	9/13	9/13
22	如來成佛	12/8	12/8	12/8	12/8	12/8	12/8	12/8	▲	12/8	12/8	▲
23	灶神上奏	12/24	12/24	12/24	12/24	12/24	12/24	12/24	▲	12/24	12/24	▲
24	文昌	▲	▲	▲	▲	▲	▲	▲	▲	▲	▲	2/3
25	福省城隍	▲	▲	▲	▲	▲	▲	▲	▲	▲	▲	2/22
26	準提菩薩	▲	▲	▲	▲	▲	▲	▲	▲	▲	▲	3/16
27	城隍陳總官	▲	▲	▲	▲	▲	▲	▲	▲	▲	▲	3/17
28	紫微大帝	▲	▲	▲	▲	▲	▲	▲	▲	▲	▲	4/18

		A.	D.	B.	C.	E.	F.	G.	I.	J.	K.	H.
29	道明和尚	▲	▲	▲	▲	▲	▲	▲	▲	▲	▲	5/15
30	觀音掛纓絡	▲	▲	▲	▲	▲	▲	▲	▲	▲	▲	9/19

表 4-3-3　《玉歷》正文所提到的神聖日期

		A.	B.	C.	D.	E.	F.	G.	H.	I.	J.	K.
1	一殿	2/1 每月初一	2/1 每月初一	2/1 每月初一	2/1 每月初一	2/1 每月初一	2/1 每月初一	2/1 每月初一	2/1 每月初一	2/1 每月初一	2/1 每月初一	2/1 每月初一
2	二殿	3/1	3/1	3/1	3/1	3/1	3/1	3/1	3/1	3/1	3/1	3/1
3	三殿	2/8	2/8	2/8	2/8	2/8	2/8	2/8	4/8	2/8	2/8	2/8
4	四殿	2/18	2/18	2/18	2/18	2/18	2/18	2/18	2/18	2/18	2/18	2/18
5	五殿	1/8	1/8	1/8	1/8	1/8	1/8	1/8	1/8	1/8	1/8	1/8
6	六殿	3/8 5/14 5/15 10/10 8/3	3/8 5/14 5/15 10/10 8/3	3/8 5/14 5/15 10/10 8/3	3/8 5/14 5/15 10/10 5/16	3/8 5/14 5/15 10/10 5/16	3/8 5/14 5/15 10/10 5/16	3/8 5/14 5/15 10/10 5/16	3/8 5/14 5/15 10/10 8/3	3/8 5/14 5/15 10/10 8/3	3/8 5/14 5/15 10/10 8/3	3/8 5/14 5/15 10/10 5/16
7	七殿	3/27	3/27	3/27	3/27	3/27	3/27	3/27	3/27	3/27	3/27	3/27
8	八殿	4/1	4/1	4/1	4/1	4/1	4/1	4/2	4/1	4/1	4/1	4/1
9	九殿	4/8	4/8	4/8	4/8	4/8	4/8	4/8	4/8	4/8		4/8
10	十殿	4/17 5/14 5/15 8/3 10/10	4/17 5/14 5/15 8/3 10/10	4/17 5/14 5/15 8/3 10/10	4/17 5/14 5/15 8/3 10/10 8/13	4/17 5/14 5/15 8/3 10/10	4/17 5/14 5/15 8/3 10/10	4/17 5/14 5/15 8/3 10/10	4/17 5/14 5/15 8/3 10/10	4/17 5/14 5/15 8/3 10/10		4/17 5/14 5/15 8/3 10/10

第五章

臺灣十王信仰與《玉歷寶鈔》之發展

　　自唐末《十王經》定型以來，十王信仰透過喪儀、圖像、俗文學的傳播，在《玉歷》廣泛流傳之前，便已經普遍為人所知。加上清中後期《玉歷》在中國社會的普及，「人死後將受到十殿閻王審判」的觀念益加深刻，這個現象我們在清末以後的善書、寶卷、彈詞、小說、宗教科儀中，可以找到為數不少的例證，以下將分別申述之。

　　第一節將扼要敘述清末之後《玉歷》，《洞冥寶記》、《地獄遊記》等冥判類善書的刊行；第二節針對幾種故事類型發展至明、清之時，摻入十殿情節的現象，作一梳理與闡釋；第三節則試圖說明勸善為本旨的十殿歌，及其進入作家文學、教派寶卷、宗教科儀的情形。需要事先說明的是，遊歷十殿的內容，在寶卷中極為顯著，除去本文第三章討論過的十種清代十王卷之外，與故事類型、觀音傳說、目連救母有關者，置於第二節討論，其餘在第三節中論之。

第一節　冥判類善書

　　本節一方面簡述《玉歷》在清末以後印行的情形，一方面勾勒清末以後冥判類善書[1]的操作情形，筆者選擇《洞冥寶記》與《地獄遊記》為論述重點，前者完整的承繼《玉歷》八大、十六小地獄的架構，並對其中各種刑罰詳細描述，後者僅以遊歷十殿

---

[1]　曾經探討清代善書的游子安先生說過，《玉定金科例誅輯要》、《玉歷》、《洞冥寶記》等皆屬於冥判類的善書，內容都在宣揚陰律冥判的種種。參見游子安《勸化金箴》，天津人民出版社，1999 年 4 月初版，頁 32。

為敘述主軸，但其在 1970 年代的臺灣地區，印行量達數百萬本，不但至今翻印不輟，同時還有各國語文譯本與漫畫本，對於民間信仰認知的影響，不可小窺。

一、清末迄今《玉歷》與十殿圖的印行

第三章第一節中，我們討論過《玉歷》卷首所附的十殿圖，這些圖畫的佈局，與宋代道場畫的佈局很接近（參第二章），部分版本描繪善行，並用文字說明將獲得的善果。這些統稱為十殿圖的圖像，被其他善書援引。下文提到的《輪科》有總括為「冥京圖像」的十殿圖，清嘉慶年間由深山居士匯集諸種善書而成的《暗室燈》，在筆者見到的民初刊本中[2]，十殿圖、六道圖加上灶神、觀音菩薩、地藏菩薩等神明畫像，一同被放在全書之首[3]。另外，1980 年員林代天宮的《代天寶鑑》、1970 年代斗南感化堂的《感化明道》，分別有十殿圖與十王像在其中。

近年值得注意的是，由淨空法師推動的《地獄變相圖》系列

---

[2] 筆者所見之《暗室燈》有兩種，一者如臺灣分館之館藏，封面題為《繪圖暗室燈》，庚申年印行，封面裡題《重印暗室燈註解》，乙卯年由上海宏大善書總發行所印製；二者如中研院民族所之收藏，封面題為戊辰年南田黎照山房印贈，內頁寫著乙卯年上海千頃堂書局印行。就成書時間來說，兩書都有民國 7 年（1918）、九年（1921）做的序文，所以這兩種《暗室燈》應該都是 1921 年以後印行的。

[3] 根據游子安先生的說法，《暗室燈》成書於清嘉慶 12 年，為深山居士所編（參見氏著《勸化金箴》，天津人民出版社，1999 年 4 月初版，頁 30、68）。然而十殿圖在《暗室燈》裡出現並非定制，如《藏外道書》冊 28 所錄的版本，又如光緒 6 年（1880）新鐫、館藏於中央圖書館臺灣分館者，都沒有加印十殿圖

作品。這套十殿圖，由淨空法師委請畫家江逸子先生繪製，意在「落實因果教育」，期待此圖發揮挽救世風之效。2003 年底，縱六十二點五公分、橫五千公分的《地獄變相圖》完成，爾後陸續在海內外公開展覽，依原尺寸複製千餘件，贈與世界各大博物館、大學與宗教團體收藏，並印製較小的畫冊，另有用以說明繪製因緣與導覽畫作內容的影片，在所屬的華藏衛星電視臺播放，江逸子同時撰寫《因果圖鑑》一書，親自說明圖畫的細節、意涵，後有鄭慈女士據此改寫的白話版，流通於世。多種媒介同時運作，《地獄變相圖》獲得相當多的迴響。

據《因果圖鑑》一書所述，我們可以清楚地看到：《地獄變相圖》的內容本於《玉歷》，整個架構與《玉歷》八大、十六小地獄的組織，是相同的。不能忽略的是，《因果釋文》在詮釋十殿大、小地獄時引入的現代觀念，例如要求總統、政府要員、民意代表[4]、名嘴[5]等善盡社會職責，抨擊鼓吹「性自由、性開放、性自主權」之學者[6]，並將「詐領保金[7]」，研製「迷幻藥、春藥、大麻、嗎啡、安非他命[8]」與「精銳武器，或生化、核子等毀滅性武器[9]」者，殘殺保育類動物，製造、販賣、使用皮草的人[10]，通通打入地獄受罰。這些都進一步反映了繪者對於現代社會亂象的關照。

---

[4]　見江逸子《因果釋文》，澹寧齋監製、出版，2006 年 3 月，頁 26。
[5]　見江逸子《因果釋文》，頁 58、94。
[6]　見江逸子《因果釋文》，頁 48。
[7]　見江逸子《因果釋文》，頁 110。
[8]　見江逸子《因果釋文》，頁 172。
[9]　見江逸子《因果釋文》，頁 128。
[10]　見江逸子《因果釋文》，頁 100。

　　道光初年，盧崇玉成立的臺南松雲軒，是清代臺灣早期的刻書店，1945 年毀於戰火。現存的《H.玉歷警世》，即松雲軒刻印的本子，書前記載此書刊於道光八年，最遲在光復之前，臺灣已有《玉歷》流傳。第二章提過，徐宗幹（1795-1866）曾將海運來臺的善書《玉歷》、《陰騭文》等，分送諸人。徐氏自道光 28 年（1848）任福建臺灣道，咸豐四年（1854）轉任他職，換言之，其分送《玉歷》也是這段時間所為。綜而言之，清代《玉歷》在臺灣的傳佈，除了松雲軒等書店自行開版印製者以外，也有自大陸地區引入的本子。

　　1999 年由臺中聖賢堂重印的《D.玉歷寶鈔勸世文》，有光緒 32 年（1906）楊學棣所做的序[11]，在感應篇裡有劉曉嵐提到自己曾在 1920 年，於大善長宏大號善書捐印《玉歷》數百本[12]，蔣薊之序說明自己 1940 年在福建獲得一本《玉歷》，讀完以後深受震撼，後經戰亂乖隔，始於 1954 年在臺捐印[13]。這些線索顯示：說明 1945 年以後，大陸人士遷臺時，攜入原先流傳於大陸地區的《玉歷》，並以此為本，繼續印行。除此之外，近年臺灣還有新竹竹林書局[14]、高雄至善書局[15]等加入翻印的行列。而《玉歷》與其他書刊合編也是常見的現象，例如至善書局的本子較《D.玉歷寶鈔勸世文》，增添「經驗神效良方」、「印光大師示念佛法門」、《佛說四十二章經》等內容；又如 1912 年上海翼化堂，

---

[11]　見《D.玉歷寶鈔勸世文》，頁 4~5。

[12]　見《D.玉歷寶鈔勸世文》，頁 83~84。

[13]　見《D.玉歷寶鈔勸世文》，頁 2~3。

[14]　筆者所見，有 1990 年 5 月再版者。

[15]　封面題名為《玉歷勸世至寶鈔》，高雄：至善書局附設竹林印經處，年份不詳。

將《三聖經》和《玉歷》合刊，有《三聖經玉歷鈔傳靈驗圖注全編》的印行[16]；再如下段提到的真佛宗，亦將之與《高王觀音經》、《三世因果經》合刊。

在這些翻印《玉歷》的行動中，必須注意臺中聖賢堂、真佛宗等宗教組織的參與。聖賢堂係鸞堂，即 1970 年代因撰作《地獄遊記》而聲名大噪者，其翻印《D.玉歷寶鈔勸世文》的行動直到近年仍然持續地進行[17]。自稱為佛教團體的真佛宗，以「蓮生活佛」盧勝彥為首，筆者所見的《玉歷寶鈔》，兩個版本皆僅援引《玉歷》正文、感應篇，將之修改成淺近白話，加上五則蓮生活佛撰寫之靈感事蹟，勸人不可自殺、助印《玉歷》以消除冤結等[18]。《玉歷》在臺灣鸞堂、真佛宗等宗教團體的支持下助印，反映了宗教團體對於《玉歷》教化作用的認可，或者說是對此書強大的地獄論述的認可。

除了直接翻印，有些刊本是將舊版重新整理，另外印行。一是注釋清刊本，如 1997 年仁化出版社印行之《玉歷寶鈔》，保留清刊本《玉歷》正文之原貌，各段文章後附上白話解釋，感應篇則翻成淺近白話，並增加〈印贈《玉歷寶鈔》文疏〉與〈讀疏禮儀〉。〈印贈《玉歷寶鈔》文疏〉教導助印者如何向灶神、天帝報告自己的願望，想藉著出資印書「換取」的願望，〈讀疏禮

---

[16] 轉引酒井忠夫《增補中國善書の研究》下，東京：國書刊行會，2000年，頁 225。

[17] 臺中聖賢堂在民國 89 年（2000）11 月，再度印行此一版本。

[18] 兩種版本的封面，一題為《玉歷寶鈔》、一題為《玉歷寶抄》，皆無註明印行時間，只能從書末《高王觀音經》之感應篇，推斷可能都成書於 1983 年以後，其中據《玉歷寶抄》封面照片所示，可能重印於 1994年。

儀〉則教人齋戒沐浴、潔淨服裝，然後佈置神壇、獻禮、誦讀與焚燒疏文，以求心意上達天庭[19]。這兩個文件為其他《玉歷》相關刊本所無，最特別的是，它呈現了一系列圍繞著助印與祈求願望實現的儀式過程。另一種通常名為《白話玉歷》[20]，以更趨近今日使用之語法陳述者，且更改了清刊本中的順序：首段是從清刊本《玉歷》感應篇抽出的十個故事，次段是《玉歷》正文說地藏菩薩誕辰、諸神集會，決定刊布《玉歷》，以讓世人通曉地獄實有的經過，第三段談淡痴在酆都大帝誕辰之日，無意間入冥獲得菩薩們的囑託，還陽傳揚《玉歷》，第四段則轉述《玉歷》正文的十殿模式，至於清刊本中的神誕表、十殿圖等附件，一概取消。

還有一種雖保留《玉歷》正文，卻以《十殿地獄》、《人生寶鑑》等其他書名行世。聖賢堂在1975年印行的《十殿地獄》，以地藏菩薩降語描述一至十殿的情形，並用酆都大帝等其他神明之語，描述望鄉臺、血污池等設施的由來，而高雄合信印經處印送的《人生寶鑑》，則完整的引用、十殿圖、神誕表、李宗敏考核記，並將《玉歷》正文、序文、感應篇[21]的內容改成淺近白話。

這些例子，說明今日仍能見到《玉歷》以新的面貌，重新出現，而伴隨重印行為的注釋、語譯和改編，相當程度的反映《玉歷》現代發展的特質。前面的章節提過，清刊本已經出現兩種內

---

[19] 見《玉歷寶鈔》，新竹：仁化出版社，2000年4月四版，頁272~277。

[20] 嘉義天官財神廟靈聖堂印製的《白話玉歷》（1989年11月三版），又名《遊地獄十殿法庭》，前有蕭學良之序，序中表明自己有鑑於《玉歷》文筆深奧，難以普及，因此將之改編，冀能發揮轉移世風之效。此版本另有有高雄合信印經處、臺北三揚印刷公司等處印行。

[21] 此版之序文、感應篇，內容與《D.玉歷寶鈔勸世文》相同。

容型態，顯見內容的調整早見於清代，經過時代變遷引致的語文習慣變化，本即詰屈複沓的《玉歷》正文，到了民初以後更加不易理解，自然使《玉歷》的改寫、改編或註解，是不能避免的趨勢。

二、《洞冥寶記》等續作善書

《輪科》、《天律聖典》、《洞冥寶記》不僅屬於冥判類善書之一，更是針對《玉歷》的續作。

《輪科》即《玉準輪科輯要》[22]，是託名呂祖的扶鸞之作[23]。這部規模宏大的善書，書前有十殿圖，以《玉歷》十殿與八大、十六小地獄為綱，舉出許多當時的因果事件，時地俱明，試圖闡釋冥報不誣。[24]有趣的是，書中說本書「與《金科》相為表裡，雖例案各別，而條款則同」，是因《金科》成書以來[25]，改悔者不多，警世效果不彰，且《金科》所言僅及今世，不夠嚴密，故「頒出《輪科》例案」，希望完整發揮勸懲之道。在纂作《輪科》者的心目中，此書與《金科》是同一系列的東西。

《金科》即《玉定金科》，也是鴻篇鉅製的一部善書，詳列

---

[22] 書前有「乙丑夏述古老人題」「北京同善總社　金科流通處敬刊」的字樣，內文有「北京天華館印」之標記。

[23] 參《玉準輪科輯要》卷一「辯論」，葉 1a。

[24] 筆者所見之刊本，係近年臺灣重印者，書前題記「乙丑夏　述古老人題」「北京同善總社　金科流通處敬刊」。

[25] 《金科》的成書時間，根據序文，係成於咸豐六年（1856）以後，根據《輪科》轉述，則說是咸豐五年（1855）。參《玉定金科例誅輯要》上集卷首、序文（癸丑年六月，出版地不詳）、《玉準輪科輯要》卷一「辯論」，葉 1a。

各行各業的道德信條，並說明遵守它們，將獲何種功名利祿或貧病禍患的報償，但是，未引用地獄的懲處——嚴格來說，不涉及死後世界，不是冥判類的善書。然而，不僅《輪科》自覺地上溯《金科》，《天律聖典》也是如此。

《天律聖典》是匯合《感應篇》與地獄冥罰的作品，卷十一以十宮、十王為綱目，每宮各有十六小獄，簡短地說明何種罪行該入此獄。此書係四川西昌扶鸞纂作而成，據卷首凡例所言：

> 天律傳頒之原委……宋末有《玉歷鈔傳》，彰明十殿之刑名，後人增益附會，皆遊冥之傳語，統諸層次章法，未釐純正，有錯雜之憾，論者謂無大觀，不免輕棄之慮。是書乃至聖孔子見天下異端繁盛、大道淪亡，恐道統無以延繫，特傳此誅心之律，糾正人心……[26]

《天律聖典》託名孔子有商榷的空間，但是從著述的原旨來看，此書試圖修正《玉歷》中的雜蕪之處，進而使觀者審慎待之的企圖，是值得留意的。

另外，「重刊序文」對《金科》、《輪科》的追溯，說明助印者對於此三書的理解：

> 憶辛酉冬，予得《金科輯要》，於明年壬戌刊行，其書言現生因果備矣。甲子又得承印《輪科》，更詳報於中陰再世。今茲《聖典》，乃統貫無遺，故愚謂《金》、《輪》

---

[26] 參《天律聖典大全》卷首·凡例，高雄：合信印經處，年份不詳，頁16~17。

> 二科，如車之雙輪、《聖典》其軸也。三者合而後任重致
> 遠。[27]

這段文字署名「李時品」，係《天律聖典》的校正者之一，其曾陸續刊印這三部善書，並且認為三者合為一個系統，彼此間存在相承、相輔的關係[28]。

---

[27] 〈天律聖典重刊序言〉，參《天律聖典大全》，高雄：合信印經處，年份不詳，頁 9~10。

[28] 清末以來，涉及冥判相關的善書、寶卷很多，為什麼李時品將這三種放在同一體系呢？就筆者掌握的文本來看，李氏與相關鸞堂缺乏進一步的線索，但《金科》、《輪科》、《天律聖典》和後文《洞冥寶記》的傳播，似與民間教派「同善社」有關：

（一）依王見川先生的研究，同善社創辦上海明善書局、北京天華館（王見川〈同善社早期歷史（1912-1945）初探〉，《民間宗教》第一輯，1997 年，頁 65）。如前所述，《金科》、《輪科》曾由北京天華館刊印，《輪科》和《洞冥》曾有明善書局印行的本子（《輪科》此版藏於香港青松觀，詳參《勸化金箴》，頁 300；《洞冥》參 http://nbinet.ncl.edu.tw/search*cht/t 2006.07.25）。

（二）《金科》書前註明「同善社　北京金科流通處」，這是「教派的」同善社，或「慈善組織的」同善社，還需進一步的查證，但同善社來臺之後成立的中國孔學會，也曾刊印本書。

（三）同善社的創辦人彭汝尊，自題「述古老人」，《天律聖典》書前有「述古老人」的題署（王見川〈同善社早期歷史（1912-1945）初探〉，頁 60）。

（四）而纂作《洞冥》的鸞堂是同善社的關係鸞堂（王見川〈臺灣「關公當玉皇」傳說的由來〉，見王見川、李世偉合著之《臺灣的民間宗教與信仰》，臺北：博揚文化事業有限公司，2000 年 11 月初版，頁 215）。

同善社在民初盛極一時，來臺之後以中國孔學會之名，發揮其影響

　　《洞冥寶記》為滇西鸞堂紹善等堂，於 1920-1921 年著成，1925 年正式刊刻[29]，關於地獄的描寫，集中在第 5 回至第 24 回。

　　創作本旨方面，《洞冥寶記》有意識地上溯《玉歷》，並做部分修正。如凡例中說本書「地府各獄，悉本於玉歷鈔傳」[30]，又如復聖顏帝之序說「此書正所以證明《玉歷鈔傳》也。《玉歷》所言，僅陳大概，而未詳言其立獄之由，與法律之本意；此書則包括一切，凡《玉歷》之所無，及人世未經傳聞者，而悉增入，地獄情狀，闡發無遺[31]」。這兩個例子，說明了《洞冥寶記》對於地獄的描寫，以《玉歷》為底本，但由於《玉歷》對地獄與冥律構成的原因，並無確切的交代，因此希望藉著《洞冥寶記》將這些缺憾補足。

　　《洞冥寶記》確實描繪了八大地獄的景象，以及罪人在小地獄中受苦的原因，這些都是《玉歷》所缺乏的。《玉歷》對於八大地獄都只是簡單的提到位置與大小，但是《洞冥寶記》卻詳細的交代「哪一種罪人，會到這裡受苦」、「會受什麼樣的苦」，然而，從佛經與《洞冥寶記》對於活大地獄的描述差異，我們也清楚的看到，《洞冥寶記》對於佛教名稱的通俗理解，甚至可說

力。宗教團體對於地獄論述的引用，是很常見的現象，為什麼對這類論述情有獨鍾呢？它們複製的是既有的文化內涵，沒有提供新穎的宇宙觀，與反邪教、倡八德等若干流行論述結合，與其說是反映新興的價值觀，毋寧說是時代風氣的殘影。

[29] 引自王見川〈臺灣「關公當玉皇」傳說的由來〉，頁 215。

[30] 見《洞冥寶記》，出版資料不詳，有 1957 年督印者段寬權之序、「贈書處　官塘新區第四座 47 號天元堂」的題記，頁九。

[31] 見《洞冥寶記》，頁七。

是中國式的搬用與詮釋[32]。

　　本於《玉歷》的《洞冥寶記》，引用了十殿與八大、十六小地獄的架構，但是填充其中的卻有所不同，如五殿的文明自由獄、凶器獄、左道害人獄，九殿之孽僧獄等。這些新增的內涵，饒富趣味。文明自由獄裡的罪人，男子穿戴著博士帽、眼鏡、皮靴，女人穿著窄小的衣服或西裝，有的在「文明大舞臺」上如演戲一般受處罰，有的被裝扮妖艷的夜叉強灌銅鐵汁[33]，如果將地獄觀念視為現實生活的投射，那麼我們很容易發現《洞冥寶記》反對的是這些新事物帶來的負面影響，畢竟戲劇、舞蹈、飲酒等行為，在中國社會唯有過度享用時，才受到禁止與苛責，但書中不強調這一點，反而著眼於各種使用新事物的人們，所以《洞冥寶記》的前提，是把新事物視為不良風氣之源，因而大力抨擊。

　　從《輪科》等書到《洞冥寶記》，與《玉歷》最大的不同，是針對基督教、天主教而發的批評，例如唾尿糞穢獄專治「信奉外國教的中國人」，成立於清咸豐年間，因此異常新穎，其中有些罪人拋棄祖先神位，使先人如同絕嗣，犯下不孝的大罪，有些攻訐中國神佛，還有些橫行鄉里，卻以教會為庇護，躲避中國官

---

[32]　《洞冥寶記》對於八大地獄的描寫已與佛經原意有些距離，例如合大地獄，此書說此獄的犯人是由一、二、三殿押解而來，因罪人類型分歧，匯集於此，如同包污納垢一般，故名為「合」大地獄（見《洞冥寶記》第3卷第13回，頁4），而在佛經裡，合大地獄又名眾合地獄、堆壓地獄，意思是讓鬼吏將罪人逼入二山之間，前後通道用大火阻斷出口，兩座山自然合攏，碾碎罪人的血肉，然後再恢復原狀，接著是全身燃著火的大鐵象，以及能夠搗碎最人身體的石磨、鐵臼（參丁敏《佛家地獄說之研究》，頁63~64）。

[33]　見《洞冥寶記》第4卷第16回，頁2~5。

衙的緝捕[34]，這些行為雖然與外國教有關，但本質——不孝、褻瀆神佛、魚肉鄉民——都屬於違反基本德行，不是新增的觀念，然書中進一步否定外國教的價值。書中提及中國人屬於中國神明管轄，信仰外國教者，如果品行不端，死後墮入地獄，從一到十殿開始接受審判與處罰，而中國固有的儒釋道三教，只要精研其中之一，即可成神、成聖或成佛，三教之外者皆屬異端，且從未見過有所成就者，直斥信奉外教不能得到美好的成果。

最後，《洞冥寶記》的表達方式與《玉歷》不同。此書的內容站在全知觀點，描述志一等人分別在張桓侯、柳真君的帶領下，進入冥界的所見所聞，過程中還聆聽判官對罪人犯行的介紹與冥王審案的實況，這個特點在後來的《地獄遊記》中延續了下來。

中國雲南洱源附近撰作的《洞冥寶記》，自 1925 年印刷行世之後，1970 至 1993 年臺灣皆曾翻印。

此外，在討論《地獄遊記》之前，不能忽略其他臺灣鸞書裡十王信仰的線索。

1947 年，埔里育化堂撰作的《破迷針》中，有三、四、五、六、七、九殿判官降詩或惡報實況，如「開設淫曹慘報案」。1965年麻豆慧明社慈善堂的《大覺龍鳳醒迷寶鑒》，以對話的方式紀錄十殿閻王審判罪人的過程[35]。1967 年斗六善修宮的《覺世箴言》，有一至十殿閻王與判官的降壇詩。1971 年斗南感化堂重印的《覺路金繩》，係依 1936 年的版本翻印而成，根據版權頁的記錄，此書於 1959 年曾由三芝智成堂、二水贊修宮聯合再版。

---

[34] 見《洞冥寶記》第 4 卷第 16 回，頁 14~17。
[35] 見歐大年、焦大衛《飛鸞》，頁 54~56。

1972 年斗南感化堂撰作的《感化明道「明篇」》，有十殿閻王的降壇詩[36]、《感化明道「化篇」》則有「冥府十殿案證」。1973 年高雄慈雲宮拱善社仁愛堂出版《仁愛之道》，不但附有十幅十殿地獄圖，文中還說信徒死後會通過十殿地獄的審判[37]。這些例子，說明了 1976 年聖賢堂開始撰作《地獄遊記》之前，至少臺灣中部的鸞堂，對於冥府十王並不感到陌生，而這種認知不但是十王信仰藉著《玉歷》、《洞冥寶記》等善書傳播，所獲致的成果，同時也是日後《地獄遊記》獲得普遍接受的文化基礎。

三、臺中聖賢堂的《地獄遊記》

《地獄遊記》是一位名叫「楊生」者，以第一人稱的筆法，敘述他進入冥界的親眼見聞。楊生是臺中聖賢堂的鸞生楊贊如，民國 65 年（1976）8 月 16 日開始，每週隨著降臨乩壇的濟公[38]進入冥界，而每一次入冥透過扶鸞、沙盤現蹟，被鸞生紀錄成文，陸續刊載於《聖賢雜誌》第 10 至 55 期，最後集成《地獄遊記》時即為「一回」。每一回，楊生與濟公都去拜訪地獄裡的一個單位，內容從濟公的七言四句臨壇詩展開，拜訪過程由他們與冥王、鬼卒、罪人的對話組成，除了詳細介紹地獄行刑的過程以外，還有罪人自述生前的惡行。整個降乩、入冥的活動在民國 67 年（1978）5 月 23 日結束，集結而成的《地獄遊記》一書，獲得臺

---

[36] 見《感化明道「明篇」》，斗南感化堂，1972 年，頁 160~163。

[37] 見歐大年、焦大衛《飛鸞》，頁 32~33。

[38] 《地獄遊記》、《天堂遊記》等鸞書的流行，致使濟公信仰與鸞堂的結合，見《臺灣濟公信仰之救世觀》，頁 56。

灣社會的注意，並獲南洋各報紙競相連載[39]，翻譯成泰、越、日、
英等他國文字譯本[40]，直到 1980 年代還有許多人參與助印活動
[41]，累積印量達數百萬本之多[42]。

　　《地獄遊記》在近五十年的臺灣善書事業中，具有一定的重
要性，但其於十王信仰發展史上的位置，尚有許多需要釐清與說
明的地方。首先，與《天律聖典》、《洞冥寶記》等善書一樣，
《地獄遊記》自覺地在傳遞《玉歷》正文的精髓。在第 42 回中，
借濟公之口，說明《地獄遊記》與《玉歷》的關聯：

　　昔時東土流傳有《玉歷寶鈔勸世文》一書，內載道人淡癡
　　尊者奉　天帝之命，魂遊地獄各殿，目睹　閻君嚴行罪魂
　　實情，回陽後，據實寫成該書。流傳海內外，觀是書去惡
　　從善者，不乏其人，……。惟陽間世態變遷，地獄刑罰亦
　　隨之翻新，為因地制宜，勸化迷津，……《地獄遊記》應

---

[39]　見《聖德修道記》，聖德雜誌社印行，1997 年 8 月再版，頁 11，轉引
　　　自許文筆《臺灣濟公信仰之救世觀》，玄奘人文社會學院宗教所碩士
　　　論文，2000 年，頁 105。

[40]　見〈叢書介紹〉，刊於《地獄遊記》，臺中：聖德雜誌社，1987 年 3
　　　月再版，封面裡頁。

[41]　助印行動，除了透過臺中聖賢堂之外，也有許多是請一般善書局或一
　　　般印刷廠負責，例如臺北正一善書社，社方表示他們在《地獄遊記》
　　　成書不久，就開始受託印製此書，往後十年一直維持很高的印量，直
　　　至近年尚有零星的業務，臺中聖賢堂開放版權，讓有心人士隨意助印。

[42]　見宋光宇〈「地獄遊記」所顯示的當前社會問題〉，刊於《民間信仰與
　　　社會研討會論文集》，1982 年，頁 116。

　　運而著作，用以代替《玉歷寶鈔勸世文》一書化世[43]

　　從《玉歷》正文中，淡癡道人並不如引文所說的親自遊歷地獄，僅是進入冥界，獲得菩薩、冥王的囑託，抄寫已經纂集完成的《玉歷》而已，不論如何，從引文中可以清楚的看到：製作《地獄遊記》者認為，《玉歷》傳誦的時間長久，人情世態產生各種變化，地獄刑罰也相對地有所革新，為了更有效的勸化世人，而有《地獄遊記》的產生。令人玩味的是，《地獄遊記》所上溯的是《玉歷》，而非時間距離較接近的《洞冥寶記》。

　　除了這種自覺，我們可以從內容上尋得兩書的關聯性。《地獄遊記》中，楊生入冥之後，一一拜訪十個殿的冥王，所見到的地獄以十殿為綱、小地獄為緯，承繼的地獄論述是十王信仰。但是，其對於《玉歷》正文沒有完全接收，如八大地獄中，僅有叫喚大地獄的名稱偶然被提及[44]，各大地獄統轄的小地獄，《地獄遊記》只是簡單提到「某殿治下有十六小地獄」[45]，不再像《玉歷》正文一一列出名稱。此外，《地獄遊記》雖與《洞冥寶記》一樣，藉著鸞生扶鸞入冥參訪，對地獄諸景仔細描述，但《洞冥寶記》尚對八大地獄的設立原因、內涵做簡略的介紹，《地獄遊記》僅僅介紹熱惱大地獄[46]，其餘付之闕如。這樣的改變，說明到了《地獄遊記》的時代，不再像先前的《輪科》、《天律聖典》、《洞冥寶記》等，力求對地獄做繁複仔細的說明，而「地獄」一詞所囊括的想像空間裡，十殿之下直接統馭小地獄，八大、十六

---

[43] 見《地獄遊記》，正一善書出版社，1997 年，頁 148。
[44] 見《地獄遊記》，頁 130。
[45] 如《地獄遊記》頁 86~87，提到五官王管轄十六小地獄。
[46] 見《地獄遊記》，頁 150~151。

小地獄的層級結構不再是十殿論述中的焦點。

　　和《玉歷》正文不同的地方，還有數處。第一，《地獄遊記》描繪了冥王的外型，例如楊生見到的楚江王體格魁偉，身著古式袍服，如陽間神像一般[47]。第二，《地獄遊記》費心描述罪人受審的情形，如同陽間罪犯，在受審時被冥王喝斥，如畜生一般[48]。第三，《玉歷》正文只是列出應遵守的規範，但是《地獄遊記》讓罪人現身說法，報告生前罪行[49]。第四，增加不少新的地獄設施與「道具」，例如心頭山[50]、清心池與守池將軍[51]、陰陽界[52]、交簿廳與交簿官[53]、聚善所[54]、回魂水[55]、回魂亭與回魂湯[56]、瓊漿[57]、聚善所[58]、仙茶[59]等等。

　　最後，《地獄遊記》處罰罪人的方式，有所翻新。例如《玉歷》七殿的烙手指小地獄，在《洞冥寶記》是以燒紅的鐵熨斗熨上罪人的手指，《地獄遊記》則將罪人雙手用彈簧索捆在鐵軌上，

---

[47] 見《地獄遊記》，頁45。

[48] 如《地獄遊記》頁46所述：「殿前那些亡魂，有者頭戴枷鎖，比陽間之罪犯還要可憐，冥王開堂審案，敲桌喝叱，如鄉下人罵牛一般」。

[49] 見《地獄遊記》，頁93。

[50] 見《地獄遊記》，頁22。

[51] 見《地獄遊記》，頁24。

[52] 見《地獄遊記》，頁24。

[53] 見《地獄遊記》，頁25。

[54] 見《地獄遊記》，頁27。

[55] 見《地獄遊記》，頁53。

[56] 見《地獄遊記》，頁80。

[57] 見《地獄遊記》，頁86。

[58] 見《地獄遊記》，頁113。

[59] 見《地獄遊記》，頁115。

當鐵軌燒紅時，手指被燙得通紅，但因雙手被固定，縱然雙腿自由也無法開脫，更重要的是，之所以做這種修改，皆因陽間惡人手段日漸高明，必須用新式刑罰懲治[60]。除了方式的改變，《地獄遊記》還新增小地獄，例如三殿的「四生回魂府」，專門處理死去的牛羊雞鴨，這些家畜都由前生惡人轉變[61]，楊生四度進入，在其與濟公、鬼吏等的對話間，除了將各種動物分出胎卵濕化的等第，還釐清超度父母、肉食是否適宜等觀念。這些新增內容的重要性，在於時代變遷及信仰文化之反映。以葷食適宜否為例，《地獄遊記》提出：

> 世人喜食肉類，當然以營養學而論，脂肪蛋白質較高，食之以強壯身體。不思四生全是罪惡人類所變，其身有一股不正之氣，且人將殺死動物時，他為逃生掙扎不已，心中驚怕，全身血液循環失常，五臟六腑產生毒素，人將牠殺死，吃其血肉，雖是有益，但其害潛伏其中。[62]

這種論點，顯然針對現代科學和宗教觀點所做的調和。素食自梁武帝時代開始，被認為其對於宗教修為有益，在佛教僧侶全面素食之後，道教團體與民間宗教也將素食列為戒律之一；換言之，素食已然具有神聖化的意涵[63]。但是，科學觀念之下的分析，認為肉類營養成分高，對於人體有益，宜多加攝取，這兩種觀念在

---

[60] 見《地獄遊記》，頁 153。

[61] 見《地獄遊記》，頁 75。

[62] 見《地獄遊記》，頁 83。

[63] 參考康樂《佛教與素食》，臺北：三民書局，2001 年。

近代的拉鋸[64]，成為《地獄遊記》進行這種論述的基礎[65]。

　　而《地獄遊記》對於臺中聖賢堂的發展，具有推進的作用。第 41 回中，聖賢堂副堂主賴寬的丈夫黃文達，在民國 66 年（1977）10 月 29 日中午逝世，當天濟公便帶領楊生入冥觀看黃文達的處境，楊生與濟公在臺中城隍處見到黃氏的魂魄，對談之間，黃氏一方面對蒙受妻子福蔭表示感激，一方面懊悔自己生前未至聖賢堂效勞：

> 黃魂曰：……希望能替我多教示兒孫，教其好好向道，常
> 到聖賢堂效勞，如今我已別世，因受愛妻「寬」之德蔭，
> 福神及　城隍對我以禮招待……[66]

又提到：

> 黃魂曰：只嘆生前未能多到聖賢堂效勞……[67]

「寬」即賴寬，從以上引文中，我們清楚的看到，由於賴寬經常

---

[64]　就民間善書來看，有《醫學博士為何素食》，倡導素食的善書（如《素食進修錄》）也闢文討論素食與營養，企圖從「營養價值不遜於肉類」這個角度，讓素食的主張不會受到現代營養學觀念的衝擊。

[65]　這類反映社會變遷的例子，還有因為崇信基督教、不拜祖先，因而下地獄的例子（參見《地獄遊記》，頁 118-119）。除此之外，值得注意的還有《地獄遊記》承繼往昔觀念的部分，例如七七與印送善書為超度親人的方法之一（見頁 149）、一人犯罪祖先受連累（見頁 33）、五殿閻羅即包拯（見頁 115）、冥府官員都由在世善德之人轉任（見頁 55）等等。

[66]　見《地獄遊記》，頁 146。

[67]　見《地獄遊記》，頁 146。

到聖賢堂服務，讓丈夫往生後受到城隍、土地的禮遇，這位丈夫因此嘆惋生前沒能至堂效勞，同時訓勉子孫要誠心向道。筆者以為，這樣的內容間接推動大眾對於聖賢堂各種活動的投入，而《地獄遊記》也在其他回目裡，推重聖賢堂的特殊性，鼓勵信徒效勞。例如「臺中聖賢堂推行鸞教，宣揚道德文化，成績一枝獨秀，故能榮膺　玉帝賜旨開著《地獄遊記》」，說明聖賢堂能撰作此書是由玉皇大帝欽點，意義重大[68]，又如書中提到，楊生在半空中，見到聖賢堂道光熾烈，濟公解釋此係堂內諸生虔誠效勞所致[69]，而在堂內服務，死後將能不墮地獄[70]。這些例子，除了強調聖賢堂的神聖價值，同時給予堂內諸生一種鼓舞與承諾——虔誠效勞的成果，讓聖賢堂散發出的光芒，在空中都能見到，而對其個人的益處是死後不入地獄，親眷亦蒙福澤，在冥界受到禮遇。

由上可知，《地獄遊記》對於聖賢堂的堂務發展，具有推動的作用。以下，我們從其對楊生個人的推重切入，討論《地獄遊記》的影響。前文說過，楊生即《地獄遊記》撰作期間擔任正鸞的楊贊如，在《地獄遊記》廣受好評之後，楊氏繼續扶鸞撰作《天堂遊記》、《畜道輪迴記》等，掀起鄭志明先生所謂「遊記類鸞書」的風潮[71]，影響所及，臺灣中部不少鸞堂也撰作近似類型的

---

[68] 出自《地獄遊記》，頁 115。其他例子，還有頁 112 之「聖賢堂之道功不淺，開堂闡教，揮鸞著書，受感化者不計其數，我主管五殿，甚多亡魂均曾閱讀貴堂善書、經典，故過錯減少，陰功累積，我皆判其能早日超生出世，或按功證道」等。

[69] 見《地獄遊記》，頁 75。

[70] 《地獄遊記》頁 134：「在聖門為賢生，則死後，地獄無份」。

[71] 鄭志明〈遊記類鸞書所顯示之宗教新趨勢〉，收入《中國善書與宗教》，臺北：臺灣學生書局，1993 年，頁 425~427。

鸞書，例如《代天寶鑑》[72]、《金科玉曆》[73]、《淫報因果錄》[74]、《幽冥沉淪紀實》[75]等，而隨著楊氏離開聖賢堂、轉效臺中聖德堂，直至楊氏本人出家為僧，將聖德堂改名聖德禪寺[76]，助印此書的行動仍然持續[77]。從《地獄遊記》與楊贊如的關係來看，此書已能見到神、佛對楊氏個人的推重[78]，這一系列的善書與楊氏個人的生涯發展密切相關。《地獄遊記》的影響，除了鸞堂跟進之外，還有聖賢堂製作的《漫畫地獄遊記》[79]，潘志輝所繪、正一善書出版社發行的《漫畫地獄遊記》[80]等，企圖以圖畫形式讓《地獄遊記》的讀者群，延伸到幼年讀者身上。

四、小結

　　本節前三個部分，敘述《玉歷》在民國以後的印製情形，《輪

---

[72] 《代天寶鑑》，員林代天宮，1980 年 1 月出版。

[73] 《金科玉曆》由高雄中天壇扶鸞撰作，1994 年 2 月初版。

[74] 《淫報因果錄》由東照山關帝廟扶鸞撰作，1998 年 8 月印刷。

[75] 《幽冥沉淪紀實》由臺中無極禪化院南天虛原堂，1998-1899 年撰作，1899-2001 屢有再版。此堂另有《酆都覽真》，內容與前述四書、《地獄遊記》一樣，由對話組成，遊歷十殿地獄，但篇幅較少，2000 年初次印行。

[76] 楊贊儒的簡歷與改宗的過程，詳參鄭志明〈楊贊儒與聖德寶宮〉，刊於《臺灣文獻》51 卷 3 期，2000 年 9 月，頁 139~163。

[77] 在《聖德雜誌》上，長期刊載「助印善書一覽表」，表後說明欲助印《地獄遊記》者，可與雜誌社連繫。

[78] 《地獄遊記》，頁 23。頁 89：關聖帝君門下。

[79] 繪者不詳《漫畫地獄遊記》，臺中聖賢堂，2000 年 4 月再版、12 月再版。

[80] 潘志輝繪《漫畫地獄遊記》，正一善書出版社，1993 年 4 月修訂版。

科》、《天律聖典》、《洞冥寶記》、《地獄遊記》與《玉歷》
在內容上的傳承與革新,這些都是書籍文本流傳的基本情形。

　　然而,《玉歷》不僅用於案頭閱讀,在清末已經成為宣講題
材。民初傅增湘在 1904 年大公報上,提到:

> 中國演說的事,也時常有之,即如我家四川地方,此風尤
> 盛。但所說者,如《感應篇》、《陰騭文》、《帝君寶訓》、
> 《玉歷鈔傳》之類,雖是勸人為善,然虛妄的話太多,或
> 反轉添出許多迷惑狂繆的思想。[81]

傅氏的這篇文章,雖然認為善書、鼓詞、平話等傳統教化方式充
滿迷信思維,應該多多仿效外國演講,但是其無意間反映了在他
的家鄉四川一帶,宣講《玉歷》是非常盛行的。

　　另外,善書在清初已經作為兒童啟蒙的讀物。根據游子安先
生的鉤沉,清康熙年間趙如升的父親,要他每日晨起朗誦《陰騭
文像註》,直到清末光緒年間,《感應篇》、《性天真境》、《覺
世經》、《玉歷》等書,都曾被拿來作為啟蒙教材,例如弘一大
師的傳記提到,幼年時隨著兄長接受啟蒙教學,《玉歷》、《返
性圖》等善書便在授課內容之列[82],又如胡適在《四十自述》中
敘述兒時二哥的丈母「帶來了《玉歷鈔傳》、《妙莊王經》一類
的善書,常給我們講說目連救母游地府、妙莊王的公主（觀音）
出家修行等等故事……所以腦子裡裝滿了地獄的慘酷景象[83]」。

---

[81]　轉引自李孝悌《清末的下層社會啟蒙運動:1901-1911》,頁 61

[82]　見林子青《弘一大師新譜》,臺北:東大圖書公司,1993 年 4 月,頁
　　　14。

[83]　胡適《四十自述》,臺北:遠流出版社,1986 年,頁 37~39

《玉歷》被選為蒙書的原因，在於成人相信其對於兒童的觀念有正面的助益，以上二例說明《玉歷》作為童蒙讀物，並非孤例，而胡適的童年經驗，更生動的反映兒童如何藉此了解地獄世界。宣講與蒙書，讓我們看到翻刻數量龐大的《玉歷》，透過這兩種方式，從平面的閱讀進入其他型塑價值的體系之內，進而對地獄觀念的傳遞發揮了效果。

第二節　遊冥故事的內容

本節擬從幾種故事的縱時性發展，探討《玉歷》普遍流傳以後，對通俗文化帶來的影響。胡迪罵閻、目連救母、妙善遊冥、太宗入冥等故事，都涉及遊歷冥界或地獄受罰的主題，它們長遠流傳，幾經孳乳變化，卻依然保留入冥的情節，筆者希望透過整理歷代作品所反映的地獄景象，將之與《玉歷》成書、十王信仰的發展，相互參照，從而鑑別《玉歷》對通俗文化的實際影響。

探討的進路上，本文將以兩個標準，衡量《玉歷》對每種故事發揮的影響。第一個標準是考察「作品中的冥界是否為十殿地獄」，如果清初以後的作品，以十殿地獄取代過去的冥界內容，意味著《玉歷》推動的十王信仰發揮了作用，才使得十殿地獄有滲入故事的可能。然而第二章提過，元、明通俗文學裡，屢見十王之名，且在故事裡扮演推動情節發展的功能，甚至也出現了遊歷十殿的段落，所以後代作品呈現十王或遊殿不足以為奇，也不能當作是《玉歷》發揮了影響力，進一步來說，若想釐清《玉歷》真正的影響，必須關注《玉歷》的文辭或特別突顯的八大、十六小地獄，是不是被清初以後的作品引用。因此，我們釐訂的第二個標準是：如果《玉歷》的文辭或這組大、小地獄獲得了吸收，

才能肯定《玉歷》綜合冥界傳說、整理地獄架構的用心，發揮了比較完整的效果。

需要事先說明的是，《玉歷》普及於清代中晚期，卻成書於清初雍正初年，筆者將「影響的開始」設定於成書之時，因此特別觀照清初以後的作品與《玉歷》的關係，而本文所謂的《玉歷》，僅限於前面章節提到的「《玉歷》正文」。

一、胡迪罵閻、何立傳語

在秦檜、岳飛一系列的故事中，有兩種涉及「秦檜因陷害岳飛而在冥間受罰」者，一是胡迪罵閻，二是何立傳語。這兩種故事雖然同時源自《夷堅志》的記載，但卻互不交涉地流傳著[84]，本文首先說明胡迪罵閻的故事發展，及其受《玉歷》影響的情形。

胡迪罵閻的故事雛型，最早見於《夷堅志》。清代褚人獲之《堅瓠集》引《夷堅志》[85]，說一位考官暴斃之後復活，描述自己在冥界見到秦檜與万侯卨對質、秦檜受到杖刑，並被押往某處受罰。到了明代《效顰集》[86]，這個故事成為定式，描寫胡迪某日在書中見秦檜害死岳飛，後代卻享受榮華富貴，因而提筆為文抒發心中不滿，說自己一朝做閻羅，必定「剝此奸雄萬劫皮」。沒多久，胡迪被兩位陌生人帶入冥界，引見閻王、遊覽地獄，從

---

[84] 見張火慶〔〔說岳全傳〕中以報應與地獄為主題的四段情節〕，收入《小說戲曲研究》第一輯，臺北：聯經出版社，1988 年，頁 261~280。

[85] 褚人獲《堅瓠集》甲集卷 4，刊於《續修四庫全書》冊 1260，上海古籍出版社，1995 年，頁 464。

[86] 見《效顰集》下卷，收入《四庫全書存目叢書》子部 246 冊，臺南：莊嚴文化事業有限公司，1995 年 9 月初版，頁 330~333。

此相信冥律是公正不阿的。《效顰集》的紀錄，被《國色天香》[87]等同時代文獻引用，《古今小說》之〈遊酆都胡母迪吟詩〉[88]、《說岳全傳》[89]也搜羅這個故事。

　　但是，如果希望探討《玉歷》的影響，必須認真清理這些罵閻故事中對於地獄的描寫。《夷堅志》中，考官僅見秦檜受到杖刑，《效顰集》、〈遊酆都胡母迪吟詩〉、《說岳全傳》等文獻裡，是普掠之獄、風雷之獄、火車之獄、溟冷之獄、姦回之獄、不忠內臣之獄等，前四者屬於道經中的九幽地獄，〈遊酆都胡母迪吟詩〉還特別說明胡迪進入的是酆都地獄，見到秦檜父子、万俟卨三人被釘在鐵床上，脖子上荷著鐵枷，全身都是未癒的刀痕，腥臭萬分，秦妻王氏被罩在鐵籠裡，鬼吏拿著沸湯由籠頂澆下，然後四人繼續被趕到風雷之獄，受亂刀砍伐之刑。這些《玉歷》成書之前的故事，雖然有秦檜受地獄懲罰的情節，但援用的是道教的地獄系統，沒有十王與十殿地獄的痕跡。

　　真正能夠看出《玉歷》的影響，是在《消災延壽閻王經》。此係寶卷作品，目前所見的刊本為光緒 22 年（1896）的重印本，內容和《效顰集》些微不同，它把胡迪撰文罵閻的情節，改成搗毀閻王殿的神像，十殿閻王向東嶽大帝請示之後，安排胡迪遊覽地府，還陽轉告世人「將功贖罪」的方法。此際，東嶽大帝儼然係十王之上司，而胡迪因秦檜、岳飛一事入冥，卻沒有像前代文

---

[87] 見〈續東窗事犯傳〉，收於《國色天香》卷 10，臺北：天一出版社，1985 年 5 月，頁 15~22。

[88] 《遊酆都胡母迪吟詩》，見《古今小說》卷 32，頁 417~423。

[89] 見《說岳全傳》第 72-73 回，臺北：三民書局，2000 年 3 月初版，頁 641~656。

獻一般，讓他看到秦檜受罰，故事的重心反而是在交代十殿地獄
的情景。除了十殿地獄之外，我們還有兩個線索可以說明《玉歷》
的影響。

第一個線索，《消災延壽閻王經》另有一種翻印本，內容相
同，但是封面題作《呂祖降諭遵信玉歷鈔傳閻王經》[90]。第二個
線索是《消災延壽閻王經》多處引用《玉歷》的文句，例如五殿
閻王自報的身世家門：

> 吾本先居第一殿，因慈心太過，初死哀求屢放還陽，所以
> 調撥第五殿，解到本殿五七三十五天，屍皆腐爛，鬼犯亦
> 哀求我說在世許多善愿未了，還有說父母年高、兒女年
> 幼、債務尚未清楚。吾聞之好笑，汝等在世作惡多端，執
> 迷不悟，總說他人該死、我可以長生不老，到此地船到江
> 心補漏遲……[91]

又如灶君的職司：

> 若有立愿改過者，灶神在額上黑點變紅點，或寫順字，或
> 寫改字，准免他地獄之苦[92]

都與《玉歷》幾乎一樣，且在每一殿閻王出場時，介紹其聖誕日

---

[90] 《呂祖降諭遵信玉歷鈔傳閻王經》最末有「樹德堂洪道果敬印送」的
題記（見《寶卷 初集》冊28，頁114），為《消災延壽閻王經》所無，
可知兩種文本並非同時刊印。

[91] 見《消災延壽閻王經》，頁13。

[92] 見《消災延壽閻王經》，頁15。

期，二至九殿閻王各自司掌一個地獄，如剝衣亭寒冰地獄、黑繩尿屎地獄、剝戮血池地獄等等，相對於清初以後的遊冥作品，《消災延壽閻王經》是引用比較徹底的一部，然而，即便有這麼切近的傳承關係，《消災延壽閻王經》也沒有援引《玉歷》中的八大、十六小地獄，這是我們在考量《玉歷》對故事的影響時，首先必須注意的問題。

接著，我們來看何立傳語的故事。《夷堅志》說一名方士伏章時進入冥界，看見秦檜戴著鐵枷受審，囚禁在鐵籠中，秦檜瞥見方士，便要他轉告妻子王氏「東窗事發了」，意指兩人當年在自宅東窗下密謀殺害岳飛一事，已經被揭穿了，自己正為這件事受到處罰，這個故事裡雖沒有何立這個角色，但「請入冥者傳話給王氏」的情節卻流傳下來。元代孔文卿之雜劇《地藏王證東窗事犯》第三折[93]、明傳奇《精忠旗》第卅四折、《說岳全傳》第六十一回，以及《堅瓠集》轉載的《江湖雜紀》[94]，都提到秦檜殺了岳飛之後，在靈隱寺遇到一位瘋僧[95]以言語相譏，僧人離開後，秦檜派何立四處尋找，沒想到，何立在一座宮殿裡，看到僧人在堂上質問秦檜，一問之下始知是地藏王菩薩審案，秦檜見到

---

[93] 見《古今雜劇三十種》，刊於《續修四庫全書》冊 1760，2002 年，頁 86。

[94] 見《堅瓠集》，刊於《續修四庫全書》冊 1260，頁 464。

[95] 秦檜在靈隱寺遇到的瘋僧，有時稱作呆行者、瘋行者，由於濟公傳說曾為靈隱寺的出家人，以西湖一帶為活動中心，形象又以瘋顛、伸張正義著稱，造就後來濟公與秦檜故事的會合，而清末成書的《濟公傳》即為一例。《濟公傳》中，第 19 回即演述秦檜之子見到父親形容枯槁、身戴枷鎖，告誡他拆毀靈隱寺，責打和尚是錯誤的行為（見《濟公傳》，臺北：文化圖書公司，1881 年 5 月，頁 70~71）。

何立,即高呼「傳語夫人,東窗事發矣」。

依據同樣的分析進路,先廓清何立所見到的冥界景觀。《夷堅志》裡只說「荷鐵枷、囚鐵籠」,孔氏雜劇提到鬼門關、枉死城與陰山,《說岳全傳》是惡狗村、刀山、奈何橋、鬼門關、枉死城、望鄉臺,其中都沒有十王、十殿地獄的軌跡。直到光緒28年(1901)刊印的《地藏寶卷》,始見十王與十殿之跡。《地藏寶卷》分上、下兩卷,上卷敷衍《地藏菩薩本願經》,演述十王掌管十殿地獄[96],下卷就提到這個故事,何立在冥界所見即十殿閻王[97]。很明顯的,何立傳語的故事和胡迪罵閻一樣,在寶卷作品才顯現出《玉歷》的影響,只不過《地藏寶卷》和《消災延壽閻王經》一樣,在十王統領的十殿地獄中,有業鏡、奈河橋、油鍋、火床等,卻沒有《玉歷》曾經鋪述的八大、十六小地獄,從這裡延伸出一個重要的課題,那就是「《玉歷》對於故事的影響,究竟在哪裡」?

本文在第二章第三節提過,明代小說、戲劇已經存在十王信仰的痕跡,我們將各種情形歸納成三類,其中丙類不但清楚的提出十王的名號,還以十殿為地獄的架構,在十殿之下充填各種刑具與處罰機制,但數量不及《玉歷》所涉,亦無大、小的層級分別。站在十王信仰的發展史上來看,這是《玉歷》成書前最繁複的表現,以上提到的《地藏寶卷》和《消災延壽閻王經》也正是這種類型的絕佳範例;從胡迪、何立故事歷時性的發展來說,在《玉歷》之後以十殿替代原來的地獄景觀,已經說明透過《玉歷》

---

[96] 從神明信仰的角度來看,這部寶卷亦是十王信仰與地藏菩薩傳說匯合的佐證。

[97] 此卷「十殿閻王」作「十殿慈王」,見《寶卷 初集》冊15,頁110。

的盛行，十王信仰滲入通俗文學的深度，已較前代更甚。然而，
從第三章的梳理，可以發現《玉歷》的地獄結構，依序是十殿、
八大地獄、十六小地獄，且藉著這個架構使《玉歷》呈現出來的
地獄顯得龐大與縝密——這說明了，如果想要精緻的檢驗《玉歷》
影響通俗文學的程度，不能僅只於觀察十王或十殿地獄存在與
否，還必須考察八大、十六小地獄是否落實在故事情節中。下文，
本文將持此一標準觀察唐太宗入冥、目連救母、妙善遊冥等其他
故事。

二、唐太宗入冥

太宗入冥一事，最早見於《朝野僉載》，入冥的原因是為了
對質「六月四日」玄武門之變一事[98]，並未著眼於太宗的冥界見
聞[99]。編號「斯 2630」的敦煌寫卷，根據王國維等人的校正，定
名為《唐太宗入冥記》，此卷內容首尾殘缺，可辨認的部分從太
宗被拘入冥界開始，描述閻王要求太宗禮敬、崔子玉藉機索求官
祿的過程，對於死後審判與地獄懲罰也未加著墨[100]。這個故事在
《西遊記》裡定型，第 10 至 12 回說涇河龍王犯錯，將被魏徵斬
首，便央求太宗阻撓魏徵的行動，太宗滿口應允，沒想到趴在桌
上睡著的魏徵，在夢中處斬了龍王，龍王因此向冥府控訴太宗違

---

[98] 根據王國維的考證，認為《朝野僉載》所說的「六月四日事」暗指玄
德 9 年的玄武門之變。參考張火慶〈「唐太宗入冥記」若干問題再探
討〉，刊於《中華文化復興月刊》21 卷 10 期，頁 58~59。

[99] 見《朝野僉載》，北京：北京出版社，2000 年，頁 1833。

[100] 見黃永武主編《敦煌寶藏》冊 21，臺北：新文豐出版社，1981 年，
頁 563~566。

背信諾。太宗入冥向十殿閻王說明之後，允諾以瓜果回贈，並隨崔判官遊覽背陰山、十八層地獄、奈何橋、枉死城，復活之後徵求獻瓜者，劉全因妻子李翠蓮自縊、兒女無人照料，乾脆自願入冥，最後在十王的安排下，讓李翠蓮借李玉英的屍身，與劉全重回陽世。《西遊記》對太宗入冥的描寫，影響後代的小說與說唱，因此滋生《李世民遊地府》[101]、《劉全進瓜》[102]、《劉全進瓜寶卷》[103]、《李翠蓮遊地府》[104]等作品。

本文第二章，曾經強調明代的《西遊記》裡，唐太宗遇見十殿閻王，卻遊覽十八層地獄，楊志和的《後西遊記》裡，孫小聖請求十王重審崔判官貪賄一案，《釋厄傳》裡的齊天大聖面見十王，當場塗改生死簿[105]，這些例子說明了太宗入冥一事與胡迪、何立故事不同，它在《玉歷》成書之前，即見十王之痕跡。而《佛門取經道場・科書卷》，本為超薦科儀之用[106]，上半部演述西遊

---

[101] 《李世民遊十殿》，益聞書局印行，藏於中研院傅斯年圖書館，編號 CD435 Pe24-240，頁 3~6。

[102] 《劉全進瓜》卷下，藏於中研院傅斯年圖書館，編號 CD415 AX5-036，頁次不明。

[103] 《劉全進瓜寶卷》，頁 78~91。

[104] 《李翠蓮遊地府》卷 7、8，見《新纂特別准戲劉全進瓜》7、8 集，大通書社印行，藏於中研院傅斯年圖書館，編號 CD415 AX5-036。

[105] 見《釋厄傳》卷 2，北京：中華書局，頁 70~74。

[106] 例如此卷中間有這樣的文句：「炷爐中一心奉請地府十幽陰主宰、牛頭獄卒、十八獄王獄吏案司，一切聖眾孝士、家居香火土地龍神佛門應共天神、亡人冤尤主、堂上祖先，當見陰靈」（見王熙遠《桂西秘密宗教》，廣西師範大學出版社，1994 年，頁 498），又有「具此十王道場者，實冥途之炬燭，及苦海之舟，利益無窮、報應弗爽」（見頁 499）。

記的取經故事，下半部以十殿地獄為主要內容，說太宗夢中入冥，醒來以後告訴旁人，人死後一七時抵達歡喜地菩薩殿前，二七至七七、百日、小祥、大祥依序到達另外九位菩薩殿前，文中也清楚地表明祂們即秦廣王、楚江王等十王，每一殿各有刀山、血池、沸湯等刑具，處罰著各種惡人[107]。陳毓羆根據此卷的前半部，判斷其成於吳承恩《西遊記》之前，約在元明之際[108]，更重要的是當王熙遠 1989-1992 年在當地調查時，發現這部經卷仍然繼續使用著。

　　從太宗入冥故事來說，《玉歷》之後的文獻資料，雖然存在十王審案，但《唐王遊地獄寶卷》、《李世民遊地府》[109]等作品中的冥界，多和《西遊記》一樣是十八層地獄，《佛門取經道場‧科書卷》的十殿地獄是極少數的例子。這說明了透過《玉歷》盛行而發揚的十王信仰，對於太宗入冥故事的影響，並不明顯，明代小說已見十王掌理冥府，但《玉歷》成書、普及之後，這一系列的故事仍然很少以十殿地獄作為地府景致，這是個有趣的問題。

三、妙善遊冥與目連救母

　　接著，來看妙善公主遊冥的故事。明代刻本《三教源流聖帝佛祖搜神大全》扼要地記錄觀音菩薩從妙善公主到修行成功的過

---

[107] 見王熙遠《桂西秘密宗教》，頁 499~503。

[108] 參見陳毓羆〈新發現的兩種西遊寶卷考辨〉，《中國文化》第 13 期，頁 48~58。

[109] 《李世民遊十殿》，益聞書局印行，藏於中研院傅斯年圖書館，編號 CD435 Pe24-240，頁 3~6。

程，其中妙善公主因違抗父親妙莊王而被處死，進入冥界目睹十位閻王與罪人受罰[110]；《觀世音修行香山記》則說妙善公主遊獄時，超度了被妙莊王燒死的白雀寺僧尼[111]。這段遊獄的情節，在《香山寶卷》[112]、《觀音濟度本願真經》[113]獲得保留，其後的寶卷《觀音遊殿》[114]、《香山說要》和《遊地獄》[115]甚至以遊冥為唯一的情節。

　　與前面三種故事一樣，我們需要分辨《玉歷》前、後作品中的地獄景象。

　　《玉歷》之前的作品，儘管出現十殿閻王之一二，卻不強調逐殿遊覽，《玉歷》中的大、小地獄亦不見蹤跡。例如《觀世音修行香山記》，妙善公主見到五殿閻王、火床與枉死城，《香山寶卷》時遇見十王，以及鬼門關、冰床、抽腸、石壓、銅鍋、刀林等獄，《玉歷》揭櫫的地獄結構沒有在這兩種文獻裡呈現。

---

[110] 見《三教源流聖帝佛祖搜神大全》，臺北：臺灣學生書局，1989 年 11 月初版，頁 169~172。而筆者個人認為，不論從單一神明信仰或儀式的角度，考察宗教儀式與民間文學之間的流動，都是有趣的課題，值得進一步探究。

[111] 《觀世音修行香山記》第 21 出，見《中國戲劇研究資料》第一輯，臺北：天一出版社，1985 年。

[112] 見同治壬申年（1872）重鐫之《香山寶卷》，收入張希舜等編，《寶卷初集》冊 27，1994 年，頁 33~49。

[113] 見《觀音濟度本願真經》，收入王見川等編，《明清民間宗教經卷文獻》冊 9，1999，頁 497~511（咸豐版）、頁 550~560（民國版）。

[114] 見《寶卷 初集》冊 26，頁 245~274。

[115] 轉引自于君方，《寶卷文學中的觀音與民間信仰》，收入《「民間信仰與中國文化國際研討會」論文集》，臺北：漢學研究中心，1994 年，頁數待查。

　　然而，清初之後的妙善故事，對於十殿地獄的鋪陳更加大張旗鼓。光緒 23 年（1897）的手抄本《觀音遊殿》，雖無大、小地獄，但十王執掌的十殿地獄俱全。我們可以進一步地說，妙善遊冥的故事梗概，即便已經確立，但是故事中的細節、道具、環境，還是隨著時代文化的變遷，而做了細微的修改，從零星的閻王、刀山、油鍋、鬼門關，到成組成套的十殿地獄，《觀音遊殿》證明文化變遷的結果，會投射在文學作品中呈現。而且，不論是咸豐版（1851-1861）[116]或民國版[117]的《觀音濟度本願真經》，與《玉歷》一樣，說明二至九殿有八大地獄位在海底某方位的沃燋石下，長寬五百由旬，其下設有十六小地獄，雖然它們對小地獄的說法與《玉歷》不完全相同——例如五殿的十六誅心小地獄，《觀音濟度本願真經》雖言及此事，描寫的卻只有銅汁灌口、鐵棒加身、刀挖心肺，又如七殿熱惱大地獄下，僅僅引了油鍋、抽腸、拔舌、血湖地獄，不再像《玉歷》一樣分條列出十六種名稱——即便如此，還是讓我們看到與《玉歷》相仿的十殿、八大地獄俱全，其中值得注意的是，《玉歷》之於「妙善遊冥」，較何立傳語、太宗入冥故事發揮了更細緻的影響。

　　最後，討論目連救母故事。目連一心向道，出家後知悉母親因生前開齋破戒，已被送入地獄受苦，因此入冥尋母、救母，這個故事始見於《佛說盂蘭盆經》，歷代依此增衍發展，趙景深[118]、

---

[116] 《觀音濟度本願真經》，收入《明清民間宗教經卷文獻》冊 9，頁 497~511。

[117] 《觀音濟度本願真經》，收入《明清民間宗教經卷文獻》冊 9，頁 550~560。

[118] 趙景深〈目連故事的演變〉，刊於周紹良等編《敦煌變文論文錄（下）》，上海古籍出版社，1982 年 4 月初版，頁 457~475。

朱恆夫[119]、廖奔[120]等人皆曾撰文討論其演變的情形，並注意到冥界論述隨時代而異的事實。

　　目連故事中的冥界由簡入繁，並自明代出現遊十殿的內容。《佛說盂蘭盆經》僅提到「餓鬼」，生在其中的人無法飲食，到口的食物皆化成火炭[121]，《目連變文》說到餓鬼、鐵叉、刀山劍樹與爐炭灰河[122]，《大目乾連冥間救母變文》有奈河、阿鼻地獄、刀山地獄、銅柱鐵床地獄，其中包括剝皮剖腹、銅鳥鐵汁、腰斬、劍樹、鐵丸等等[123]，南宋《佛說目連救母經》則有剉碓、劍樹、石磕、灰河、鑊湯、火盆、大阿鼻、小黑暗等八個地獄[124]，廖奔認為「這是後來到十殿閻羅尋母的發展基礎[125]」，元代的《目連救母出離地獄生天寶卷》已見十殿地獄[126]，明代鄭之珍的《目連救母勸善戲文》讓目連遍歷十殿才尋得母親，自此確定遊十殿的情節之後，包括張照的《勸善金科》、寶卷《輪迴寶傳》和《遊

---

[119] 朱恆夫〈目連故事在說唱文學中的流變考〉，出版資料待查。

[120] 廖奔〈目連始末〉，《民俗曲藝》93 期，1995 年 1 月號，頁 3~30。

[121] 見《佛說盂蘭盆經》，收入《大正藏》冊 16，頁 779。

[122] 見《目連變文》，刊於潘重規《敦煌變文集新書》，臺北：文津出版社，1994 年，頁 735~736。

[123] 見《大目乾連冥間救母變文》，刊於《敦煌變文集新書》，頁 695~705。

[124] 見《佛說目連救母經》，刊於《戲曲研究》37，北京：文化藝術出版社，1991 年，頁 201~203。

[125] 如《慈悲盂蘭盆目連懺法道場》中有剉碓、劍樹、刀山、鑊湯輪、石磕、灰河、火盆銅柱、鋸解、銼磨等十種地獄，這本書在北京圖書館善本部藏有明刻本，前後有元至正 11 年（1351）的序跋紀年。引自廖奔〈目連始末〉，頁 11~12。

[126] 引自劉禎《中國民間目連文化》，成都：巴蜀書社，1997 年 7 月初版，頁 115。

冥寶傳》、平劇《遊六殿》[127]、彈詞《目蓮尋母》[128]等都保存
了遊十殿的內容，但值得留意的是八大、十六小地獄一直沒有出
現。換言之，清初之後的目連救母故事，即便保有遊殿過程，要
說受到《玉歷》的影響，還不如鄭氏戲文來得直接；另外，第二
章提過，明代鄭氏戲文本身就是《玉歷》成型的文化基礎之一，
後代作品得自於《玉歷》者，恐怕是非常間接的。

四、小結

　　最末的結語開始之前，我們先回顧在兩個標準衡量之下，故
事類型受《玉歷》影響的情形如何。

　　罵閻故事在清初之前的文本，一直使用道教的地獄系統，沒
有出現十王與十殿地獄，直至《消災延壽閻王經》以《呂祖降諭
遵信玉歷鈔傳閻王經》之別名行世，並多處援引《玉歷》的文句，
讓我們確定其與《玉歷》的前後傳承，但即便如此《消災延壽閻
王經》仍然沒有引用八大、十六小地獄的架構。同與秦檜事蹟有
關的「何立傳語」，也是到了《地藏寶卷》，才呈現出十王帶領
的十殿地獄，沒有所謂的八大、十六小地獄。

　　唐太宗入冥的故事，在《玉歷》成書之前，即在《西遊記》
出現十王，但真正遍數十殿的是《佛門取經道場・科書卷》，與
前面的例子一樣，並無八大、十六小地獄的蹤影。《玉歷》之前，
妙善遊冥故事已見十王現形，但不強調遊歷十殿，之後的作品如
《觀音遊殿》雖鋪述十殿，但無大、小地獄，而《觀音濟度本願

---

[127] 參見趙景深〈目連故事的演變〉，頁 471。

[128] 此一作品又名《遊十殿母子相會》，係長沙彈詞，參見劉禎《目蓮尋
母與彈詞》，刊於《民俗曲藝》93 期,，1995 年 1 月號，頁 180。

真經》則交代八大地獄的方位、大小，並提到部分《玉歷》裡的小地獄——這是相對於其他故事類型的很少見的。

最後討論的目連救母故事，在元代《目連救母出離地獄生天寶卷》、明代《目連救母勸善戲文》都有遊遍十殿的內容，《玉歷》成書之後的作品繼續保持這個特色，仍然不見八大、十六小地獄的組織，換言之，《玉歷》成書之前十殿已出現於目連故事當中。

中國地獄之說，歷來紛亂無比，有了包羅萬象又層級井然的架構，有何不妥呢？為什麼達不到改造地獄論述的效果呢？我們想從兩個角度提出解釋。

首先，主角遊歷一個地獄和十個地獄，從故事的結構來說，沒有本質上的差異，目連到好幾個地獄尋母，只是突出了救母過程的艱辛與目連的孝心。從以上文本的整理可知，十八層地獄、道教地獄等仍交錯於清初以後的作品中，十殿並非唯一的冥界論述，從儀式實際情況來看，進一步說明的是：不論海內外，「十王」、「十殿地獄」在一般華人心目中，即是冥界的代名詞，所以牆上高掛駭人心目的十殿圖，奉請的冥王名諱與科儀中實際鋪述的地獄組織，就算多所扞格，也很少出現質疑之音[129]。從這個

---

[129] 胡天成在重慶的調查，發現民眾自言「對酆都十二殿還滿懷敬畏之情」（頁 737）；法壇桌旁的錫杖上，「捲掛一尺八寸的新白布，布內包救苦經和一元八角的人民幣，以示到一十八重地獄尋母救母」（頁 740）；恭請冥界神明有十王、地藏王菩薩，也有「北陰酆都元卿大帝」（頁 747、749）。段明的紀錄也說明法壇內兩旁掛十殿圖（頁 46~47），疏文提到「北都羅豐，有三十六獄。夫九幽地獄……」（頁 69），卻以一十八盞燈象徵「破一十八獄」（頁 69）。參胡天成〈重慶漢族喪葬儀式中的「過橋」〉（《民俗曲藝》92 期，1994 年 11 月）、段明〈江津

角度來說，大、小地獄是失敗了，我們不能高估《玉歷》對於修正信仰文化的結果，但《玉歷》帶動十王信仰的發展——既然十殿地獄與冥界無二，近代十王信仰的發展，也就是地獄觀念的持續發展。

其次，如果討論的是傳播的問題，我們必須跳出文字閱讀的角度，把眼光擴大到說唱、戲劇等表演上。為了便於論述，我們依資料的形式分類說明，但圖像、故事的說唱與表演可能出現在同一個場域，我們不能忽略它們在實際生活中的「展演」。我們以目連戲作為觀察的切入點。

「目連救母」有純藝術的演出，但其於儀式中的表現，更便於觀察十王信仰的發展。1990 年代，李豐楙調查臺灣民間舉行的拔度儀，發現其中保留部分目連戲的演出，有三種型態：一是道士用小戲形式表演的，流傳於原籍福建漳州、泉州移民的廣大分佈地區，也是由漳、泉籍道士擔任；二是臺灣北部、桃竹苗等客籍移民地區流行的香花佛事，原籍多屬福建南部和相鄰粵東的客屬省份；三是由歌仔戲演員配合演出的[130]。其中，由道士演的目連戲，壇場懸掛十殿圖[131]。目連戲作為薦亡、普度的儀式戲劇，在中國廣泛流行，並隨漳、泉移民在臺灣西部濱海、中南部地區傳佈[132]。日據之前的狀況，難以窺知，但從李氏的調查中，我們

市下灣鄉苟家村陳位江家五天道教喪儀之庭參、關宣和決獄〉(《民俗曲藝》126 期，2000 年 7 月)。這些例子，都說明在民間儀式現場，混亂的地獄敘述是很普遍的。

[130] 李豐楙〈複合與變革：臺灣道教拔度儀中的目連戲〉，《民俗曲藝》94期，1995 年，頁 84。

[131] 李豐楙〈複合與變革：臺灣道教拔度儀中的目連戲〉，頁 99~100。

[132] 李豐楙〈複合與變革：臺灣道教拔度儀中的目連戲〉，頁 93。

發現 1920 年代出生的道士，「整齣目連戲的韻腔、口白至今都
能背誦出來，這都是緣於當時的傳授方式及眾多上場演練、實習
的實際環境之故[133]」，可見日據時期臺灣道士圈不但傳授目連
戲，且經常在相關儀式中操演，至光復初期趨於鼎盛，1980 年代
才逐漸沒落[134]。

可惜的是，上文僅描摹目連戲在臺灣發展的概況，並未進行
微觀個案的紀錄，但我們可從其他地區的目連戲，窺知一二。余
淑娟在馬來西亞的調查發現，「新馬新化人士非常重視目連超
度，因為大家相信唯有透過這一儀式，死者才能得度超生[135]」。
其中，顯靈壇為喪家舉行的靈寶九幽拔度法事，壇場內懸掛十殿
圖[136]，目連故事的演出[137]，不屬於儀式的一部分[138]，而是由戲

---

[133] 李豐楙〈複合與變革：臺灣道教拔度儀中的目連戲〉，頁 107。

[134] 李豐楙〈複合與變革：臺灣道教拔度儀中的目連戲〉，頁 85。

[135] 余淑娟〈馬來西亞的道教拔度儀式與目連戲〉，《民俗曲藝》151 期，
2006 年 3 月，頁 7。

[136] 余淑娟〈馬來西亞的道教拔度儀式與目連戲〉，頁 8~9。

[137] 經過比對，發現此一劇本與《目連三世寶卷》、臺灣歌仔戲《目連救
母》的主要情節一致（根據的是林永昌〈臺灣歌仔戲《目連救母》初
探〉的調查成果），然早期戲班在南洋的演出活動中，沒有目連戲，
最早見諸載籍的事是 1940 年代，因此劇本的來源尚待辨析。然而，
整個華人圈的文化流通問題，是討論十王信仰時應注意的地方。參余
淑娟〈馬來西亞的道教拔度儀式與目連戲〉，頁 6。

[138] 此處道士團和劇團「在儀式上和演出行進間，完全談不上配合」（余
淑娟〈馬來西亞的道教拔度儀式與目連戲〉，頁 17），但某些內壇法
事與外壇戲會保持相互呼應的關係，例如容世誠、張學權在馬來西亞
與新加坡所作的調查，發現「舞臺上《目連救母》的戲劇內容，和舞
臺下所進行的宗教儀式主題，存在著一定的對應性和重疊性」，田仲
一成甚至認為「目連戲跟法事齊頭並進，法事中有『目連戲』，目連

棚中的歌仔戲團負責[139]，演出時面對的是孤魂厝[140]，度亡的意義明確，因此這齣夜戲動用的演員數量比日戲更多，劇目也必定緊扣著拔度儀式的主旨[141]，不能任意選擇。這次的演出，特別注重鬼差擒人和十殿地獄中的情景呈現，十殿地獄中割舌、割乳、破肚、砍頭等景象，配合現代燈光、音樂、道具等效果，頗為陰森[142]。這份資料，說明目連戲的演出，遊十殿、見十王是極重要的段落[143]，是重點所在。

另一個課題是，這幾種與十王有關的故事類型，不是個別地、單獨地流佈，它們經常在儀式過程中連袂出現。徐宏圖調查浙江永康的「醒感戲」，說明這種依附於專為超度亡靈儀式的戲劇，夾雜在翻九樓、懺蘭盆、水陸道場等儀式過程中表演。據作者蒐集的醒感戲劇本，夾雜在儀式中演出的「九殤」是九個故事

戲中有『法事』，兩者呼應，融為一體，難以分別。」（參〈南洋的興化目連戲與超度儀式〉，《民俗曲藝》92 期，1994 年 11 月，頁 848~850）。

[139] 余氏的目連戲調查，是針對道教拔度儀式而作的，其中要不要在打城儀式加演「目連救母」，多視請主的祖籍地而定，並非定例。參余淑娟〈馬來西亞的道教拔度儀式與目連戲〉，頁 10-11。

[140] 余淑娟〈馬來西亞的道教拔度儀式與目連戲〉，頁 17。

[141] 余淑娟〈馬來西亞的道教拔度儀式與目連戲〉，頁 13~14。

[142] 余淑娟〈馬來西亞的道教拔度儀式與目連戲〉，頁 14~15。雖令人有陰森之感，但演出時不至於讓人害怕：「雖然劇團演員曾叮嚀筆者，看到大爺、二爺出場和搬演十殿地獄的場面時不得驚慌，可是整體看來，劇團的演出似乎娛樂性頗強。」（上引文，頁 17）。

[143] 召幽、破獄在目連戲關目中的重要性，容世誠等亦有類似的看法：「在五次的調查當中，發現開場召幽、目連打破血盆、和尚誦心經施食都是戲裡重要的必演關目，沒有刪改省略。」參容世誠、張學權〈南洋的興化目連戲與超度儀式〉，頁 849。

[144]，故事中的主角幾乎均為夭殤者，其中即包括孟姜女救夫（撼城殤）、目連救母（斷緣殤）與冥王化身瘋僧，點破惡行，勸秦氏夫婦悔改的岳飛故事（精忠殤）[145]。毛禮鎂調查江西目連戲的結果，發現部分地區增演的《西遊》不乏魏徵斬龍與李世民遊地府一段，說唐太宗還陽之後，建水陸大醮超度龍王等冤魂[146]。

臺灣十殿圖的例證，清楚地反映十王信仰與這些故事合流的事實。松雲軒刊印的《H.玉歷警世》繪有秦檜夫婦受罰的情景，並以文字說明「善惡到頭終有報，至今永跪西湖岳王墳」（圖5-2-1），這是十王與岳飛故事的併合，而苗栗獅頭山輔天宮、義民廟內的壁畫裡，則是其與西遊、目連匯合的證據。輔天宮第七殿的畫中，唐太宗與東海龍王站在七殿閻王的面前對質，龍王的頭已斷，被拿在手上，頸部沾著鮮血（圖5-2-2），頭份義民廟和輔天宮一樣，在七殿圖中央，繪一老者，標明這是「七代持齋，白日升天」的傅齋公，但義民廟在該圖下方還畫出劉氏被鬼吏挾持的模樣，右側則有目連，說其因救母而升天了（圖5-2-3）。

---

[144] 徐宏圖針對紹興超度儀式戲劇作的調查，亦有類似的發現：若遇五天五夜超度三十六殤的水陸道場，配合道場的劇目即醒感戲「九殤」。參〈日翻九樓，夜演《孟姜》：紹興孟姜戲初探〉，《民俗曲藝》92 期，1994 年 11 月，頁 808。

[145] 九殤之中，溺水殤、忤逆殤、毛頭殤等則，指明主角的籍貫分別是浙江湖州府德清縣、處州府麗水縣、永康縣，有其地方色彩（徐宏圖〈永康醒感戲初探〉，頁 101）。

[146] 參毛禮鎂〈江西宗教戲曲《目連救母》研究〉，《民俗曲藝》131 期，2001 年 5 月，頁 65。另外，目連救母與李世民遊地府在同一個儀式中出現，並非孤例（參吳秀玲〈泉州打城戲初探〉，《民俗曲藝》139 期，2003 年 3 月，頁 227）。

　　郝譽翔認為上述故事中「救」的觀念，扮演吃重的角色，致使其與目連故事得以匯合[147]。從另一個角度思考，相對於其他流傳悠久的神道傳說，為什麼是這幾種故事文本容納較多十王信仰的內涵呢？這個現象與儀式戲劇的演出是否互為因果呢？除此之外，還有以下幾個課題，值得吾人留心。

　　第一，從以上幾種故事主題，不約而同地在近代出現十殿地獄的內容，顯見入冥文學與信仰文化之間的互動，是存在的。

　　第二，這些具備遊十殿情節的作品，大部分是寶卷之類的說唱作品，寶卷、彈詞係明清掘起的文學體裁，且因距時較近而留下較多的文獻，但吾人以為這種情形另與文體性質有關。寶卷表演的特質是即興延長，十個閻王殿一殿又一殿的相似構造，方便視場合而刪縮，甚至可以在每一殿之間穿插個別的故事，讓篇幅加倍延展，再加上寶卷經常在喪葬場合或民間水陸法會中演出，這類儀式的現場通常懸掛十殿圖軸，很方便說唱藝人指著畫面說故事。

第三節　作家文學、超薦科儀與圖像

　　本章第一節，我們檢視與《玉曆》相關善書的發展，試圖勾勒其對其他善書的影響；第二節，我們試圖將幾種常與十王信仰結合的故事類型，按照時間順序的排列，說明其內容與《玉曆》地獄論述的關聯，整體言之，《玉曆》對通俗文學的影響，不如對冥判類善書完整、深遠，可是除了少數續作的善書之外，多不

---

[147] 郝譽翔《儺：中國儀式戲劇之研究》，臺大中文所博士論文，1998年，頁174~175。

熱衷於八大、十六小地獄的結構——這個現象，是從另一個角度反映了《玉歷》強化的地獄結構，似乎不受大眾青睞，流傳不廣。雖然隨著《玉歷》的廣傳，十王信仰獲得發展，但是《玉歷》試圖架構的繁複地獄組職，沒有獲得太多注意。

在本章的最後一節，筆者將繼續討論清初之後，文學作品中所呈現的十王信仰，及其在超薦儀式、廟宇的表現。與第二節類似的是，以下所列舉的事例，大部分只見十殿與十王、不見八大十六小地獄，《玉歷》的影響並不明顯，但是缺乏成書於清初、盛行於中晚清的《玉歷》，十王信仰勢必遜色許多，這一點或許可以從「《玉歷》成為經典」此一線索窺知。

一、十殿歌與作家文學

除了延伸以上幾種故事內容之外，近代還出現「十殿歌」。十殿歌，有時名為《十殿閻君》，有時稱為《天堂地獄歌》或《地獄刑罰十殿歌》、《地獄十殿歌》，內容大同小異，都是以描述十殿情景為唯一情節，為了方便討論，本文將之統稱為十殿歌。

筆者所蒐集的十殿歌，共有三種。一是昭和 7 年（1932），由嘉義捷發茶莊漢書部印行的《十殿歌》[148]，二是竹林書局於1987 年重刊的《天堂地獄歌》，三是說唱藝人呂柳仙灌錄的有聲資料《十殿閻君》[149]。這些作品的篇幅都不長，內容分三段，第一段為前言，說明為善作惡，皆由神明鑒察，勸人不可掉以輕心，下段將唱的地獄十殿即可證明一切，第二段開始敘述一至九殿的情形，每一殿有一位閻王，有一種刑具，專治幾種行為不端的人，

---

[148] 版心題作「地獄十殿歌」。

[149] 《十殿閻君》由臺北月球唱片公司發行。

最後一段以十殿閻王分派亡魂投胎轉世作結。需要指出的是，呂柳仙的《十殿閻君》將五殿閻王稱為森羅王、八殿作平靖王、十殿作轉魂王，與《玉歷》的記載有所不同。

這幾種十殿歌，都屬於臺灣說唱文學的作品，又稱「歌仔」，唱詞多為七字句，因此也稱為「七字歌仔」，內容以敘事為主，少數側重抒情，專職的演唱者稱為歌仔仙，此外還有江湖賣藥者、乞丐、走唱者、茶坊酒樓與廣播電臺的賣唱藝人[150]，表演時配合江湖調、七字調、都馬調等曲調[151]，以月琴、大廣弦或二胡伴奏。十殿歌是歌仔表演時所用的底本[152]，由於說白通常由表演者即興加入，文本保留的只是韻文部分之唱詞。

歌仔清初自中國傳入臺灣以後，逐漸普及全島，1970 年代藝人、歌仔仙的現場表演，轉變為廣播電臺的定時節目，然今日已經式微。這類說唱文學最重要的意義，除了通俗、易懂之外，更重要的是其具備的教化意義。從內容上來說，十殿歌被歸類為勸善教化類之一[153]，為數頗多，影響力不可小覷；其次，在過去識

---

[150] 見張炫文《臺灣說唱音樂》，臺灣省教育廳交響樂團，1986 年。

[151] 有時也使用當時流行的民歌小調，如恆春調、臺東調、江湖調等，或歌仔戲調，甚至出現代言體的表演方式。參見曾子良〈臺灣閩南說唱文學「歌仔」的內容及其反映之思想〉，刊於《民俗曲藝》54 期，頁59。

[152] 又稱歌仔冊、歌仔簿。

[153] 曾子良先生歸納臧汀生、簡上仁、張炫文等人的分類，將現存歌仔分為十類，其中之一即「勸善教化類」，這類歌仔為數甚多，又可細分為勸世類、勸化類、戒賭、戒酒色、戒毒等六類，天堂地獄歌和十殿閻王歌都屬於其中的勸化類。參見氏著〈臺灣閩南說唱文學「歌仔」的內容及其反映之思想〉，頁 70。

字率不高、教育不普及的年代裡,歌仔仙每以「傳道者」自居,編歌、演唱皆不離勸人修善止惡[154],而歌仔與十殿歌的教化功能,我們在阿盛的散文中,可得到一個具體的了解。

　　阿盛在《十殿閻君》一文中,描寫自己與童年友伴林秋田的交誼。林秋田是鹿港婆之子,雙眼幾近全盲的鹿港婆,本來在新營太子廟前彈月琴、唱歌仔維生,後來轉往廣播節目中彈唱,作者說鹿港婆天天勸人為善,兒子卻亡命天涯,反倒是自己受到鹿港婆節目的感化,引發了閱讀小說的嗜好,從而遠離結黨遊蕩的歲月。這篇自傳色彩濃厚的文章,一方面描寫自己與林秋田從九歲到十九歲的生命發展,另一方面將反思的結果,借穿插的「十殿閻君」唱詞,曲折地展現出來,例如:

> 　　講起第四殿,冥王是五官,這殿毒蜂沸湯齊準備,對付流氓騙子和奸偽,聽倌,且問世人忙什麼?都為三餐忙不休;想什麼?都為妄念昏了頭;等什麼?回頭是岸向道修[155]

作者用這段文字襯托自己苦勸林秋田金盆洗手的苦心,又在林秋田最後一次與作者促膝長談,傾訴心中積壓的不平後,作者引用了:

> 　　聽倌,人生總有不如意,萬事看破免憂愁,善惡全感一念

---

[154] 見曾子良〈臺灣閩南說唱文學「歌仔」的內容及其反映之思想〉,頁69~70。

[155] 見阿盛〈十殿閻君〉,收入黃勁連編《南瀛文學選》散文卷,臺南縣立文化中心,1991年10月出版,頁382。

生，天堂地獄在心頭[156]

盡訴作者對於友人作為的想法，從文學表達的角度來看，可以說穿插的十殿歌唱詞是寫作者價值觀、人生觀的呈現。再者，作品裡說兩人從沆瀣一氣到分道揚鑣的關鍵，是作者受到鹿港婆歌仔節目的影響，那麼作者與十殿歌暗合的觀念，其實可以視為歌仔所發揮的教化功效。

阿盛的作品是說唱文學與現代散文鑲合的例子，同時也是民間文學進入作家文學的例子，而《玉歷》也進入現代文學作品中，成為具有歧義性的象徵符號。唐捐的《藥》一文，剖析病痛、藥物與肉身之間的關係，作者引《玉歷》描寫陰棗人胞的段落，說「人間服藥，何物不可取，將禽蟲獸魚活活殺命而治病，已大壞其心，酒服紅鉛及婦人陰中之棗、胞臍之類，豈不更壞其心，但食此等穢物，則口舌與婦女之陰戶無異」，用來表達作者對藥方的神秘印象，暗喻對父親清醒時嗜賭的批判[157]。從這裡，我們看到勸善為本旨的《玉歷》，經過時間乖隔與作家想像力的醞釀，一變而為具備張力的意象。

接著，我們看到《玉歷》之後的作品中，對於十王來源的創造。在《達摩寶卷》[158]中說，達摩祖師下山面見梁武帝時，被神光和尚打落門牙，達摩便「把食指往後一化，化為十殿閻君」[159]，

----

[156] 見阿盛〈十殿閻君〉，頁 383。

[157] 見唐捐〈藥〉，刊於《聯合文學》209 期。

[158] 又做《達磨寶卷》。

[159] 見《達磨祖卷》，收入《明清民間宗教經卷文獻》冊 7，頁 260~261。另有一說，說達摩祖師取下手中佛珠，化作十王，用同樣的方式，前去點化神光和尚（見《達摩寶傳》上卷，收入《明清民間宗教經卷文

讓十王勾取神光的性命，並告訴他，前次受辱的黑臉和尚達摩，是唯一能躲過閻君勾魂者，其他人即便是講經說法的僧侶，都不能倖免。故事的重點，是在描寫達摩祖師的神異，但卻無意間為十王安排了出生證明，不過這個創造並不常見，並未擴散到其他類型的故事當中。此外，清代中晚期還有不少故事，收納了十王的故事，例如《閻瑞生吳春芳遊十殿》，說閻瑞生、吳春芳兩個作盡惡事之人，經過十殿的審判和處罰之後，變成豬、羊受報[160]；《濟公傳》第 150 回，作惡多端的張士芳被引入十殿地獄，受盡惡行的報應。

這些文學作品，十殿歌只勾畫出十殿的架構，《玉歷》中其他細微的成分，並沒有妥善的搬引，而唐捐的散文直接引用《玉歷》的內容，將勸導教化的文句，轉化為神秘意涵的象徵語言，至於《達摩寶卷》系列的作品，則為十王製造來源神話，說他們實為達摩念珠所化，意在藉著勾取神光和尚的性命，點化其頑愚與不敬，最後看到的是十殿審判也進入新的故事類型當中，這是本章第二節述及之類型以外，遊十殿在故事文體中的表現。

二、與超度亡魂有關的儀式

上段探討了十王相關故事的孳生、「十殿歌」的內容，及《玉歷》對作家文學之間的影響，以下本文著重討論十王信仰在儀式方面的表現。

漢人的超度儀式，一般可以分為三種。一為死亡者個人舉行的超度，意指喪儀中的一個程序，例如牽亡歌陣，也指喪葬後舉

獻》冊 7，頁 291。）

[160] 見《閻吳遊十殿》，館藏於中研院文哲所，頁 2~3。

行的法事，例如十王齋。二為無主孤魂舉行的年度周期性超度儀式，例如中元普渡。三是特殊超度儀式，例如牽轓等[161]。

　　首先關注的是追薦亡人的十王齋。第二章裡提過，《十王經》強調為追薦亡者所進行的十王齋，在世的親人可以得到七分之六的功德，換言之，以十王齋超薦祖先的功德，活人享用的比亡者還多。經過《十王經》的鼓勵，配合中國人重視祖先與家族延續的文化，十王齋牢固地在中國人的世界存在著，這一點我們從《玉歷》成書之後的十王齋，可略見一二。

　　1991 年，林美容、祖運輝針對彰化龍華派朝天堂的調查，其濟度亡魂的做七科儀中，包括「過王科」，滿七之時將亡靈平安帶過地府十王之殿[162]。又如臺灣通行的《家禮大全》[163]，以及釋妙禪編定、張克光抄寫的《佛門常用儀式軌範》[164]，其中紀錄的作七儀軌，每次做七恭請一位閻王，請求赦宥，使亡魂早日升天；在筆者對獅頭山誦經團的調查，發現做七之時，在靈位前面立一幅小型十殿圖，或用紅紙作的簡單神位，依序書寫「第一殿秦廣王神位」等，代表在作七之時供奉十王，有時配合誦唸《十

---

[161] 三種分類係 De Goot 的意見（1984）。轉引自王銘銘〈危亡與超生〉，《民族學研究所集刊》，87 期，頁 170~171。

[162] 林美容、祖運輝〈在家佛教：臺灣彰化朝天堂所傳的龍華派齋教現況〉，收入江燦騰、王建川等編《臺灣齋教的歷史觀察與展望：首屆臺灣齋教學術研討會論文集》，臺北：新文豐出版公司，1994 年，頁217~228。

[163] 見劉守松《家禮大全》，新竹：先登出版社，1987 年 6 月再版，頁422~424。

[164] 釋妙禪編定《佛門常用儀式軌範》，臺中：國際佛教文化出版社，1973年，頁 155~190。

王懺》等經典[165]，有些地區在「三七」時施行金橋科儀，當中有人扮十殿閻王高坐蓮臺[166]。此際與十王儀式有關的活動，還有燒化紙錢。在《金銀紙藝術》一書中，作者詳細介紹苗栗一帶生產的紙錢，從作七所用的錢包封面上，我們清楚的看見這些錢包，是分別供養給一至十殿閻王的[167]。這些例子，說明十王信仰透過此類儀式，在現代社會保留其影響力。

　　例如江南宣卷人在法會中宣《十王卷》，這種為逝者所做的超渡法會，在死者逝後的「首七」、「三七」、「五七」進行，除了演唱寶卷，還舉行固定儀式[168]；江浙宣卷人在做會宣卷（或稱講經）時，遇「交殿」儀式會演唱《十王寶卷》，參與鬧喪時亦演唱《十王寶卷》、《七七寶卷》，但超度亡靈之法事本身，則由和尚、道士主持[169]。不論如何，從今日可見之十王卷或七七卷的內容來看，描寫十殿情景，都是這類卷子主要的內容。

　　其次，是出殯當日進行的牽亡歌陣。牽亡歌陣可視為小戲的

---

[165] 但誦念《十王懺》非唯一的選擇，也經常依喪家要求使用《阿彌陀經》或《金剛經》等。見陳瑤蒨〈獅頭山誦經團調查報告〉，《臺灣宗教研究通訊》第 3 期，2002 年，頁 231~238。

[166] 見陳健銘〈曾二娘和金橋科儀〉，收入《野臺鑼鼓》，臺北：稻香出版社，1989 年，頁 145~163。

[167] 作七亦稱「作旬」，即追薦亡者的十王齋，每次做七要燒一種作旬錢包，共有十種，錢包封面貼著一張紅紙，說明這疊紙錢是交給「某殿某王」的，左右各有文字說明這是家屬為亡者某七所做的誠心供養，祈願閻王廣開赦宥之門，讓亡魂得以超昇。見張懿仁《金銀紙藝術》，苗栗縣政府出版，1996 年，頁 137~141、84~85。

[168] 見車錫倫〈江蘇靖江做會講經的「醮殿」儀式（調查報告）〉，頁 165~166。

[169] 見車錫倫〈江浙吳方言區的宣卷和寶卷〉，刊於《民俗曲藝》110 期，1997 年，頁 31~55。

一種，整個儀式包括請神、開路（向墓地出發）、勸亡（唱十殿
歌）、回府（返回喪家）[170]，進行的過程中，有樂人專門彈奏月
琴或大廣弦，另有四、五位穿著戲服的演員，分別擔任法師、引
領亡魂、旁述冥途所見等角色。根據 1971 年蔡懋棠採集的資料，
遊歷十殿的唱詞，主要在棺木運抵墓地時的「勸亡」一段，唱詞
敘述每一殿的冥王名稱，及何種罪人在此受苦、受何種處罰，最
後希望亡魂改惡從善，返回家祠安頓[171]。這類牽亡歌，一邊唱、
一邊念，沒有底本，教授方式仰賴口耳相傳，變異性很大，有時
歌詞著重進入十殿之前的情景，有時著重十殿所見，沒有固定格
式[172]。牽亡歌團落址於臺灣中南部較多，另有在出殯前一天執行
者，唱詞內容與蔡懋堂先生所輯相差無幾，也是從法師和娘媽的
對答間，帶領亡魂遊十殿，最後敬告亡者幾月幾日是忌辰，記得
回陽享用賢孝子孫的祭拜，並祈請諸神接引亡魂到西方極樂世界
[173]等等。

　　另外，第二節最末，我們引用目連救母在儀式戲劇中的表
現，作為說明，這些稱為「目連戲」的演出，多用於喪葬儀式，
也包含遊十殿的情節。如徐宏圖在浙江東陽市的調查發現，漢人

---

[170] 見蔡懋棠〈牽亡歌和牽亡歌團〉，刊於《臺灣風物》28 卷 2 期，1978
　　年，頁 121~122。

[171] 見蔡懋棠〈牽亡歌和牽亡歌團〉，頁 132~134。

[172] 例如蔡懋棠前、後兩天針對臺南一團的採錄，一為基本唱詞、一為實
　　際替喪家執行的「勸亡」，兩種歌詞便有所出入，可知同一歌團不同
　　時刻的演出，就已經有變異性的存在。見蔡懋棠〈牽亡歌和牽亡歌
　　團〉，頁 184~188、145~150。

[173] 見黃文博〈西方見佛祖：牽亡歌陣的口白實錄〉，刊於《南瀛文獻》
　　卷 33，1988 年，頁 164~166。

喪葬儀式中，演「目連救母」時，由喪家長子參與「遊十殿」、「破地獄」等齣，藉著儀式塑造生人與死者相聚的情境，表達生者意圖挽救亡魂的心意，藉此紓解喪家失去親人的哀傷[174]。

除了喪葬儀式之外，與超薦死者有關的，還有打城法事[175]、牽輮、道教黃籙齋醮與齋堂的超度法會。打城法事的本意是打開枉死城、解救其中橫死亡魂之意。臺南東嶽殿打城法事中，有遞呈給十殿閻王的「三寶拔亡依律赦罪釋放意文」，用以請求閻王開恩，赦免亡魂生前之罪，早日出離地獄[176]；在儀式程序方面，有奉請地府秦妙廣真君、德定休真君、明普淨真君、玄（賢）德五靈真君、最聖耀靈真君、寶宿昭成真君、神變萬靈真君、無上正度真君、飛魔演慶真君、五化威靈真君十位神祇[177]。這十位真君，即本文第二章提過的十王在道教中所化的十位真君。

在喪俗中襲用福建泉州的習俗「牽水輮」，用意在「召請沉溺孤幽，為水難者及其家屬解決意外死亡的危機」，但是每年農曆六月雲林一帶的集體性「牽輮」，是為了濟拔道光廿五年水災

---

[174] 見徐宏圖〈浙江省東陽市漢人喪葬儀式及儀式劇調查〉（《民俗曲藝》84 期，1993 年，頁 197），轉引自呂理政〈鬼的信仰及其相關儀式〉，刊於《民俗曲藝》90 期，1994 年 7 月，頁 173。

[175] 臺南東嶽殿的打城法事，泛指為凶死者所進行的打城、牽血輮、牽水輮。死於產難或死時見血者需牽血輮，溺水而死者需牽水輮，諸種凶死者需打城，東嶽殿的打城法事為三者總稱，再視死亡原因於法事中牽血輮或牽水輮。見呂理政〈鬼的信仰及其相關儀式〉，頁 166。

[176] 見呂理政〈臺南東嶽殿的打城法事〉，刊於《民族學研究所資料彙編》第 2 期，1990 年 3 月，頁 18、20。

[177] 見呂理政〈點校「打城全本」〉，刊於《民族學研究所資料彙編》第 2 期，1990 年 3 月，頁 58。

的死難先人。1995 年，李豐楙考察雲林金湖萬善祠祀典時，壇內兩旁掛著十王畫軸，在結壇、開光之後，「象徵性地成為一個儀式空間」[178]，第二天上午則進行「十王拔罪法懺」[179]，是為召請而來的眾孤幽而誦的[180]。李氏表示，當時福建漳州、泉州等沿海地區，仍保有此一習俗[181]，而同年黃文博在雲林金湖的調查，亦發現壇場內懸有十殿圖[182]。

黃籙齋本即薦拔一切先祖的道教儀式，1996 年江蘇茅山道院聯合上海白雲觀等單位，共同舉辦「二次南京度亡法會」，借助各道觀的法事科儀，超度抗日戰爭時南京大屠殺的死難者，其中由茅山道院主持之三朝科儀，第一日晚上有朝十王、破酆都的程序，意在朝請十殿閻王降臨法壇，赦免亡者，使亡魂離開酆都地獄[183]。另外，臺中烏日福源堂七天法會中，一至六天下午、晚上舉行各種超度儀式，其中第二天下午即有「十王」一節[184]；蕭登福 1994 年，在臺中建國市場訪查中元節普渡道場，亦發現有誦唸《慈悲十王妙懺法》的例子[185]。

---

[178] 李豐楙〈雲林金湖的萬善爺信仰與牽轙習俗〉，《民俗曲藝》103 期，1996 年 9 月，頁 17~18。

[179] 李豐楙〈雲林金湖的萬善爺信仰與牽轙習俗〉，頁 19。

[180] 李豐楙〈雲林金湖的萬善爺信仰與牽轙習俗〉，頁 21。

[181] 李豐楙〈雲林金湖的萬善爺信仰與牽轙習俗〉，頁 12。

[182] 參黃文博〈金湖港牽水轙：雲林縣口湖鄉蚶仔寮萬善爺的故事〉，《民俗曲藝》101 期，1996 年 3 月，頁 123

[183] 見賴宗賢〈臺灣的醮祭與符咒〉，刊於《宗教學研究》，1998 年第 1 期，頁 25。

[184] 見張崑振《臺灣傳統齋堂神聖空間之研究》，成功大學建築研究所博士論文，1998 年，頁 62。

[185] 見蕭登福〈道教中元節對佛教《盂蘭盆經》及目連傳說的影響〉，收

　　從這部分的梳理，發現十王齋自《十王經》奠立以來，一直肩任傳遞信仰的主要途徑，從清初以後的例子看來，喪葬儀式中與十王、十殿相關者，不但見於作七時的儀式、燒化的紙錢，還有出殯前後的牽亡歌陣，而這類法事興盛的程度，甚至引起當時新興的民間宗教之反彈，如清末，羅教在浙江的覺性正宗派，領導者潘三多和宋代的司馬光一樣，認為十殿閻君古書無典，喪家在追薦道場設十王之像，或延請道士誦經超度，以免死後魂見十王等觀念，都是荒謬無稽的[186]。需要補充的是，這些事例雖證明十王信仰在清初以後所獲得的承繼，但這不能算是《玉歷》的影響，更何況此書集中強調的是十王主持公正的死後審判，每個人都在精緻的一百三十八獄間，接受嚴格的處罰，其中並未直接鼓勵十王齋或追薦齋會。

三、祈福儀式與畫像

　　在第三部分裡，我們將論及十王寶卷也用於延壽祈福，最後則描述寺廟供奉十王與保留十殿壁畫的情形。

　　根據清末筆記的記載，江南一帶時興演唱十王寶卷，以祈願禳除疾病。毛祥麟在《墨餘錄》中說，吳俗尚鬼，所以生病的人會延請巫覡，這類非僧非道的巫覡，經常將致病的原因解釋為冤孽纏身，必須拜懺始得化解，宣卷是各種禳解方式裡最盛行的一種，而十王卷、灶王卷、觀音卷就是巫覡經常宣說的卷子[187]。

　　入《道教與佛教》，頁 325。

[186] 見武內房司〈臺灣齋教龍華源流：清末浙江的靈山正派與覺性正派〉，刊於《當代》第 99 期，1994 年 7 月，頁 20~21。

[187] 見毛祥麟《墨餘錄》，收入《筆記小說大觀》1 編 9 冊，臺北：新興

　　此外，車錫倫、侯艷珠在江蘇江所做的調查發現，十王寶卷在子女為陽世父母祈求延壽的法事中演唱。儀式的第一部分先進行「報祖」，內容描述李清如何由玉帝身旁的拈香童子下凡，作為許願重修東嶽廟以求子的李正封之子，後來魂歸地府又還陽，帶回十王聖誕[188]，第二部分是請王儀式，在迎、送每一殿閻王的過程中，講述地獄的恐怖，並燒化紙錢，請求冥王讓自己的父母「消災延壽祝長生」，並在每一殿穿插殺狗勸夫、劉全進瓜等不同的十個故事[189]，而在近代江浙吳語方言區，還流傳著各種十王寶卷，或稱《冥王寶卷》、《慶（請）王科儀》、《慶王燈科》等[190]，有些演唱十王卷的場合，會懸掛十王紙馬，例如虞永良發現河陽地區表演寶卷時，經臺前掛有十王紙馬，講《地藏卷》時有請十王，《十王卷》講述十殿閻王的十個故事，而兩種卷子近代都有傳抄本[191]。

　　不只是十王紙馬，十殿閻君的畫像，還會在廟會中出現。據

書局，1984 年，頁 5386~5387。

[188] 前文提過，《玉匣記》神誕表之後，曾經提過這個故事，但只是簡單的說李清死後還陽，攜回十王聖誕，公告世人，這個故事卻衍伸他的來歷、出身，還說最後被玉帝封為報恩司菩薩。此故事還有明西大乘教《泰山東嶽十王寶卷》、清道光初年《眾喜寶卷》卷二〈天醫因由〉、清光緒 2 年〈天醫寶卷〉等繼續延展的文本，見車錫倫〈江蘇靖江做會講經的「醮殿」儀式（調查報告）〉，臺北：臺灣學生書局，2003 年，頁 166~167。

[189] 見車錫倫〈江蘇靖江做會講經的「醮殿」儀式（調查報告）〉，收入氏著《信仰、教化、娛樂：中國寶卷研究及其他》，頁 151~159。

[190] 見車錫倫〈江蘇靖江做會講經的「醮殿」儀式（調查報告）〉，頁 165。

[191] 見虞永良〈河陽寶卷調查報告〉，刊於《民俗曲藝》106 期，1997 年，頁 67~87。

清末潘榮陛之《帝京歲時紀勝》所記，農曆七月三十日是地藏菩薩誕辰，許多寺廟舉行地藏會，在誦經禮懺之所，設地藏菩薩與十殿閻君的畫像，並施放焰口[192]。

能夠見到十王形象的地方，還有供奉十王的廟宇和壁畫，例如臺南東嶽殿、西港慶安宮、雙溪藥師山、鹿港地藏王廟[193]。以打城法事著稱的臺南東嶽殿來說，十位閻王安置於後殿，據說是明鄭時期入祀的[194]，中央供奉地藏菩薩，十王分列於兩側，除了五殿閻羅天子是黑面以外，其他九位閻王的形象相仿，壁畫則繪於聯絡前、後殿的側廊牆上。其他十殿壁畫，大部分出現於主祀陰神的廟宇，例如獅頭山輔天宮、頭份義民廟、西港慶安宮，另外還有左營龍虎塔等。這些廟宇壁畫的構圖和《玉歷》十殿圖近似，閻王端坐於几案之後，位在畫面的上半部，下半部則是鬼吏押著罪人接受閻王審問或接受處罰，特殊的例子是麻豆代天府，將平面圖畫的內容，製成立體的電動人偶，配合聲光效果，閻王審問結束之後，立刻傳出陣陣哀嚎之聲，而它們對於地獄的細節描寫，和《玉歷》正文或十殿圖都有所不同。

描寫十王與十殿地獄景象者，另有喪事所用的畫軸及寺廟的壁畫。有些喪家會在出殯前一天晚上，請道士主持拔度儀式，在加演目連戲的場地，就有懸掛十王圖[195]，豐子愷 1936 年寫成的

---

[192] 見潘榮陛《帝京歲時紀勝》，收入《筆記小說大觀》12 編 1 冊，頁 293。

[193] 見李政隆建築師事務所《鹿港地藏王廟》，彰化縣政府出版，1986 年，圖版 121、123。

[194] 陳信聰《幽冥得度：儀式的戲劇觀點》，臺北：唐山出版社，2001 年，頁 117。

[195] 見李豐楙〈複合與變革：臺灣道教拔度儀中的目連戲〉，刊於《民俗曲藝》94/95 期，1995 年 5 月，頁 100。

〈畫鬼〉一文，描述自己的童年經驗，「鬼這印象最初從何而來？我想大約是祖母喪事時，我從經懺堂中的十殿閻王的畫軸中得到的。從此以後聽到人說凶鬼，我就在想像中看見這般模樣」[196]；2002 年獅頭山誦經團為喪家主持的梁皇寶懺法會，會場就懸有十殿畫軸[197]；香港鄉村太平清醮或盂蘭盆會，另外搭建十王殿，殿內懸掛十殿畫軸[198]。除了超度法會以外，在其他醮場中亦可得見，如 1996 年，周星考察河北省趙縣范莊鎮的「龍牌會」，醮棚內就懸掛了十殿畫軸[199]。

由以上的例子可知，十王寶卷也被用來祈福求壽、禳解冤結，而在一些宣卷的場合，同時懸掛十王紙馬或十殿畫軸。這些圖像的內容，亦可見於廟宇中供設的佛像及壁畫。郭立誠曾說，畫師經常根據《玉歷》等書繪製而成，但吾人以為，《玉歷》十殿圖的內容，和十三世紀的十王畫軸，在構圖上並無大異，若將之視為《玉歷》的直接影響，似乎不是證據充分的推論。

四、小結

為了希望更精確地釐清《玉歷》影響的深入程度，從本章第二節開始，筆者用「是否援引八大、十六小地獄」作為衡量的標準，結果雖然不如預期的明顯、強大，但不可忽略的是，《玉歷》將十殿地獄做了詳盡的解說，本身便被視為一種經典，被認為是

[196] 見楊牧編《豐子愷文選Ⅲ》，臺北：洪範書店，1984 年，頁 91~92。

[197] 見陳瑤蒨〈獅頭山誦經團調查報告〉，頁 237。

[198] 引自游子安〈清代圖說勸善書與社會教化：以《玉歷寶鈔》為例〉，頁 10。

[199] 見周星《境界與象徵：橋和民俗》，上海文藝出版社，1998 年，頁 24。

十王信仰史上的代表作品。例如清光緒年間黃伯祿所輯的《集說詮真》，在述及十殿閻王的淵源時，直引《玉歷》[200]，相較於《新義錄》、《釋意》等同時代文獻，引用《夷堅志》或佛經《法苑珠林》、《五天使者經》的做法，《玉歷》被黃伯祿視為文獻的位置，是很明確的。此外，近代學者也紛紛注意到《玉歷》對於十王信仰發展的重要性，譬如蔡懋棠論牽亡歌詞「過十殿」一段的淵源，或郭立誠為臺灣的道場畫尋覓源頭時，都認定「來自《玉歷寶鈔》的觀念很濃厚[201]」，又如馬書田[202]、羅基[203]、呂宗力[204]等學者整理十王、孟婆等冥界神祇時，認為《玉歷》為十王的職務和十殿地獄的情景，作了明確的介紹，因而濃縮引用，以為舉證。這些例子，說明當現代人試圖為民間說唱、十殿圖像祖溯其源之時，《玉歷》被認為是直接的代表，從它可以適切的了解十王的職司、十殿地獄的情景，所以筆者認為儘管通俗文學或科儀對《玉歷》的徵引，並不精緻完整，但這個「經典化」角色的確立，是從另一個角度反映了這本善書真正的影響力。

最後，本文希望提出來作綜合說明的是，民間宗教對於《玉歷》地獄論述的注意。例如在《四世行腳覺性寶卷》大力抨擊十王齋的潘三多，是清末羅教在浙江的分支覺性正宗派的領袖；《東嶽泰山十王寶卷》原為明大乘教的經卷，但李世瑜在天津弘陽教普蔭堂訪查時，發現該堂為過世的信徒操持超薦儀式之時，這部

---

[200] 見《集說詮真》冊 1，臺北：臺灣學生書局，1989 年，頁 299~309。

[201] 見蔡懋棠〈牽亡歌和牽亡歌團〉，頁 125；郭立誠〈道場畫〉，收入《十殿閻王》，頁 77~80。

[202] 見馬書田《中國冥界諸神》，臺北：國家出版社，2001 年，頁 111。

[203] 見羅基《地獄眾生相》，頁 46、51。

[204] 見呂宗力、欒保群合編《中國民間諸神》，河北教育出版社，頁 421。

經卷也在使用之列；《彌勒佛說地藏十王寶卷》則為黃天道及其
支派黃天道、圓頓教所用[205]；《王大娘遊十殿寶卷》雖看不出是
哪一個道壇或宗教派別所用，但從其內容顯見其為某一修行組織
所用；從《十王卷》中，諸多神明的降乩之語看來，它的產生與
鸞堂的關係匪淺。以上諸例都反映出民間宗教熱衷於傳述十王信
仰的情形，此外還有與《玉歷》關係至為密切的《玉露金盤》。

　　《玉露金盤》是清光緒年間先天道的寶卷，它可視為以《玉
歷》為底本的宣演稿本，我們從《寶卷 初集》收錄的殘本中，
見到幾處如下的敘述：

> 夫五殿者，乃閻羅天子所司也。常自言曰：吾本前掌一殿
> 事，因憐屈死，常放還陽申雪降調，纔掌此殿，在大海之
> 底東北方，沃燋石下叫喚大地獄，並另設十六諸心小地
> 獄……[206]

　　這段引文和後面對六殿、七殿、八殿、九殿之大地獄的介紹，
與《玉歷》的文句幾乎完全一樣，不同的是，此卷像《玉歷》一
樣介紹完大、小地獄之後，又用七言或三三四的十言韻文，敘述
此殿罪人生前的過錯和現在受到的苦刑。這個現象說明，先天道
將《玉歷》論述的內容，納為宣教內容的一部分，再加上鸞堂受
《玉歷》影響而造的冥判類善書，與上段提過教派寶卷反映的十
王信仰，我們看到民間宗教對於《玉歷》的廣泛影響力，頗有反

---

[205] 見王見川〈黃天道前期史新探：兼論其支派〉，收入《海峽兩岸道教
　　　文化學術研討會論文集》，1996年，頁415~450。
[206] 見《玉露金盤》，收於《寶卷 初集》冊22，頁135。

應，將之吸納為教義內容之下，讓十殿地獄本身也成為民間宗教建構地獄觀念的主要素材。關於民間教派如何吸收、改造民間信仰的內容，信仰文化又如何透過宗教組織之力傳播，不但是探討明清十王信仰應當多加留心的課題，也是探討信仰生活與教派組織的相互關係時，值得加以注意的面向。

第六章

結　論

　　十王信仰自《十王經》成立之後，唐末五代的石刻、絹帛圖像中，開始出現十殿閻王分侍地藏菩薩座下的畫面，以及描寫十殿地獄的十王變相，供奉冥府十王蔚為風氣，另一方面，我們從現今尚存的二十餘種《十王經》寫本，可以知道經文中關於「抄經得福」與「鼓勵舉行十王齋」的思維，已經開始滲入庶民的信仰生活當中。到了宋代，為追薦亡者而舉行的十王齋，發展蓬勃，甚至有人為此傾家盪產，致使司馬光撰文批駁，然相對於文人，宗教團體表現出接納與轉化的態度，佛教開始在經典裡尋找十王源於本教的證明，道教將之納入冥神的譜系，十位閻王另有十位真君之名，並列入黃籙齋等科儀的操作中，甚至有專屬的《地府十王拔度儀》，而活動於四川大足一帶的趙智風教團，則以巨幅石刻，描繪十佛、地藏菩薩、十王與地獄景象，將懺悔與超生、度亡的意義完整地呈現。至元、明以後，十王信仰從宗教層面延伸到通俗文學，大量的戲劇、小說將遊歷十殿作為主角啟悟的必經之途，十殿閻王及其手下的判官、卒吏經常代表整個冥府，與故事人物對話或站在一個全知的視角，安排人物的命運。清初雍正乾隆年間，隨著《玉歷》的成書，主要傳播十王信仰的四大途徑——喪葬儀式、善書、戲曲小說、寺廟——才告確立，清末時已經傳遍中國各地的《玉歷》，不但是了解十王信仰的重要文獻，同時也是一部企圖囊括各種冥界論述的作品，使得流風所及，民間宗教紛紛以之宣教，如《玉露金盤》、《十王卷》，或著造相同性質的善書，如《洞冥寶記》、《地獄遊記》等，以補充書中未竟之處，可見《玉歷》的影響力頗有可議論之處。

　　鑒於《玉歷》的重要性，本文用三個角度進行《玉歷》正文的分析。第一個角度是探索其淵源，我們發現《玉歷》受佛教直接與間接的影響，在二至九殿八大、十六小地獄的設計，是直接

援引《正法念處經》等書的架構,而深受早期佛教影響而習見於歷代文獻的刀山、劍樹、油鍋、鑊湯等等,則是間接的影響,此外《玉歷》還吸收現實世界常見的法律酷刑,例如腰斬、凌遲等,至於元明通俗文學始大量出現的枉死城、望鄉臺,也獲得吸納,因此《玉歷》所陳列的一百卅八座大小地獄,是意圖蒐集各種嚴酷處罰,以突顯處罰之嚴厲的作品。第二個角度是此書如何與清代的信仰文化進行對話,《玉歷》不但有意搜羅眾說,還試圖提出一套冥界論述,以至於必須與紛呈的冥界傳說對話,這些傳說的內容包括:深入人心的十八層地獄與十殿地獄的關係為何?不在冥界、亦非生為六道的精怪從何而來?生人或亡故的親人擔任冥吏,是否能夠維持公正的死後審判?這些普遍流傳的觀念,對於《玉歷》是一種觀念上的挑戰,因而闢出了篇幅,一一辯解。第三個角度是試圖釐清編者、目標讀者的階層,透過《玉歷》與佛經、道書、寶卷的比較,可以發現此書的主旨、終極關懷,都與宗教團體的主張有些距離,再加上《玉歷》正文與感應錄分別對善人、惡者提出的獎勵與規範,我們認為此書的目標讀者、編纂者與中下層文人的關係,可能更深一層,但是還需要更多的證據,才能提出比較妥切的解釋。

　　《玉歷》正文以外,感應錄、神誕表、圖像、序文、捐印名單是本文處理的另一項課題。這些附件,往往隨著刊印時間、地區而經常變動,我們一方面藉此明瞭目前所見的刊本,是1800-1900 年流傳於江南一帶者,另一方面藉由時間點的確立,展開本文的論述。捐印動機方面,我們看到此書獲得普遍流傳的原因,固然在於森羅地獄悚慄人心,具有教化人心的作用,但是更真切的理由,恐怕是期望藉著助印善書所獲得的功德利益,讓科舉奏捷、危症得癒、冤結得解、求嗣得子、亡魂得度等等,這

種心理動機的廓清，從另一個角度說明了中國人的信仰心理，及善書得以流傳的原因。感應篇方面，其內容部份來自筆記、小說，部分得自時人的靈驗記事，而它們的匯集並非毫無理由或雜亂無章，即便每種刊本的編纂者有異，但其共同的信念皆在於建構《玉歷》一書的神聖性，這是吾人在考察此書時值得重視的線索。圖像方面，突顯了清代人對於成立以久的地藏菩薩、觀音菩薩、酆都大帝之冥界救贖角色，仍然保持相當的重視，而從《玉歷》十殿圖、感應錄與正文的對比，可知傳統冥界觀念深入人心的情形，因此儘管正文並未加以敘述，圖像與感應錄仍然將「死後審判由閻王在官府執行」的認知，自然地表現出來。至於各種《玉歷》刊本之間的差異，極可能反映著刊刻地區的信仰風俗，這一點我們從神明圖像、神誕表與神聖日期的殊異可略知一二，但是它們究竟代表著哪些省縣的特殊信仰、其內涵如何，則尚待進一步的研討。

雖然《玉歷》於冥判類善書有著相當的影響力，其本身亦成為冥界論述中的經典文獻，自清末起追溯十王信仰淵源的文章裡，《玉歷》已經是重要的參考資料，並且成為民間宣講和童蒙教育的題材，對於大眾地獄觀念的塑造，發揮極其重要的作用。但平心而論，其影響的層面並非鋪天蓋地，其改造冥界傳說的意圖亦未完全成功。在《玉歷》成書之前已然蓬勃發展的超度法事、故事傳說，《玉歷》改造的幅度有限，《玉歷》突出的八大、十六小地獄設計，幾乎沒有獲得採用，就故事文本而言，清初之後仍然出現許多以遊歷十殿為主要情節的作品，從這裡我們看到信仰文化與文本之間的微妙互動，文化風氣雖投射於文學作品中呈現，但卻不是立即的全盤更新。除此之外，十八層地獄、生人入冥為吏或精怪在人間活動、血池並非專為女人而設的觀念，仍為

現代人熟知且認可，所以《玉歷》針對它們的辯證與改造，似乎並沒有達到全數更新的地步。這些都是我們觀察此一經典的位置與價值時，必須細緻處理的地方。

經過第二至五章的討論，還有許多未能解答與值得延伸討論的課題。例如《玉歷》對紅鉛、具保、財富的態度，如何反映時代生活與文化思維？生受冥罰所顯現的「疾病」，是哪些難治之症？而我們對於致病原因的想像與特定疾病的態度，受到哪些文化想像的規約？各版本神誕表、圖像的差異，如何反映編纂地、刊刻地與流傳地區的信仰活動？與特定的個人或宗教團體有無關聯？十位閻王的聖誕日是某區域的特定習俗？或是附會於其他廟會活動而各有淵源呢？另外，就十王信仰發展史而言，我們雖然勾勒出幾種途徑的輪廓，但其相互之間的關係如何？影響最為長遠的十王齋，在歷代的流變為何？宗教儀式透過什麼樣的細微變化，滲入文學作品當中？是否影響了《玉歷》等善書的製作？道教的地獄系統為何影響不多？歷代地獄觀念如何透過儀式與生活上的操作，在佛教、道教、民間信仰之間相互修正？它們如何與哲學思潮進行互動？又如何與死亡、鬼、靈魂等觀念進行對話，甚至牽引著我們對現世生活的態度？這些課題，與本文暫時無法一一兼顧的《玉歷》附件（李宗敏考核記、千金驗方等）一樣，尚需要更多文獻上的佐證與思考上的辨析，才能得到比較完整的詮釋與解答。

死亡本身是一種斷裂，意味著生前親密關係的滅絕，滅絕從而失落，失落指引著追尋，追尋延伸出想像的需要。然而我們必須追問的是在中國人的觀念裡，死後世界被視為陽世的延續，所作所為獲得公平的審判，虧欠獲得補償、盈取受到處罰，善與惡分置天平兩端，善多或惡多將決定個人來世的遭遇，一般來說，

中國人很少提到天堂，普通人最完美的歸宿是成為祖先，英雄豪傑則成為神明，提升至大眾尊崇禮敬的位階，不離人間牲禮與香火，然而這種瞄準今生今世的心態，使得以十王信仰突顯的中國式地獄，亦離不開這種思維框架。在《玉歷》一書中，把死後世界勾畫成一個具備嚴厲懲罰與公平審判的機制，規訓的焦點是世俗生活中的道德，誘因是家族綿延、科甲奏捷、祿壽雙全，它們都與修養上的精進或心境上的適意幾無相涉。這是我們從十王信仰與《玉歷》看到的冥界觀點，也是吾人在思考中國人的冥界觀念時，必須留意的基本特質。

除此之外，在本文口試期間，教授們提點許多值得深究的面向，包括為何以「讓身體受苦」的方式，作為違犯道德的處罰？在中國人的思維裡，如何用身體的破壞來彌補道德的虧損？地獄真的是罪、罰之呈現嗎？地獄觀念與現實世界存在何種拉拒？或可借助傅柯、涂爾幹等西方理論中，進行罪與罰、道德教育等概念，或可拓展吾人思索的深度等等。這些寶貴的建議，都讓筆者在文史學門的訓練之外，開啟更多面向的思考。

參考書目

壹、原始材料

一、善書

書名	出版單位	出版時間
《A.石印玉歷至寶鈔》	收入《藏外道書》冊12（成都：巴蜀書社），頁768-823	1992年8月初版
《B.玉歷至寶編》	中研院傅斯年圖書館藏，板存永盛齋刻字舖	宣統己酉（1909）新鐫
《C.重鐫玉歷至寶鈔》	臺大圖書館藏，	宣統己酉（1909）重鐫
《D.玉歷寶鈔勸世文》	《玉歷寶鈔勸世文、百歲修行經合訂本》，臺中：聖賢雜誌社	1999年11月再版
《E.玉歷鈔傳警世》＊	板存東昌府城內文錦堂書坊	
《F.玉歷鈔傳警世》	板存粵東西湖街以文堂	1806年入《聖經彙纂》叢書
《G.玉歷鈔傳警世》#	板存平陽府城西西宜村淮陽廟	道光7年（1827）重刻
《H.玉歷警世》§	臺灣松雲軒刻本	
《I.玉歷鈔傳》＊	板存杭城中皮市愛日軒朱兆熊刻字殿	有嘉慶己卯（1819）序
《J.玉歷鈔傳警世》＊	不詳	有道光乙未（1835）序
《K.仿宋本玉歷》＊	冠悔堂募刊	光緒丁亥（1887）開雕
《繪圖玉歷寶鈔勸世文》	臺北：正一善書社	不詳
《繪圖玉歷寶鈔勸世文》	臺中：瑞成書局	1955
《繪圖玉歷寶鈔勸世文》	新竹：竹林書局	1990年再版
《玉歷寶抄》	南投：真佛宗臺灣雷藏寺	不詳
《玉歷寶鈔》	新竹：仁化出版社	2000年四版二刷
《玉歷寶鈔》	臺南：和裕出版社	2001年再版
《白話玉歷》	臺北：光美印務局	不詳
《白話玉歷》	嘉義天官財神廟靈聖堂	1989年11月

		三版
《玉歷金編》	臺中：善修堂	
《十殿地獄》	臺中：聖賢堂	1976 年 11 月再版
《地獄遊記》	臺中：聖賢堂	1982 年再版、1987 年 3 月再版
《地獄遊記》	臺北：正一善書社	1978 年 10 月 25 日三版
《地獄遊記》	臺北：正一善書社	1997 年、2001 年版
《地獄遊記》	臺中：聖德雜誌社	1983
《漫畫地獄遊記》	臺中：聖賢堂	2000 年 4 月再版
《漫畫地獄遊記》（潘志輝繪）	臺北：正一善書社	1993 年 4 月修訂版
《玉定金科例誅輯要》	佛光堂學院劉先生助印	2001 年重印
《玉準輪科輯要》	北京天華館版，佛光堂學院劉先生助印	2001 年重印
《天律聖典》	佛光堂學院劉先生助印	2001 年重印
《放生儀軌》	新竹：全真壇編印	2002 年二版
《重定西方公據》	臺北：佛教出版社	1978 年初版
《暗室燈》	上海：宏大善書總發行所	民國版
《暗室燈》	上海：千頃堂書局	民國版
《洞冥寶記》	官塘新區天元堂贈送	1957
《覺世箴言》	斗六：修善宮	1967
《覺路金繩》	斗南：感化堂	1971 年重印
《感化明道》「明篇」、「化篇」	斗南：感化堂	1972
《代天寶鑑》	員林：代天宮	1980 年 1 月出版
《金科玉曆》	高雄：中天壇扶鸞撰作	1994 年 2 月初版
《淫報因果錄》	東照山關帝廟扶鸞撰作	1998 年 8 月印刷

《幽冥沉淪紀實》	臺中：無極禪化院南天虛原堂	2001 年再版
《酆都覽真》	臺中：無極禪化院南天虛原堂	2000 年初版
《因果釋文》	澹寧齋監製、出版	2006 年 3 月三版

說明：記號「*」者，係由王見川先生提供影印本；記號「§」者，由李世偉老師提供影印本，此版本另可見於《明清民間宗教經卷文獻》冊9；記號「#」者，受贈於譚遠琴小姐。

二、佛經道藏

經名	叢書名	出處	頁數
《釋氏六帖》		臺北：彌勒出版社，1982	343
《釋氏要覽》卷下	《大正藏》冊 54	臺北：新文豐出版公司，1883	0303
《地藏菩薩本願經》	《大正藏》冊 13	（同上）	0778-0783
《觀佛經》	《大正藏》冊 15	（同上）	0668
《大智度論》	《大正藏》冊 15	（同上）	0175
《佛說盂蘭盆經》	《大正藏》冊 16	（同上）	0799
《佛說大乘莊嚴寶王經》	《大正藏》冊 20	（同上）	0048-0049
《佛說灌頂經》	《大正藏》冊 21	（同上）	0529、0536
《瑜伽集要焰口施食儀》	《大正藏》冊 21	（同上）	0476
《佛祖統記》	《大正藏》冊 49	（同上）	0320-0323
《釋氏稽古錄》	《大正藏》冊 49	（同上）	0818
《三寶感應錄》	《大正藏》冊 51	（同上）	0826
《經律異相》	《大正藏》冊 53	（同上）	0259
《法苑珠林》	《大正藏》冊 53	（同上）	0875
《地藏菩薩十齋日》	《大正藏》冊 85	（同上）	1300
《持齋念佛懺悔禮文》	《大正藏》冊 85	（同上）	1266-1267
《預修十王生七經》	《大正藏》圖像部卷 7	（同上）	645-662
《雲棲法彙 水陸儀軌》	《中華大藏經》第二輯	臺北：修訂中華大藏經會編審部，1968	54355

《無上黃籙大齋立成儀》	《正統道藏》	臺北：藝文印書館，1964	0148
《靈寶領教濟度金書》	《正統道藏》	（同上）	0302-0308
《地府十王拔度儀》	《正統道藏》	（同上）	0521-0526
《原始天尊說酆都滅罪經》	《正統道藏》	（同上）	0624-0625
《太上救苦天尊說消愆滅罪經》	《正統道藏》	（同上）	0700-0701
《釋門正統》	《卍續藏經》冊130	臺北：中國佛教會影印卍續藏經委員會，1968	401-402
《地藏菩薩像靈驗記》	《卍續藏經》冊149	（同上）	176-185
《佛說大藏正教血盆經》	《卍續藏經》冊87	（同上）	299
《佛說預修十王生七經》	《續藏經》冊150	（同上）	385-387
《佛說地藏菩薩發心因緣十王經》	《續藏經》冊150	（同上）	381-384
《靈寶領教濟度金書》	《重編影印正統道藏》冊8	（同上）	5040-5041 5966-5967
《道門定制》	《道藏要輯選刊》冊8	上海：上海古籍出版社，1989	38-39
《廣成儀制十王轉案集》	《藏外道書》冊13	成都：巴蜀書社，1994	261-274
《廣成儀制十王大齋右案全集》	《藏外道書》冊13	（同上）	618-625
《廣成儀制十王絞經全集》	《藏外道書》冊13	（同上）	626-631
《廣成儀制正申冥京十王集》	《藏外道書》冊14	（同上）	140-144
《廣成儀制十王告簡全集》	《藏外道書》冊14	（同上）	384-399
《清徵十王轉案儀制全集》	《藏外道書》冊14	（同上）	462-473

三、寶卷科儀

卷名	書名	編者	出版者	時間	頁數
《目連三世寶卷》	《河西寶卷選》	段　平	臺北：新文豐出版公司	1992	911-980
《十殿皇歌》	《哭歌子詞》	張正平	香港：佑華出版社	1969	31、81-85
《十王卷》	《明清民間宗教經卷文獻》冊11	王見川等	臺北：新文豐出版公司	1999	795-801
《消災延壽閻王經》	（同上）冊11				1-18
《泰山東嶽十王寶卷》	（同上）冊7				1-26
《彌勒佛說地藏十王寶卷》	（同上）冊7				27-94
《幽冥寶傳》	（同上）冊9				943-1001
《輪迴寶傳》	（同上）冊9				891-942
《觀音濟度本願真經》咸豐版	（同上）冊9				497-511
《觀音濟度本願真經》民國版	（同上）冊9				550-560
《達摩寶傳》	（同上）冊7				291
《達磨祖卷》	（同上）冊7				260-261
《觀音遊殿》	《寶卷 初集》冊26	張希舜等	山西人民出版社	1994	245-274
《香山寶卷》	（同上）冊27				33-49
《目連三世寶卷》	（同上）				239-395
《十王寶卷》	（同上）冊14				413-480
《地藏寶卷》	（同上）冊15				110
《拾王寶懺》	（同上）冊24				
《地獄寶卷》	（同上）冊25				1-139
《普陀觀音寶卷》	（同上）冊26				138-139、290-293
《十二圓覺》	（同上）冊26				316-429
《王大娘遊十殿》	（同上）冊28				203-260

寶卷》		
《呂祖師降諭遵信玉歷鈔傳閻王經》	（同上）冊 28	51-114
《冥王寶卷》	（同上）冊 28	261-350
《幽冥寶卷》	（同上）冊 28	115-202
《三世寶卷》	（同上）冊 31	296-353
《黃氏卷》	（同上）冊 31	131-164
《翠連寶卷》	（同上）冊 34	260-298
《玉露金盤》	（同上）冊 22	135
《七七寶卷》	上海翼化堂藏板，光緒庚子（1900），與《回郎寶卷》合刊	
《幽冥寶傳》	板存直隸省大名府大名縣積善堂，現館藏於中研院史語所，光緒 19 年（1893）重刻	
《慈悲十王妙懺法》	同治 8 年（1869）瑪瑙寺大字經房板，現參臺北菩提書局重刊板	
《佛門常用儀式軌範》	釋妙禪編定、林錦東出版，臺中：國際佛教文化出版社，1973 年，頁 155-190。	

四、文學與雜著

（一）單行本

作者	書名	出版者	時間
不著撰人	《魂遊地獄》	廣州：德文堂	不詳
不著撰人	《閻吳遊十殿》	石印本，出版地不詳	不詳
不著撰人	《李世民遊十殿》	福州市：益聞書局	不詳
不著撰人	《天堂地獄歌》	新竹：竹林書局	1987 重刊
不著撰人	《十殿閻君》有聲資料	臺北：月球唱片	不詳
不著撰人	《全本遊地府》	不詳	不詳
不著撰人	《十殿歌》	嘉義：捷發茶莊漢書部	1932
不著撰人	《新纂特別淮戲劉全進瓜八集》	上海：大通書社	不詳
不著撰人	《遊冥寶傳》	不詳	1937 重刻
不著撰人	《觀世音修行香山記》（明傳奇，金陵三山富春堂版）	臺北：天一出版社	1995

不著撰人	《目連全簿》（泉州傳統戲曲叢書 第十卷）	北京：中國戲劇出版社	1999 年 9 月初版
不著撰人	《佛說目連救母經》刊於《戲曲研究》37	北京：文化藝術出版社	1991
不著撰人	《說鈴》	臺北：新興書局	1968
不著撰人	《後西遊記》	春風文藝出版社	1982
王夢吉	《濟公傳》	臺北：文化圖書公司	1881
羊朱翁	《耳郵集》	臺北：廣文出版社	1969
朱鼎臣	《釋厄傳》	北京：中華書局	1987
吳承恩	《西遊記》	臺北：文化圖書公司	1987
吳敬所（輯）	《國色天香》	臺北：天一出版社	1985
李昉等（編）	《太平廣記》卷 102、103、105、106、109、131	北京：中華書局	1961
姚茂良	《雙忠記》第 36 齣「旌忠」	北京：中華書局	1988
洪邁	《夷堅志》	北京：中華書局	1985
紀昀	《閱微草堂筆記》	臺北：漢風出版社	1999
胡文煥（編）	《群音類選》	北京：中華書局	1980
張照	《勸善金科》	北京：中華書局	1964
張鷟	《朝野僉載》	北京：北京出版社	2000
陸西星	《封神演義》	臺北：智揚出版社	1992
湯顯祖	《牡丹亭》	臺北：里仁書局	1995
馮夢龍	《全像古今小說》	福建人民出版社	1980
蒲松齡	《醒世姻緣》	臺北：三民書局	2000 年
蒲松齡	《聊齋誌異》	臺北：智揚出版社	2001
鄭之珍	《目連救母勸善戲文》	臺北：天一出版社	1983
鄧志謨	《薩真人咒棗記》	成都：巴蜀書社	1993
錢彩	《說岳全傳》	臺北：三民書局	2000
羅懋登	《三寶太監西洋記通俗演義》	上海古籍出版社	1985

（二）收入總集

作者	篇名	書名	出版者	時間	頁數
司空圖	〈十會齋文〉	《全唐文（17）》卷 808	臺北：大通書局	1979	10708
司空圖	〈迎修十會	《全唐文（17）》卷	臺北：大通書	1979	10709

	齋文〉	808	局		
阿盛	〈十殿閻君〉	黃勁連編《南瀛文學選》散文卷	臺南縣立文化中心	1991	382-383
司馬光	〈喪儀一魂帛〉	《司馬氏書儀》卷5	上海：商務印書館	1936	54-55
王達	《蠹海集》	《文淵閣四庫全書》冊866	臺北：臺灣商務	1883	61
毛祥麟	《墨餘錄》	《筆記小說大觀》第1編第9冊	臺北：新興書局	1984	5386-5387
不著撰人	《崔府君斷冤家債主》	《全元戲曲》第6輯	北京：人民文學出版社	1999	626-652
徐渭	《狂鼓史漁陽三弄》	《盛明雜劇》初集1	北平：中國書店	不詳	2473-2501
祁元孺	《錯轉輪》	《盛明雜劇》2	北平：中國書店	不詳	5657-5699
關漢卿	《詐妮子調風月雜劇》	《元刊雜劇三十種新校》	蘭州：蘭州大學出版社	1988	233
孔文卿	《地藏王證東窗事犯》	《古今雜劇三十種》（收入《續修四庫全書》冊1760）	上海：上海古籍出版社	2002	84-87
無名氏	《鬼董》	《歷代筆記小說集成宋代筆記小說卷》冊24	河北：河北教育出版社	1995	241-271
褚人獲	《堅瓠集》	《續修四庫全書》冊1260	上海：上海古籍出版社	1995	464
趙弼	《效顰集》	《四庫全書存目叢書》子部冊246	臺南：莊嚴文化事業有限公司	1995	330-333
不著撰人	《太宗入冥記》（斯2630）	黃永武編《敦煌寶藏》冊21	臺北：新文豐出版社	1981	563-566
潘榮陛	《帝京歲時紀勝》	《筆記小說大觀》12編1冊	臺北：新興書局	1968	261
不著撰人	《目連變文》	潘重規編《敦煌變文集新書》	臺北：文津出版社	1994	735-739
不著撰人	《大目乾連	潘重規編《敦煌文	臺北：文津出	1994	685-715

人	冥間救母變文》	集新書》		版社		

五、圖畫

作者	書名	出版者	時間	頁數
山西博物館	《寶寧寺明代水陸畫》	北京：文物出版社	1995 初版三刷	137-138
不著撰人	《中國大足石刻》	香港：珠海出版有限公司	1991	120-135
王寶庫、王鵬	《北嶽恆山與懸空寺》	臺北：錦繡出版社	2001 年 11 月 30 日	28-31
王寶庫、王鵬	《北嶽恆山與懸空寺》	臺北：錦繡出版社	2001 年 11 月 30 日	10-13
宋龍飛	《民俗藝術探源》	臺北：藝術家出版社	1985	129-145
李政隆建築師事務所	《鹿港地藏王廟》	彰化縣政府	1986	圖版 121、123

貳、一般論著

一、專書

作者	書名	出版者	時間
Stephen F. Teiser	The Scripture on the Ten Kings and the Making of Purgatory in Medieval Chinese Buddhism	Honolulu：University of Hawaii Press	1994
Wolfram Eberhard	Guilt and Sin in Traditional China	University of California Press	1976
不著撰人	《三教源流聖帝佛祖搜神大全》	臺北：臺灣學生書局	1989
王熙遠	《桂西秘密宗教》	廣西：廣西師範大學出版社	1994
王鴻泰	《三言二拍的精神史研究》	臺北：國立臺灣大學出版委員會	1994
吳康	《中國古代夢幻》	臺北：萬象圖書股份有限公司	1994
呂宗力等	《中國民間諸神》	河北教育出版社	2000

李孝悌	《清末的下層社會啟蒙運動1901-1911》	臺北：中研院近史所	1998
杜斗城	《敦煌本「佛說十王經」校錄研究》	甘肅教育出版社	1989
沈宗憲	《宋代民間的幽冥世界觀》	臺北：商鼎文化出版社	1993
車錫倫	《信仰、教化、娛樂：中國寶卷研究及其他》	臺北：臺灣學生書局	2003
周　星	《境界與象徵：橋和民俗》	上海文藝出版社	1998
林子青	《弘一大師新譜》	臺北：東大圖書公司	1993
侯旭東	《五、六世紀北方民眾佛教信仰》	北京：中國社會科學出版社	1998
胡　適	《四十自述》	臺北：遠流出版社	1986
胡　適	《胡適手稿》第八集（上）	臺北：胡適紀念館	1966
唐能理	《中國地獄之旅：臺灣地獄圖卷軸》	臺北：藝術家出版社	1997
孫燕京	《晚清社會風尚研究》	北京：中國人民大學出版社	2002
馬書田	《中國冥界諸神》	臺北：國家出版社	2001
康　樂	《佛教與素食》	臺北：三民書局	2001
張炫文	《臺灣說唱音樂》	臺灣省教育廳交響樂團	1986
張懿仁	《金銀紙藝術》	苗栗：苗栗縣政府	1996
梁其姿	《施善與教化》	臺北：聯經出版社	1997
莊明興	《中國中古的地藏信仰》	臺北：國立臺灣大學出版委員會	1999
許祥麟	《中國鬼戲》	天津：天津教育出版社	1997
陳　霞	《道教勸善書》	成都：巴蜀書社	1999
陳芳英	《目連救母故事的基型及其有關文學之研究》	臺北：國立臺灣大學出版委員會	1883
陳信聰	《幽冥得度：儀式的戲劇觀點》	臺北：唐山出版	2001
喬志強（編）	《中國近代社會史》	北京：人民出版社	1992
游子安	《勸化金箴》	天津人民出版社	1999
費正清（編）	《劍橋中國史　晚清篇　1800-1911（上）》	臺北：南天書局	1987
黃伯祿	《集說詮真》	臺北：臺灣學生書局	1989

趙世瑜	《狂歡與日常：明清以來的廟會與民間社會》	北京：三聯書店	2002
劉　禎	《中國民間目連文化》	成都：巴蜀書社	1997
劉守松	《家禮常識》	新竹：先登出版社	1987
劉道超	《中國善惡報應習俗》	臺北：文津出版社	1992
鄭　土有、王賢森	《中國城隍信仰》	上海：三聯書店	1994
蕭登福	《道佛十王地獄說》	臺北：新文豐出版社	1996
魏伯儒等	《十殿閻王》	臺北：國立歷史博物館	1984

二、學位論文

作者	書名	出版者	時間
丁　敏	《佛家地獄說之研究》	政治大學中研所碩士論文	1981
王鍾承	《地藏十王圖像之研究》	藝術學院美術系碩士論文	1998
郝譽翔	《儺：中國儀式戲劇之研究》	臺大中文所博士論文	1998
張火慶	《三寶太監下西洋研究》	東吳大學中研所博士論文	1992
張崑振	《臺灣傳統齋堂神聖空間之研究》	成功大學建築所博士論文	1998
張燦堂	《聊齋誌異諸家評點研究》	暨南大學中研所碩士論文	2001
許文筆	《臺灣濟公信仰之救世觀》	玄奘人文社會學院宗教所碩士論文	2000
陳秀芬	《羅教的知識系譜與權力關係：一個知識史的詮釋》	臺灣大學歷史所碩士論文	1994
劉岱旼	《蒲松齡地獄思想研究》	文化大學中研所碩士論文	1997

三、期刊論文

作者	篇名	刊名、卷期	時間	頁數
Rev.Geo. W.Clarke *	The Yu-li,orPrecious Records	Journal of the China Branch of the Roya Asiatic Society,Vol.28（1893-1894）	1989	233-400
Stephen F. Teiser	The Ten Kings of Purgatory and Popular Belief	《民間信仰與中國文化國際研討會論文集》	1994	621-653
于君方	〈寶卷文學中的觀音	《民間信仰與中國文化	1993	332-352

	〈與民間信仰〉	國際研討會》		
毛禮鎂	〈江西宗教戲曲《目連救母》研究〉	《民俗曲藝》第 131 期	2001.5	65
王見川	〈同善社早期歷史（1912-1945）初探〉	《民間宗教》第一輯	1997	57-81
石守謙	〈有關地獄十王圖與其東傳日本的幾個文獻〉	《中央研究院歷史語言研究所集刊》第 65 本	1984	565-618
江玉祥	〈中國地獄「十殿」信仰的起源〉	《中國民間文化》	1995.12	276-291
江玉祥	〈清代四川皮影戲中的「十殿」戲〉	《巴蜀戲劇史話》	1994	55-59
江玉祥	〈一張新出土的明代豐都路引〉	《四川文物》第 4 期（總 68 期）	1996	31-36
余淑娟	〈馬來西亞的道教拔度儀式與目連戲〉	《民俗曲藝》第 151 期	2006.3	7-17
吳秀玲	〈泉州打城戲初探〉	《民俗曲藝》第 139 期	2003.3	227
呂理政	〈臺南東嶽殿的打城法事〉	《民族學研究所資料彙編》第 2 期	1990.3	1-48
呂理政	〈點校「打城全本」〉	《民族學研究所資料彙編》第 2 期	1990.3	49-91
呂理政	〈鬼的信仰及其相關儀式〉	《民俗曲藝》90	1994.7	147-191
宋光宇	〈「地獄遊記」所顯示的當前社會問題〉	《民間信仰與社會研討會論文集》	1982	116
宋光宇	〈地獄之說與道德思想的研究〉	《漢學研究通訊》3 卷 1 期	1984	3-5
宋光宇	〈中國地獄罪報觀念的形成〉	《民間信仰與社會研討會論文集》	1982	116-139
宋光宇	〈從「玉歷寶鈔」談中國俗民的宗教道德觀念〉	《臺灣省立博物館年刊》第 27 卷	1984	3-14
李世瑜	〈天津紅陽教調查研究〉	《民間宗教》第 2 輯	1996.2	155-157
李豐楙	〈臺灣儀式戲劇中的諧謔性：以道教法教	《民俗曲藝》71 期	1991.5	174-210

	為主的考察〉			
李豐楙	〈複合與變革：臺灣道教拔度儀中的目連戲〉	《民俗曲藝》94/95 期	1995.5	83-116
李豐楙	〈鄧志謨「薩守堅咒棗記」研究〉	《漢學研究》6 卷 1 期（一）	1988.6	167-177
李豐楙	〈雲林金湖的萬善爺信仰與牽車藏習俗〉	《民俗曲藝》第 103 期	1996.9	17-21
車錫倫	〈吳語區宣卷概說〉	《揚州師範學院學報》第 4 期	1990	17-22
車錫倫	〈江浙吳方言區的宣卷和寶卷〉	《民俗曲藝》第 110 期	1997	31-55
車錫倫	〈佛教與中國寶卷（上）〉	《圓光佛學學報》第 4 期	1999	294-323
車錫倫、侯艷珠	〈江蘇靖江做會講經的醮殿儀式〉	《民俗研究》第 2 期	1999	36-42
林秀珍	〈新樂伏羲廟大殿復原設計〉	《文物春秋》第 4 期	1995	36-41
武內房司	〈臺灣齋教龍華源流：清末浙江的靈山正派與覺性正派〉	《當代》第 99 期	1994.7	12-23
段明	〈江津市下灣鄉苟家村陳位江家五天道教喪儀之庭參、關宣和決獄〉	《民俗曲藝》第 126 期	2000.7	46-49
胡天成	〈重慶漢族喪葬儀式中的「過橋」〉	《民俗曲藝》第 92 期	1994	737-749
胡文和	〈四川石窟中「地獄變相」圖的研究〉	《藝術學》第 19 期	1998	41-81
胡文和	〈四川摩崖造像中的「大方廣華嚴十惡品經變」〉	《敦煌研究》第 2 期	1990	16-25
容世誠、張學權	〈南洋的興化目連戲與超度儀式〉	《民俗曲藝》第 92 期	1994.11	848-850
徐宏圖	〈日翻九樓，夜演《孟姜》：紹興孟姜戲初	《民俗曲藝》第 92 期	1994.11	808

	探〉			
徐宏圖	〈永康醒感戲初探〉	《民俗曲藝》		101
祖運輝	〈客家經書抄本四種〉	《民族學研究所資料彙編》第 6 期	1992.6	1-122
張之傑	〈影響最多中國人的讀物：善書〉	《人與社會》革新號	1982	80-88
張火慶	〈「唐太宗入冥記」若干問題的再探討〉	《中華文化復興月刊》21 卷 10 期	待查	58-69
張邦煒	〈兩宋時期的喪葬陋俗〉	《四川師範大學學報（社會科學版）》24 卷 3 期	1997.7	100-106
梁其姿	〈清代的惜字會〉	《新史學》5 卷 2 期	1994.6	83-115
陳　灼	〈大足寶頂石刻「地獄變相·十佛」考識〉	《佛學研究》	1997	69-75
陳　霞	〈佛教勸善書略談〉	《宗教學研究》第 2 期	1997	89-92
陳明華	〈東傳韓國地獄十王圖研究——圖像的特徵與比較〉	《臺北市立師範學院學報》第 28 期	1997	375-398
曾子良	〈臺灣閩南說唱文學「歌仔」的內容及其反映之思想〉	《民俗曲藝》54 期	待查	59-70
量　齋	〈地獄觀念在中國小說中的運用與改變〉	《純文學》9 卷 5 期	1971	34-51
黃文博	〈西方見佛祖：牽亡歌陣的口白實錄〉	《南瀛文獻》33 卷	1988	157-167
黃文博	〈金湖港牽水車藏：雲林縣口湖鄉蚶仔寮萬善爺的故事〉	《民俗曲藝》第 101 期	1996.3	123
虞永良	〈河陽寶卷調查報告〉	《民俗曲藝》106 期	1997	67-87
廖　奔	〈目連始末〉	《民俗曲藝》93 期	1995.1	3-30
廖藤葉	〈中國戲曲的幽冥世界〉	《臺中商專學報》31	1999.6	49-57
劉　禎	〈目蓮尋母與彈詞〉	《民俗曲藝》93 期	1995.1	177-218
蔡懋棠	〈牽亡歌和牽亡歌團〉	《臺灣風物》28 卷 2 期	1978	122-188

鄭志明	〈楊贊儒與聖德寶宮〉	《臺灣文獻》51 卷 3 期	2000.9	139-163
澤田瑞穗著、蔡懋棠譯	〈玉曆鈔傳〉	《臺灣風物》26 卷 1 期	1976	72-75、24
賴宗賢	〈臺灣的醮祭與符咒〉	《宗教學研究》第 1 期	1998	25
薛藝兵	〈河北易縣、淶水的《后土寶卷》〉	《音樂藝術》第 2 期	2000	31-37
聶士全	〈地藏信仰與金地藏研究述評〉	《法音》第 7 期	1996	21-28
羅華慶	〈敦煌地藏圖像和「地藏十王廳」研究〉	《敦煌研究》第 2 期	1993	5-14
蘇遠鳴	〈道教的十齋日〉	《法國漢學》第 2 輯	1997.12	32

四、收入文集之單篇論文

作者	篇名	刊名	出版單位	時間	頁次
Lothar Ledderose	Kings of Hell	《中央研究院國際漢學會議論文集（藝術史組）》	臺北：中央研究院	1981	191-197
王孝廉	〈「歧路燈」的再發現與再評價〉	氏著《神話與小說》	臺北：時報文化出版企業有限公司	1986	256-258
王見川	〈臺灣「關公當玉皇」傳說的由來〉	《臺灣的民間宗教與信仰》	臺北：博揚文化事業有限公司	2000	215
王見川	〈黃天道前期史新探：兼論其支派〉	《海峽兩岸道教文化學術研討會論文》	臺北：新文豐出版有限公司	1996	415-451
王見川等	〈《明清民間宗教經卷文獻》導言〉	《明清民間宗教經卷文獻》	臺北：新文豐出版公司	1999	1-12

吉岡義豐	〈中國民間 地獄十王信仰 ——玉歷至寶鈔中心〉	《吉岡義豐著作集》第一卷	東京：五月書房	1989	345-346
朱海容	〈宗教觀念與民間說唱藝術融合的奇葩——無錫地區「說因果」調查〉	《民間文學研究》	上海：學林出版社	1992	199-212
李孝悌	〈上海近代城市文化中的傳統與現代：1884 至 1930 年代〉	《戀戀紅塵：中國的城市、慾望與生活》	臺北：一方出版社	2002	141-201
李遠國	〈酆都宗教文化與聖跡的調查報告〉	《遺跡崇拜與聖者崇拜》	臺北：允晨出版社	1999	367-405
林美容、祖運輝	〈在家佛教：臺灣彰化朝天堂所傳的龍華派齋教現況〉	《臺灣齋教的歷史觀察與展望：首屆臺灣齋教學術研討會論文集》	臺北：新文豐出版公司	1994	217-228
牧田諦亮	〈水陸法會小考〉	《佛教歷史與文化》	北京：宗教文化出版社	2001	343-361
徐宗幹	〈退思錄〉	氏著《斯未信齋文編 斯未信齋雜錄》	南投：臺灣省文獻會	1994	58-59
張火慶	〈「說岳全傳」中以報應與地獄為主提的四段情節〉	《小說戲曲研究》第 1 輯	臺北：聯經出版社	1988	261-280
陳健銘	〈曾二娘和金橋科儀〉	《野臺鑼鼓》	臺北：稻香出版社	1989	145-163
游子安	〈中國人的財富觀：以功過格及善書靈驗記作分析〉	《讀史存稿》	香港：學峰文化出版公司	1998	140
游子安	〈清代圖說勸善書與社會教化：以《玉歷鈔傳》為例〉	《2001 海峽兩岸民間文學學術研討會論文集》	花蓮：花蓮師範學院民間文學研究所	2001	175-194

葛兆光	〈死後之恐懼及其消解：古代宗教與文學中理想世界主題的演變〉	氏著《中國宗教與文學論集》	北京：清華大學出版社	1998	177-197
廖奔	〈《迎神賽社禮節傳簿》箋釋〉	《宋元戲曲文物考》	北京：文化藝術出版社	1989	371-421
趙景深	〈目連故事的演變〉	《敦煌變文論文錄（下）》	上海古籍出版社	1982	457-475
鄭志明	〈遊記類鸞書所顯示之宗教新趨勢〉	《中國善書與宗教》	臺北：臺灣學生書局	1993	425-427
蕭登福	〈道教血湖地獄對佛教《血盆經》的影響〉	《道教與佛教》	臺北：東大圖書公司	1995	297-320
蕭登福	〈道教中元節對佛教《盂蘭盆經》及目連傳說的影響〉	《道教與佛教》	臺北：東大圖書公司	1995	325

錢穆先生著作選輯 25K

一、中國學術思想史小叢書

書　　名	ISBN	出版年月	頁數	定價
中國學術思想史論叢（一）	957-0422-01-7	89.11	273	220
中國學術思想史論叢（二）	957-0422-02-5	89.11	525	370
中國學術思想史論叢（三）	957-0422-03-3	89.11	367	300
中國學術思想史論叢（四）	957-0422-04-1	89.11	399	320
中國學術思想史論叢（五）	957-0422-05-X	89.11	360	290
中國學術思想史論叢（六）	957-0422-06-8	89.11	255	210
中國學術思想史論叢（七）	957-0422-07-6	89.11	422	340
中國學術思想史論叢（八）	957-0422-08-4	89.11	525	370
中國學術思想史論叢（九）	957-0422-09-2	89.11	256	210
中國學術思想史論叢（十）	957-0422-10-6	89.11	261	220
中國學術思想史小叢書（套）	957-0422-00-9	89.11	10 本	2,850

二、孔學小叢書

論語新解	957-0422-13-0	89.11	589	420
孔子與論語	957-0422-14-9	89.11	386	310
孔子傳	957-0422-15-7	89.11	212	200
四書釋義	957-0422-16-5	89.11	365	300
孔學小叢書（套）	957-0422-12-2	89.11	4 本	1,230

三、中國學術小叢書

學術思想遺稿	957-0422-23-8	89.12	231	190
經學大要	957-0422-20-3	89.12	626	630
學籥	957-0422-21-1	89.12	223	180
國學概論	957-0422-18-1	89.12	333	270
中國學術通義	957-0422-19-X	89.12	338	270
現代中國學術論衡	957-0422-22-X	89.12	297	240
中國學術小叢書（套）	957-0422-17-3	89.12	6 本	1,780

四、中國史學小叢書

書　　　名	ISBN	出版年月	頁數	定價
中國歷代政治得失	957-0422-27-0	90.02	182	110
中國文化史導論	957-9154-36-8	90.02	249	170
中國史學名著	957-0422-25-4	90.02	362	250
政學私言	957-9154-35-X	90.02	262	180
中國歷史精神	957-0422-24-6	90.02	208	150
中國史學發微	957-0422-29-7	90.02	304	210
中國歷史研究法	957-0422-28-9	90.02	207	150
國史新論	957-0422-26-2	90.02	336	240
中國史學小叢書（套）	957-9154-64-3	90.02	8 本	1,460

五、中國思想史小叢書　甲編

	ISBN	出版年月	頁數	定價
中國思想史	957-9154-37-6	90.02	233	190
宋明理學概述	957-9154-39-2	90.02	324	260
朱子學提綱	957-0422-31-9	90.02	213	200
陽明學述要	957-9154-38-4	90.02	116	110
中國思想通俗講話	957-0422-30-0	90.02	126	120
中國思想史小叢書　甲編（套）	957-9154-62-7	90.02	5 本	880

六、中國思想史小叢書　乙編

	ISBN	出版年月	頁數	定價
靈魂與心	957-9154-44-9	90.04	192	160
雙溪獨語	957-9154-45-7	90.04	431	360
人生十論	957-0422-32-7	90.04	238	200
湖上閒思錄	957-0422-33-5	90.04	153	150
晚學盲言（上）	957-0422-34-3	90.04	709	530
晚學盲言（下）	957-0422-35-1	90.04	650	460
中國思想史小叢書　乙編（套）	957-9154-63-5	90.04	6 本	1,860

七、中國文化小叢書

書名	ISBN	出版年月	頁數	定價
中國文化精神	957-9154-48-1	90.05	237	200
文化與教育	957-0422-38-6	90.05	363	300
歷史與文化論叢	957-0422-40-8	90.05	421	350
世界局勢與中國文化	957-0422-41-6	90.05	385	300
中國文化叢談	957-0422-39-4	90.05	409	320
中國文學論叢	957-0422-42-4	90.05	310	250
文化學大義	957-9154-47-3	90.05	206	170
民族與文化	957-0422-36-X	90.05	172	170
中華文化十二講	957-0422-37-8	90.05	172	170
從中國歷史來看中國民族性及中國文化	957-9154-46-5	90.05	144	160
中國文化小叢書（套）	957-9154-61-9	90.05	10 本	2,390

書名	ISBN	出版年月	頁數	定價
八十憶雙親・師友雜憶合刊本	957-0422-11-4	89.07	428	290

※ 出版時間均以民國紀年

※ 定價均以新臺幣為單位

蘭臺文物考古論叢 18K

書 名	作 者	ISBN	出版年月	頁數	定價
初學錄	李均明	957-9154-22-8	88.12	413	1,800
胡平生簡牘文物論集	胡平生	957-9154-21-X	89.03	394	1,800
醫簡論集	張壽仁	957-9154-25-2	89.08	221	1,100
雙玉蘭堂文集（上）	何雙全	957-9154-33-3	90.01	448	1,800
雙玉蘭堂文集（下）	何雙全	957-9154-34-1	90.01	431	1,800
古俗新研	汪寧生	957-9154-41-4	90.03	412	680
秦史探索（精裝）	何清谷	957-9154-96-1	93.07	400	800
著乎竹帛-中國古代思想與學派	邢 文	986-7626-20-6	94.06	420	450

臺灣人行腳系列 25K

書 名	作 者	ISBN	出版年月	頁數	定價
從古蹟發現歷史	卓克華	986-7626-15-X	93.08	428	420

文史專著

書 名	作 者	ISBN	出版年月	開數	頁數	定價
簡牘學要義（精）	馬先醒			16	250	900
簡牘論集（精）	馬先醒			25	240	600
漢史文獻類目（精）	馬先醒			16	368	900
中國古代城市論集（精）	馬先醒			16	290	600
漢簡與漢代城市（精）	馬先醒			25	399	600
居延漢簡新編 上（精）	馬先醒			16	445	1,800
天才王國維及其他	馬先醒	957-9154-50-3	90.05	25	374	320
歷史人物與文物	馬先醒			18		350
李斯相秦之研究	陳守亭	957-9154-00-7	83.09	25	274	300
《大德南海志》大典輯本	邱炫煜	957-9154-22-8	88.12	25	163	250
明帝國與南海諸蕃國關係的演變	邱炫煜	957-9154-06-6	84.08	25	404	350
中國中古史探研	邱炫煜	986-7626-04-4	92.09	25	170	280
嚴復評傳	郭良玉	957-9154-19-8	87.07	25	276	250

書　　　名	作　者	ISBN	出版年月	開數	頁數	定價
清代臺灣宦遊文學研究	謝崇耀	957-9154-68-6	91.03	25	479	440
從僑教的歷史發展看「僑生大學先修班」當前的處境與發展之道	成秋華	957-9154-75-9	90.09	16	157	350
文字優化論	郭致平	957-9154-98-8	92.05	16	611	720
中國上古史論文集第二本	王仲孚	986-7626-17-6	93.12	25	398	420
浯嶼水寨─一個明代閩海水師重鎮的觀察	何孟興	986-7626-19-2	95.03	25	320	320
序言小集	王仲孚	978-986-7626-48-6	95.10	25	188	200
探討東南亞僑生的政治文化	成秋華	978-986-7626-47-9	96.03	25	240	300

哲學思想 25K

書　　　名	作　者	ISBN	出版年月	頁數	定價
我的治學心路歷程	林繼平	957-9154-26-0	89.07	290	320
宋學探微（上）	林繼平	957-9154-52-X	91.03	440	460
宋學探微（下）	林繼平	957-9154-53-8	91.03	402	420
王學探微十講	林繼平	957-9154-54-6	90.07	270	320
禪學探微十講	林繼平	957-9154-82-1	91.07	250	280

藝術鑑定

書　　　名	作　者	ISBN	出版年月	開數	頁數	定價
國寶沉浮錄	楊仁愷	7-80649-009-4	88.07	16	392	2,000
中國書畫鑑定學稿	楊仁愷	957-9154-76-7	91.01	菊8	438	1,200
王仲孚書法文字畫畫冊	王仲孚	957-9154-81-3	91.08	菊8	108	900

天文物理學思想 16K

書　　　名	譯　者	ISBN	出版年月	頁數	定價
物理學宇宙（上）	李太楓・鄭興武	957-7030-97-1	90.09	460	560
物理學宇宙（下）	蕭耐圓・黃崇源	957-7030-98-x	90.09	490	520

蘭臺文化館

書　名	作　者	ISBN	出版年月	開數	頁數	定價
中國傳統孝道的歷史考察	朱　嵐	957-9154-95-3	92.06	18	355	680
商周時期的祖先崇拜	秦照芬	957-9154-94-5	92.03	25	238	300
中國古先智慧今詮	王爾敏	986-7626-06-0	92.09	25	264	280
揄揚京戲有理	王爾敏	986-7626-23-0	94.06	25	190	200
中華文化基因	毛文熊	986-7626-27-3	94.12	25	200	220
女人經（外三種）	明文皇后等		95.09	25	450	800
清俗紀聞	日人中川子信		95.05	16	600	900
東京夢華錄（外四種）	孟元老等著		95.09	25	526	780

蘭臺大眾館 25K

書　名	作　者	ISBN	出版年月	頁數	定價
代書 DIY	周力生	957-9154-4-22	90.03	209	200
勸忍百箴今釋今註	木魚居士 註	957-9154-40-6	90.03	187	200
杜鵑含苞早放花	吳自甦	957-9154-49-x	90.06	330	270
戀戀鄉情	何元亨	957-9154-43-0	90.03	118	150
酷兒工作族	賴芳真	957-9154-77-5	91.02	261	250
毛澤東的謀略	蘇純修	957-9154-78-3	91.04	257	220

臺灣文獻叢書

書　名	作　者	ISBN	出版年月	開數	頁數	定價
台大藏岸裡大社文書校注	林春成	978-986-82696-0-6	95.09	18	570	780

臺灣故事叢書

書　名	作　者	ISBN	出版年月	開數	頁數	定價
台灣燈塔的故事	葉倫會	978-986-7626-36-3	95.10	25	136	200
台北城的故事	葉倫會	978-986-7626-34-9	95.10	25	136	200

旅遊系列

書　名	作　者	ISBN	出版年月	開數	頁數	定價
天府成都	少　君	978-986-7626-38-7	95.11	25	312	300

健康系列

替人體伸冤　阿丹師　978-986-7626-43-1　95.12　25　258　200
　　　　　　口述
　　　　　　曹廣明
　　　　　　編訂

臺灣宗教研究叢書　出版中 25K

書　　名	作　者	ISBN	出版年月	頁數	定價
臺灣民間地基主信仰與習俗	周政賢				350
臺灣釋教喪葬法事及儀式戲劇	楊士賢				350
臺灣民間信仰中之五營兵將	許宇承				350
臺灣民宅的辟邪物	陳桂蘭				350
地獄司法神與指南書	陳瑤蒨	978-986-7626-42-4	96.05	266	350
臺灣金銀紙錢的民俗文化	施晶琳	978-986-7626-39-4	96.05	238	350
花蓮地區客家信仰的轉變	邱秀英	978-986-7626-44-8	95.12	158	300

學報期刊類

國際簡牘學會刊　16K　　　　國際簡牘學會會刊編委會　編

刊　　名	ISBN	出版年月	頁數	定價
國際簡牘學會會刊　第一號			280	900
國際簡牘學會會刊　第二號	957-9154-10-4	85.08	530	900
國際簡牘學會會刊　第三號	957-9154-66-x	90.07	678	2,500
國際簡牘學會會刊　第四號	957-9154-80-5	91.05	404	1,500

簡牘學報　16K　　　　　　　　簡牘學報編委會　編

刊　　名	ISBN	出版年月	頁數	定價
簡牘學報　第一卷 （一、二、三期合訂本）			324	1,500
簡牘學報　第二卷 （四、六期合訂本）			314	1,500
簡牘學報　第三卷 （第五期，勞貞一先生七秩榮慶論文集）			496	1,800
簡牘學報　第四卷 （第七期）			464	1,500
簡牘學報　第五卷 （第八期，張曉峰先生八秩榮慶論文集）			652	1,800
簡牘學報　第六卷 （第九期，居延漢簡出土五十年專號）			445	1,800
簡牘學報　第七卷 （第十期）			270	1,800
簡牘學報　第十一期			317	1,500
簡牘學報　第十二期 （黎東方先生八秩榮慶論文集）			412	1,800
簡牘學報　第十三期			437	1,500
簡牘學報　第十四期			380	1,800
簡牘學報　第十五期			390	1,500

刊　　　　　名		ISBN	出版年月	頁數	定價
簡牘學報　第十六期　　（精） （勞貞一先生九秩榮慶論文集）		957-9154-14-7	86.01	616	2,500
簡牘學報　第十六期　　（平） （勞貞一先生九秩榮慶論文集）		957-9154-15-5	86.01	616	2,300
簡牘學報　第十七期					1,800
簡牘學報　第十八期					1,800
簡牘學報　第十九期					2,000

中國上古史研究期刊　16K 中國上古史研究專刊編委會 編

刊　　　　名		ISBN	出版年月	頁數	定價
中國上古史研究專刊	創刊號	957-9154-51-1	90.01	163	680
中國上古史研究專刊	第二號	957-9154-85-6	91.06	214	680
中國上古史研究專刊	第三號	986-7626-02-8	92.08	230	680

中國中古史研究期刊　16K　　中國中古史研究編委會 編

刊　　　　名		ISBN	出版年月	頁數	定價
中國中古史研究	創刊號	957-9154-83-X	91.09	279	680
中國中古史研究	第二期	957-9154-97-X	92.04	276	680
中國中古史研究	第三期	986-7626-05-2	93.04	306	680
中國中古史研究	第四、五期合刊	978-986-7626-28-8	94.12	360	800
中國中古史研究	第六期	978-986-7626-45-5	95.12	240	800

宋史研究叢刊　25K　　　　　　　宋史座談會 編

刊　　　　名		ISBN	出版年月	頁數	定價
宋史研究集	第三十一輯	957-9154-79-1	91.06	586	680
宋史研究集	第三十二輯	957-9154-84-8	91.10	576	680
宋史研究集	第三十三輯	986-7626-01-X	92.08	614	780
宋史研究集	第三十四輯	986-7626-14-1	93.07	538	680
宋史研究集	第三十五輯	986-7626-22-2	94.07	616	680

臺灣宗教研究期刊　25K　　李世偉 等 編

刊　　名		ISBN	出版年月	頁數	定價
臺灣宗教研究通訊	第四期	957-9154-91-0	91.10	338	520
臺灣宗教研究通訊	第五期	957-9154-93-7	92.03	298	520
臺灣宗教研究通訊	第六期	986-7626-07-9	92.09	342	520
臺灣宗教研究通訊	第七期	986-7626-25-7	94.07	368	380

史學彙刊　16K　　史學彙刊編輯委員會 編

刊　　名		ISBN	出版年月	頁數	定價
史學彙刊	第十八期	957-9154-99-6	92.04	298	680
史學彙刊	第十九期（精裝）	957-9154-99-7	93.05	278	680
史學彙刊	第二十期（平裝）	978-986-7626-29-5	94.12	212	800

國家圖書館出版品預行編目資料

臺灣的地獄司法神-清中葉以來十王信仰與玉歷寶鈔／
陳瑤蒨作. -- 初版. -- 臺北市：蘭臺, 2006[民 95]
　　　面；　　公分. -- （臺灣鄉土與宗教研究叢刊；第 1 輯）
參考書目：面

ISBN 978-986-7626-42-4（平裝）

1. 冥界　2. 輪迴

215.7　　　　　　　　　　　　　　　　　　　95022617

TR004
臺灣鄉土與宗教叢刊　第一輯

臺灣的地獄司法神
──清中葉以來十王信仰與玉歷寶鈔

總　編　輯：李世偉、郝冠儒
作　　　者：陳瑤蒨
出　版　者：蘭臺出版社
發　　　行：博客思圖書公司
地　　　址：台北市中正區開封街一段 20 號 4 樓
電　　　話：(02)2331-1675　傳真：(02)2382-6225
編　　　輯：張加君
美　　　編：赤邑生
總　經　銷：成信文化事業股份有限公司　劃撥帳號：18995335
網 路 書 店：http://www.5w.com.tw　E-Mail：lt5w.lu@msa.hinet.net
網 路 書 店：博客來網路書店　http://www.books.com.tw
網 路 書 店：中美書街　http://chung-mei.biz
香港總代理：香港聯合零售有限公司
地　　　址：香港新界大蒲汀麗路 36 號中華商務印刷大樓
　　　　　　C&C　Building, 36, Ting　Lai　Road, Tai Po,New Territories
電　　　話：(852)2150-2100　　傳真：(852)2356-0735
出 版 日 期：2007 年 5 月初版
定　　　價：新臺幣 350 元整